国家治理现代化丛书
丛书主编 俞可平

Ecological Governance

生态治理

曹荣湘／主编

"国家治理现代化"丛书总序

俞可平

"治理"原来是一个社会科学的术语,自从中共十八届三中全会将"推进国家治理体系和治理能力现代化"作为全面深化改革的总目标后,它便成为中国政治的热门话语。对其含义的种种不同解读,甚至各种争议也随之产生。有人认为它是西方的政治概念,有人则认为它在我国古代就早已有之。其实,"治理"就其字面意义而言,就是"治国理政"。作为人类的一种基本政治活动,它存在于古今中外的每一个国家和每一种文明之中。然而,作为政治学的一个重要新概念,它则是当代的产物。治理不同于统治,它指的是政府组织和(或)民间组织在一个既定范围内运用公共权威管理社会政治事务,维护社会公共秩序,满足公众需要。治理的理想目标是善治,即公共利益最大化的管理活动和管理过程。善治意味着官民对社会事务的合作共治,是国家与社会关系的最佳状态。

从统治走向治理,是人类政治发展的共同规律,不仅适用于西方国家,也同样适用于东方国家。中共十八届三中全会,把"完善和发展中国特色社会主义制度,推进国家治理体系和治理能力现代化"作为全面深化改革的总目标,是重大的理念创新。"国家治理体系和治理能力现代化",或者简称为"国家治理现代化",这一新的概念是中国共产党的创造,而绝不是对西方治理理论的照抄照搬。实际上,在英文文献中至今还没有与"国家治理现代化"

相对应的概念。国家治理现代化这一全面深化改革的总目标，不仅立足于中国特色社会主义的现实，也完全符合人类政治发展的普遍趋势。另一方面，也要实事求是地承认，对现代国家治理系统深入的专门研究，最初起源于西方发达国家。然而，我们不能因为发达国家率先进行了"少一些统治，多一些治理"的政治变革，并且对治理问题率先进行了研究，发展起了各种治理学说，就认定这只是西方的理论或实践。一种理论或实践，只要反映了人类社会的共同规律，无论最初在哪个国家或地区出现，它们最终都会在其他国家和地区发生作用，并成为人类文明的共同价值。今天我们已经须臾不可离开的民主、自由、人权、法治、现代化、工业化、全球化等等，莫不如此。

中共中央编译局比较政治与经济研究中心，是国内最早研究治理理论的团队之一。它首先从译介国外的治理理论开始，然后结合我国的治理实践，致力于建构中国自己的治理理论，并且努力推进我国的治理现代化。这个团队从 20 世纪 90 年代开始，先后就政府治理、社会治理、基层治理、全球治理和生态治理等专门领域进行系统而深入的研究，承担过"全球化与治理的变迁"、"中国公民社会的兴起与治理的变迁"、"中国地方治理创新"、"中国国家治理评估"、"中国社会治理评估"、"社会管理创新"、"城市治理现代化"、"全球治理与和谐世界"、"生态治理与生态文明"等重大课题，发表了大量研究成果，并且建立了国内最权威的"中国地方政府创新案例"和"中国社会创新案例"数据库。

有幸列为国家"十二五"重点图书出版规划项目的这套"国家治理现代化"丛书，由《大国治理》、《政府治理》、《社会治理》、《基层治理》、《全球治理》和《生态治理》6 本书组成，在很大程度上反映了比较政治与经济研究中心这个研究团队在治理方面的主要成果。各卷分别由何增科、杨雪冬、曹荣湘、陈家刚、周红云等研究员任主编，他们都曾经是这个团队的核心骨干，现在不仅是中央编译局相关业务部门的主要领导，而且分别成为国内相关研究领域的代表性学者。人们经常说，理想的研究目标，就是"既出成果，又出人才"。去年，我们编辑出版了国家出版基金项目——10 卷本的"中国的民主治理：理论与实践"丛书，现在我又看到了这套 6 卷本的"国家治理现代化"丛书的出版。这使我不无自豪地想说：我们基本上达到了这一理想目标。作为这个学术团队的创立者，一方面，我要对这些年轻同事们所取得的成就表示热烈的祝贺，另一方面，也要对他们的合作与贡献表示诚挚的感谢。当然，本丛书除了比较政治与经济研究中心的成果外，也收录了国内同行的其他若干成果。在此，我对这些作者也一并表示感谢。

2014 年 11 月 10 日于京郊方圆阁

目 录
Contents

导　论　推进生态治理体系和治理能力现代化　曹荣湘 / 1

生态文明

科学发展观与生态文明　俞可平 / 3
"五位一体"视域下的生态文明建设　吴瑾菁　祝黄河 / 6
生态文明建设的六大类型及其策略　杨志华　严　耕 / 18

生态治理

环保民间组织与生态文明建设　谢来辉　曹荣湘 / 33
环境弱势群体权益保障的政策思考　刘海霞 / 47
中国生态城市建设与绿色发展　蔺雪春 / 66
提升生态治理能力，推进生态现代化　朱芳芳 / 78
德国生态治理及其对中国生态文明建设的启示　刘仁胜 / 88

生态制度

加快生态文明制度建设　李宏伟 / 99
生态治理体系中的制度比较研究　贺东航 / 116

中国生态文明制度建设的路径分析
　　——基于马克思主义生态思想的制度维度　张春华 / 126
环境议题的政治建构与中国环境政治中的集权—分权悖论　冉冉 / 138
环境执法困境与生态文明法治建设　侯佳儒　王倩 / 155

气候治理

应对气候变化问题的多中心治理体制　埃莉诺·奥斯特罗姆 / 167
气候变化的制度丛集　罗伯特·基欧汉　戴维·维克托 / 183
中国在国际应对气候变化谈判中的战略重点　乔安娜·路易斯 / 204
中国减碳政策路线图　曹荣湘　谢来辉 / 224

案例研究

生态权利与生态正义：组织结构与治理　李惠斌 / 239
明确职权划分与改善激励结构
　　——河北省环保厅"流域断面水质考核与生态补偿"的新探索
谢来辉 / 247

导 论

推进生态治理体系和治理能力现代化

曹荣湘

党的十七大首次将生态文明概念写入全会报告。十八大报告不仅首次将生态文明作为一章进行阐述,而且首次确立了尊重自然、顺应自然、保护自然的生态文明理念,首次将生态文明建设纳入现代化建设"五位一体"总布局,首次提出"努力建设美丽中国,实现中华民族永续发展"的总目标,首次强调要"加强生态文明制度建设"。刚刚结束的党的十八届三中全会以全面深化改革为主题,继续坚持从总布局高度解决资源环境生态问题,把加快生态文明制度建设作为当前亟待解决的重大问题和全面深化改革的主要任务。这是党中央高瞻远瞩、顶层谋划的具体表现,标志着我国生态文明建设进入新的历史阶段。

一、生态文明纳入"五位一体"总布局

党的十八大将生态文明建设纳入五位一体的总体布局,这是一件关于发展道路、关系人民福祉、关乎民族未来的重大决策,是积极顺应时代大势,准确把握发展趋势,冷静应对增长形势,努力适应民生态势的重大战

略部署。

1. 积极顺应时代大势

生态文明是一种文明演变的新形态和历史发展的新阶段。人类文明发展经历了原始文明、农业文明和工业文明阶段。生态文明是工业文明发展到一定阶段的产物，是超越工业文明的新型文明境界。"生态文明作为一种后工业文明，是人类社会一种新的文明形态，是人类迄今最高的文明形态。"① 工业革命以来，人类创造了历史上从未有过的经济奇迹，积累了巨大的物质财富。但是，正如恩格斯在《自然辩证法》中指出的那样："我们不要过分陶醉于我们人类对自然界的胜利。对于每一次这样的胜利，自然界都对我们进行报复。"② 人类在创造和享受现代物质文明的同时，也饱尝了资源紧缺、能源紧张、生态退化、环境恶化、气候变化、灾害频发的苦果。20世纪60年代卡逊的《寂静的春天》出版，将环境保护问题直接提上了公共话语的领域。1972年罗马俱乐部发表《增长的极限》，1987年《我们共同的未来》第一次提出可持续发展的理念，这一理念在1992年联合国环境与发展大会发布的《里约宣言》和《21世纪议程》中被确立为人类发展的未来道路。2012年，联合国可持续发展大会通过了《我们憧憬的未来》，再次确认了可持续发展道路的重要性。

从历史唯物主义的角度看，生态文明这个新的文明形态和新的历史阶段，再次证实了马克思、恩格斯"两个和解"的伟大思想。他们认为，"这个世纪面临的大转变，即人类与自然的和解以及人类本身的和解"③。我们党积极顺应时代大势，在历史进入21世纪之初时提出建设生态文明的战略部署，这正是我们坚持马克思主义思想指导地位、推进马克思主义现代化的重要体现。

---

① 俞可平：《科学发展观与生态文明》，载《马克思主义与现实》，2005年第4期。
② 《马克思恩格斯文集》第9卷，人民出版社2009年版，第559页。
③ 《马克思恩格斯文集》第1卷，人民出版社2009年版，第63页。

2. 准确把握发展趋势

众所周知，当今世界正处于大发展、大调整、大变革之中，经济全球化深入发展，科技创新孕育新的突破，全球经济结构正在深度调整，特别是随着全球气候变化和资源短缺的日益加剧，以及为了摆脱2008年的国际金融危机，节约资源能源、保护生态环境日益成为全球共识，追求低碳发展、循环发展、绿色发展，已成为推动世界经济增长的新引擎。在这种背景下，抢夺世界经济发展的制高点，在绿色发展大潮中参与激烈的、残酷的国际经济竞争，已成为我国不可回避的战略任务。

我国经济经过近几十年的快速发展，整体实力和综合国力已经大大提高，经济总量已经稳居世界第二，全面建成小康社会、实现社会主义现代化和中华民族伟大复兴的目标已经越来越近。但是，资源约束、能源紧张、能效低下的问题依然十分严峻，经济结构调整、发展方式转变的任务还十分艰巨。但也应该指出，这些问题是全世界面临的共同问题，在推动低碳发展、循环发展、绿色发展方面，发达国家也是刚刚起步。加上经济发展的锁定效应的存在，在新的发展起点上我们并不落后，机遇大家平等。因此，如何乘势而上，抢抓机遇，实现发展的赶超，这是我们这代人以及往后数代人必须面临的问题。党中央提出建设生态文明的宏伟目标，正是在准确把握世界发展趋势的基础上，作出的重大战略部署。

3. 冷静应对增长形势

应该说，积极顺应时代大势、准确把握发展趋势，一直是我们党的优良传统和鲜明特征。在生态环境方面，我们党一直高度重视资源节约和环境保护工作。20世纪80年代初，我们就把环境保护作为基本国策，"九五"计划决定实施可持续发展战略，"十五"计划首次提出主要污染物减排目标，2002年中央提出要"推动整个社会走上生产发展、生活富裕、生态良好的文明发展之路"，党的十六大提出走新型工业化道路，十六届三中全会提出科学发展观，要求统筹人与自然和谐发展，十六届五中全会提出把资源节约作为基本国策并提出建设"资源节约型、环境友好型社会","十一五"计划将能源强度和主要污染物减排作为约束性指标,十七大提出建设生态文明等。

在这一系列重大战略部署指导下,我们在经济长期保持高速增长的同时,在资源节约和环境保护方面取得了一大批重要成果。"十一五"期间,全国单位 GDP 能耗(能源强度)下降 19.1%,二氧化硫、化学污染物排放总量分别减少 14.29% 和 12.45%,基本实现"十一五"目标;全国单位工业增加值用水量降低 36.7%;环境局部改善,2005 年至 2010 年,七大水系国控断面水质达标率提高 18.9 个百分点,重点城市空气质量达标率提高 30.3%。

但是,随着经济发展和社会进步,我国资源和环境的压力依然越来越大。我国石油的对外依存度已经高达 56.7%,重要矿产资源的对外依存度也在迅速增高,多年平均缺水量 536 亿立方米,2/3 的城市缺水,110 座城市严重缺水,耕地面积逼近 18 亿亩红线。美国著名学者莱斯特·布朗在《B 模式》一书中指出,中国如果实现美国那样的车辆拥有率,即每个家庭 3 辆车,全中国的土地就必须全部用于建高速公路和停车场;中国人均用纸量如果达到美国水平,地球上所有的森林都必须砍光。从目前国际谈判的形势看,2020 年后我国很可能要承担二氧化碳的总量减排压力,这将对我国整体的排放空间和发展空间构成巨大的约束。能源资源的压力和增长的不可持续性是客观事实,必须加以冷静应对和妥善解决。党中央审时度势,高瞻远瞩,提出了着力优化国土空间开发格局、全面促进资源节约的生态文明建设目标,是冷静回应增长形势的重要战略选择。

4. 努力适应民生态势

党的十六大以来,我党始终高度关注民生问题,提出了建设和谐社会的伟大目标。十八大继续重视和谐社会建设,强调要把保障和改善民生放在更加突出的位置,加强和创新社会管理,正确处理改革发展稳定关系。资源环境问题同样是民生问题。目前,我国环境状况总体恶化的局面并没有得到根本缓解,一些重点流域、重要湖库、关键海域水污染严重,PM2.5 颗粒浓度严重偏高,导致近年来大半个中国城市灰霾天气严重;农村面源污染严重,重金属污染导致血铅儿童、癌症村等现象频发；国土流失严重，国土面积有37%存在水土流失，18%存在沙化，90%草原退化，地面沉陷面积扩大，已经严重影响到粮食产量、居民收入和人民生命安全；重特大环境事件高发频发，2005年至2011年，环保部直接接报处置的事件共927起，重特大事件72起，其中2011年重大事件比上年同期增长120%；环境群体性事件频发，自1996年以来，环境群体性事件一直保持年均29%的增速。环境污染已和土地拆迁、司法不公共同构成社会稳定问题的三大源头之一。

十八大把生态文明作为五位一体的布局之一，强调生态文明"关系人民福祉"，要求"以解决损害群众健康突出环境问题为重点，强化水、大气、土壤等污染防治"，这都是党中央准确判断社会形势，顺应人民呼声，努力适应民生态势的结果。

二、用制度建设生态文明

党的十八大报告在生态文明建设上最大的亮点之一，就是不仅首次将生态文明建设纳入现代化建设"五位一体"总布局，而且首次提出要"加强生态文明制度建设"，强调"保护生态环境必须依靠制度"。刚刚结束的党的十八届三中全会更是在全面深化改革的主题下，把加快生态文明制度建设作为"完善和发展中国特色社会主义制度，推进国家治理体系和治理能力现代化"的主要内容之一。从制度角度思考生态文明建设，的确给我们提出了新的思路、新的课题和新的任务。

1. 生态文明制度建设，其要旨是完善和发展中国特色社会主义制度

十八届三中全会提出，全面深化改革的总目标之一，是"完善和发展中国特色社会主义制度"。要"紧紧围绕建设美丽中国深化生态文明体制改革，加快建立生态文明制度，健全国土空间开发、资源节约利用、生态环境保护的体制机制，推动形成人与自然和谐发展现代化建设新格局"。这是对中国特色社会主义制度内涵的重大拓展。

十八大报告在阐述中国特色社会主义制度的内涵时，并未将生态文明制度明确纳入其中。在明确界定基本政治制度、法律体系、基本经济制度之后，报告列举了各项具体制度，但只提到"经济体制、政治体制、文化体制、社会体制"，并没有提出生态文明体制的概念。不过，十八大报告已经将"加快建立生态文明制度"作为"全面建成小康社会"，"构建系统完备、科学规范、运行有效的制度体系"的内容之一。十八届三中全会的《决定》进一步丰富和发展了十八大报告的内容，明确提出要"深化生态文明体制改革，加快建立生态文明制度"，并将其放在"完善和发展中国特色社会主义制度"的内容中来阐述，形成了经济体制、政治体制、文化体制、社会体制、生态文明体制、党的建设制度等具体制度的体系。这无疑是一个重大的理论创新，表明我们党领导社会主义建设事业的思路进一步清晰、方向进一步明确、措施进一步具体。

人们普遍认为，生态文明制度是指一切有利于支持、推动和保障生态文明建设的各种引导性、规范性和约束性规定和准则的总和，其表现形式有正式制度（原则、法律、规章、条例等）和非正式制度（伦理、道德、习俗、惯例等）。制度建设是生态文明建设的重要内容，制度进步是生态文明水平提高的标志之一，加强制度建设将对加快生态文明建设起到有力的、持久的支持、推动和保障作用。建设生态文明，是我们党在新世纪、新阶段提出的新要求，是社会主义现代化建设"五位一体"总布局中的"一位"，是中国特色社会主义实践的重要组成部分。在这个实践中，"中国特色社会主义道路是实现途径，中国特色社会主义理论体系是行动指南，中国特色社会主义制度是根本保障"，因此，生态文明制度是生态文明建设实践的根本保障，是作为中国特色社会主义实践根本保障的中国特色社会主义制度的重要内容。缺少生态文明制度，中国特色社会主义制度就不系统、不完整、不协调。生态文明制度建设落后，完善和发展中国特色社会主义制度的总目标就无法实现，全面深化改革的脚步就会放缓。

从另一方面看，形成"系统完整的生态文明制度体系"，也是树立中国特色社会主义制度自信的内在要求。长期以来，西方许多学者鉴于苏联时期环境污染严重以及当前我国阶段性存在的较为严重的资源环境问题，认为马克思主义注定是反生态的，社会主义无法避免资本主义所带来的生态环境危机，甚至"现实中的社会主义"在生态环境方面还不如资本主义国家。如何走出这一理论困境？只有现实可以给理论以完美的回答。只有加快生态文明建设，切实走出一条生产发展、生活富裕、生态良好的文明发展道路，才能破除西方学者的偏见和谬论。而要做到这一点，必须"用制度保护生态环境"，即用切实可行、稳定持久的生态文明制度来支持、推动和保障生态文明建设实践。换句话说，只有树立了社会主义生态文明制度的自信，才能真正树立中国特色社会主义制度的自信。

2. 生态文明制度建设，其要领是推进国家治理体系和治理能力现代化

十八届三中全会把"推进国家治理体系和治理能力现代化"作为全面深化改革的总目标之一，这是一个全新的提法，具有重大而深远的理论意义和现实意义。

"治理"是 20 世纪末兴起的政治概念，它不同于"统治"的概念；从统治走向治理，是人类政治发展的普遍趋势。"少一些统治，多一些治理"，是 21 世纪世界主要国家政治发展的重要特征。从理论上看，统治与治理有三个主要区别。其一，权威主体不同。统治的主体是单一的，即政府或其他国家公共权力；治理的主体则是多元的，除了政府外，还包括企业、社会组织和个人。其二，权威性质不同。统治是强制性的；治理更多是协商的。其三，权威来源不同。统治的来源就是强制性的国家法律；治理的来源除了法律外，还包括各种非国家强制的契约，也就是说，治理除了正式的硬制度以外，还包括各种非正式的软制度①。

国家治理体系是规范社会权力运行和维护公共秩序的一系列制度和程序，包括政治、经济、社会、文化、生态等各个领域。它是一个有机的、协调的、动态的和整体的制度运行系统，主要包括国家的行政体制、经济体制和社会

---

① 俞可平：《推进国家治理体系和治理能力现代化》，载《前线》，2014 年第 1 期。

体制，而作为渗透到人类政治活动、经济活动、社会活动当中的文化活动和生态活动，其赖以实现持久、稳定发展的文化体制和生态文明体制，也是这个体系的重要组成部分。

十八届三中全会将"推进国家治理体系和治理能力现代化"作为全面深化改革的总目标之一，强调"必须更加注重改革的系统性、整体性、协同性，加快发展社会主义市场经济、民主政治、先进文化、和谐社会、生态文明"，可见，在国家治理体系和治理能力的内涵中，生态文明制度及其效能也具有十分重要的地位。没有生态文明制度体系，国家的治理体系就不完整；生态文明制度的效能不足，国家的治理能力就很难实现现代化。

从另一方面看，建设生态文明，也必须运用现代的治理理念和治理体系来进行。

如上所述，治理的主体是多元的，性质更多是协商的，制度是全面的，因此生态文明建设必须在发挥政府的主导作用的前提下，动员广泛的社会群体和个人来参与，实现国家、企业、社会和个人对生态环境的"共治"和"共享"。为此，我们要"坚持用制度管权管事管人，让人民监督权力，让权力在阳光下运行"，"把权力关进制度笼子里"，避免政府在生态环境上的不作为或胡乱作为。要充分发挥人大的立法监督作用，积极拓展政协在民主协商方面的途径，切实将生态文明建设融入人大、政协的议程。要加强企业的社会责任建设，用法律、经济、宣传等手段，提高企业的社会责任感尤其是生态环境保护的责任感，主动生产绿色产品、支持环保事业，积极投资环保产业。要激发社会组织活力，鼓励、支持社会组织参与环保事业，引导它们依法开展环保活动。要注重生态文明的软制度建设，加强生态文明宣传教育，培育和发展人民群众的生态环保意识，养成节约环保的消费习惯和绿色低碳的生活方式，及时反映、回应和协调人民群众在生态环境方面的利益诉求，保障人民群众的环境权益，有效预防和化解环境群体性事件，提高生态环境问题上的社会治理水平。要注意在生态文明建设过程中，加大环境信息披露，增强环境决策透明度，通过公开听证、专家咨询、列席旁听、多方共商等方式，加大公众对环境问题的参与度。

总之，加快生态文明制度建设，既是国家治理体系和治理能力现代化的重要内容，也可以极大推进国家治理体系和治理能力现代化。只有用国家治理的理念来建设生态文明，生态文明才能真正落到实处，结出硕果；只有将生态文明制度纳入国家治理体系，走"生态治理"之路，才能切实推进国家治理体系和治理能力现代化。

3. 生态文明制度建设，其要务是从源头上扭转生态环境恶化趋势

十八大报告在论述我们前进道路上存在的困难和问题时，强调"发展中不平衡、不协调、不可持续问题依然突出"，习近平总书记在关于三中全会《决定》的说明中，再一次强调了这一问题。完全可以说，这一判断是客观的、准确的。

近年来，尽管我国生态文明建设取得了重要进展，但生态环境恶化的趋势并没有得到根本扭转，人民群众对良好生态环境的要求却越来越迫切。这些问题的产生，有多方面的原因。例如，我国人口众多、资源禀赋不足、环境容量有限、经济发展方式粗放、技术水平落后等等。但是，不可忽视的一点还在于我们在处理发展和环保的关系问题时，缺乏系统完整、刚性约束的制度体系。生态环境问题，归根结底是发展不当带来的问题，是发展面临的生态环境制度约束刚性不足的问题。正如习近平总书记在关于《决定》的说明中所说的，"我国生态环境保护中存在的一些突出问题，一定程度上与体制不健全有关"。因此，要从根本上解决我国经济发展中存在的重速度、轻质量，重规模、轻结构，重眼前、轻长远，重经济效益、轻环境效益等问题，离不开相关制度的建立与完善。因此，十八届三中全会提出，"建设生态文明，必须建立系统完整的生态文明制度体系"，要"用制度保护生态环境"。

强调用制度保护生态环境，充分体现了党中央对我国生态环境问题症结的准确把握，对当前粗放型发展模式的深刻反思，对生态文明建设路径的精心部署。只有加快建设生态文明制度，才能从根本上扭转我国生态环境恶化的趋势。

4. 生态文明制度建设，其要义是构建系统完整的生态文明制度体系

自党的十七大提出建设生态文明以来，中央和地方都在积极进行生态文明建设实践，在生态文明制度建设上产生了积极的成果。在国家层面，我国的生态环境管理机构比较健全，法律体系已初步建立，各种政策措施也比较丰富。国家"十二五"发展规划把加快建设资源节约型和环境友好型社会作为转变经济发展方式的重要着力点，系统地作出了生态文明建设的一系列政策安排。在各部门和领域层面，主动推出了大量生态文明建设的试点工程和创建活动，其中包含了大量生态文明制度建设的内容。在地方层面，生态文明制度建设呈现因地制宜、百花齐放的局面。尤其是党的十八大从决策、管理和保障三个方面作出了加强生态文明制度建设的具体部署，我国的生态文明制度建设迈入新的历史阶段。

十八届三中全会进一步抓住生态文明制度建设这个关键环节，丰富了生态文明制度建设的内容，把资源产权、用途管制、生态红线、有偿使用、生态补偿、管理体制等内容充实到生态文明制度体系中来。由此，我国的生态文明建设制度体系已具雏形。大体包含四类制度：一是管理制度。这是针对制度的主体说的。由于生态环境问题是市场失灵导致的问题，必须由政府去弥补这个失灵，因此，生态文明建设的主体必须是政府。管理制度包括机构设置、联动机制、决策制度、监督制度、信息制度、考核评价制度、追究制度、损害赔偿制度等。二是监管制度。这是针对制度的一部分无法使用市场手段去处理的对象说的。如用途管制制度、集约利用制度、红线制度、功能区制度等。三是产权制度。这是针对制度的另一部分可适用市场机制的对象说的。如资源有偿使用制度、生态补偿制度、环境交易制度、环境投资制度、环境财税制度等。四是动员参与制度。这是针对制度的实施环境说的。如宣传教育、社会参与等方面的硬制度，以及生态意识、消费方式、社会风气等软制度。

应当指出，虽然我国的生态文明制度已经比较完整，但制度之间缺乏有机联系、有机整合，制度的系统性不足。这将是我们下一步面临的主要任务。

这方面有三点值得特别注意。一是要抓住"健全国家自然资源资产管理体制"这个突破口。习近平总书记在关于《决定》的说明中指出:"我国生态环境保护中存在的一些突出问题,一定程度上与体制不健全有关,原因之一是全民所有自然资源资产的所有权人不到位,所有权人权益不落实。"因此,要按照"所有者和管理者分开和一件事由一个部门管理的原则"这个总思路,落实全民所有自然资源资产所有权,建立统一行使全民所有自然资源资产所有权人职责的体制。二是尤其要注意制度之间的协调性,要统筹兼顾、协调一致,因此加强顶层设计、注重整体谋划是当务之急。恢复国家环境保护领导小组,或者在中央已决定成立的全面深化改革领导小组中设立专门的机构,不失为有力之举。三是要注意制度和制度环境之间的衔接配合。依据新制度经济学的分析视角,生态文明的制度体系包括三个层面,即生态文明的制度环境,生态文明的制度安排和生态文明的实施机制。我们所说的系统完整的生态文明制度体系,很大程度上是指"制度安排",而制度环境和实施机制,需要我们在设计、协调制度安排时一并加以考虑。

三、推进生态治理体系和能力现代化

前面指出,生态文明制度建设,其要领是推进国家治理体系和治理能力现代化。在国家治理体系和治理能力的内涵中,生态文明制度及其效能具有十分重要的地位。没有生态文明制度体系,国家的治理体系就不完整;生态文明制度的效能不足,国家的治理能力就很难实现现代化。因此,十八届三中全会提出的推进国家治理体系和能力现代化的总目标,落实到生态文明建设上,就是要加快推进生态治理体系和能力的现代化。

本书作为"国家治理现代化丛书"之一,其主题就是试图从各方面探讨如何推进生态治理体系和能力的现代化。

1. 推进生态治理体系和能力现代化,核心是加强制度建设

治理的核心是制度。十八届三中全会的主题是全面深化改革,而"完善

和发展中国特色社会主义制度，推进国家治理体系和治理能力现代化"则是全面深化改革的总目标。进一步分析这个总目标的两个方面的关系，可以看出，"完善和发展中国特色社会主义制度"是基础，是着力点，而"推进国家治理体系和治理能力现代化"是目标，是落脚点。反过来，"推进国家治理体系和能力现代化"又是"完善和发展中国特色社会主义制度"的路径，我们的最终目标就是坚持和发展中国特色社会主义。正如习近平总书记在2014年2月17日省部级主要领导干部学习贯彻十八届三中全会精神全面深化改革专题研讨班上指出的："国家治理体系和治理能力是一个国家的制度和制度执行能力的集中体现，两者相辅相成。"

李宏伟的《加快生态文明制度建设》具有鲜明的问题导向。该文深入而全面地分析了当前我国生态文明制度建设存在的突出问题：一是生态文明建设管理机制不健全。二是自然资源产权制度不明晰。三是生态文明建设监督和参与机制不完善。针对这些问题，该文直截了当地提出了政策建议：第一，完善生态文明行政体制，建立健全科学的生态文明考评制度、责任追究制度、损害赔偿制度等，其中关于广西建立生态文明考评制度的经验的介绍，具有重要的参考价值。第二，建立和完善生态环境产权制度，建立和完善排污权、碳排放权、节能量交易市场；建立绿色税制体系，适时开征环境税；完善生态补偿机制，加快生态补偿立法进程，建立横向和纵向互补的生态补偿机制；建立统一的国家自然资源管理监测体系。这些政策建议既具体，又具有很强的针对性、可行性和可操作性。第三，完善生态文明建设监督和参与机制。加强人大监督、司法监督，完善环境公益诉求制度；强化社会监督，完善参与机制，积极吸引公众广泛参与生态文明建设；增强对环保社会组织的政治信任，引导社会组织在生态文明建设中发挥作用，真正体现治理体系和治理能力在生态文明建设上的提升。

贺东航在《生态治理体系中的制度比较研究》一文中认为，随着人类不断面临各种新的生态危机，包括能源、环保、气候变化等等，有关生态治理与制度的关系问题成为学界关注的热点之一。就生态议题的模式而言，一般有两种，一是自由民主模式，二是统合主义模式。作者比较了两种模式在生态治理中的优劣，并以具体的个案说明中国宜于采行统合主义模式。在统合主义模式下，国家对生态治理基本实行"包揽制"和责任制。但是，两种模式在生态治理中还是各有优劣的，两种模式可以通过互相学习和借鉴，有效面对生态危机的挑战。应该说，作者从宏观层面，从模式、道路层面，为我们加快生态文明制度建设提供了有益的启示。

张春华在《中国生态文明制度建设的路径分析——基于马克思主义生态思想的制度维度》一文中，从马克思主义的角度深入研究了生态制度的理论基础。该文认为，马克思主义生态思想蕴含着生态制度的内涵，是中国生态文明制度建设的理论基础和指导思想。生态文明的全球化趋势、中国生态制度的缺失，决定了中国生态文明制度建设的现实必要性。基于马克思主义生态思想，反思中国微观具体生态制度的缺失，中国需要从政府的生态行政制度建设、生态文明产权制度建设、生态文明监管制度建设和生态文明参与制度建设等四个方面进行生态文明制度建设。该文对生态文明制度的理论基础的探讨，对四个方面制度建设的归纳，具有很强的现实意义和理论价值。

冉冉则在《环境议题的政治建构与中国环境政治中的集权—分权悖论》一文中，对强调"环境问题也是一种体制问题"的说法提出了反思，认为这种对生态环境问题的政治建构缺乏理论资源挖掘和研究性分析。作者通过梳理环境政治学和中国环境政治文献，从三个层面考察了中国环境政治中的集权—分权悖论：党在环境政治系统决策过程中的绝对权威地位；环境行政过程中权力与职能的碎片化；环境政治地方分权的困境。作者认为，改革"生态环境管理体制"，"建立生态文明制度"需要首先克服目前中国环境政治中的集权—分权悖论。

法律是最权威、最有力、最具有长期效用的制度。侯佳儒、王倩在《环境执法困境与生态文明法制建设》中认为，环境执法难是当前我国生态文明法律制度建设的重大障碍和挑战。环境执法难不单纯是一个法律问题，在我国当前的社会背景下，其形成具有复杂的政治、经济、文化、社会和制度根源。主要原因有：政府职能转变不到位，一些地方政府仍然热衷增长轻视环保，进而导致实践中地方保护和行政干预问题突出；"关系"考验"权力"、

"人情"较量"法理"、法治要比拼人治、执法要抵挡"托请",环境执法难有其文化根源;社会转型时期的阶段性矛盾突出,环境执法难在当下有其社会根源;环境法律法规不健全,环境执法面临无法可依、有法难依之难;环境职能监管体制不顺,环境执法往往面临多头执法、无人执法之难;环境执法队伍、执法能力建设不足。为改善环境执法难的现状,需对症下药,弘扬法治精神和加强环境教育、加快立法步伐、深化环境执法体制改革、增强环境执法队伍能力建设,并改良地方政府政绩考核标准。当前中央提出在我国社会生活各个领域全面推进依法治国,这为我国环境法领域在根本上突破执法难问题提供了契机、指明了方向。

2. 推进生态治理体系和能力现代化,基础是倡导多元合作

前面指出,"治理"是一个相对于"统治"而言的概念,二者第一个区别就是权威主体不同,统治的主体是单一的,就是政府或其他国家公共权力;治理的主体则是多元的,除了政府外,还包括企业组织、社会组织和居民自治组织等。因此,在生态治理上,我们必须倡导多元合作,实现生态问题的"共治"。习近平总书记在 2014 年 2 月 17 日省部级主要领导干部学习贯彻十八届三中全会精神全面深化改革专题研讨班上指出:"只有以提高党的执政能力为重点,尽快把我们各级干部、各方面管理者的思想政治素质、科学文化素质、工作本领都提高起来,尽快把党和国家机关、企事业单位、人民团体、社会组织等的工作能力都提高起来,国家治理体系才能更加有效运转。"

谢来辉和曹荣湘在《环保民间组织与生态文明建设》一文中,全面总结反思了我国当前环保民间组织的现状和问题,并提出了相关的政策建议。他们指出,截至 2012 年年底,全国生态环境类社会团体已有 6816 个,生态环境类民办非企业单位 1065 个,环保民间组织共计 7881 个,已是我国生态文明建设的一支不可忽视的力量。近年来,这些环保民间组织在生态文明建设上作出了大量的积极贡献,比如大力推动环境意识的宣传教育,提供环境信息;参与对污染环境的行为和破坏生态环境的行为的监督,开展对环境执法部门的监督;开展环境维权,推动环境公益诉讼;参与政府有关环境与经济政策的研究与制定；推动企业履行社会责任，积极发展生态经济；参与国际交流和会议，进行国际倡导；积极参加环境建设，努力净化、绿化、美化环境，等等。但是，环保民间组织在发展过程中也存在许多问题，集中表现为专业性不强，创新性不足，组织管理较为混乱，资金紧张；参与政策制定、社会监督以及国际合作的能力与渠道存在明显的局限性。为解决这些问题，当前迫切需要增强对环保民间组织的政治信任，促进环保民间组织增强自身管理能力；改革不利于环保民间组织参与的规定及制度安排；增强环保民间组织参与生态文明建设的能力；积极推动政府管理体制创新，为环保民间组织的发展提供必要的条件。

刘仁胜的《德国生态治理及其对中国生态文明建设的启示》是一篇具有重要启示意义的文章。文章认为，德国生态治理模式是一个成功的"先发展后治理"模式，其中，科学技术和民主参与在德国生态治理模式中起着非常重要的作用，对中国"边发展边治理"的生态治理模式具有重要的借鉴意义。德国的生态治理经验主要有两点：一是特别重视发展环保科技。二是积极促进生态民主，如加强环境立法，政企合作解决生态环境问题，充分发挥大众媒体和环保 NGO 的独立性。

3. 推进生态治理体系和能力现代化，关键是抓住重要环节

习近平总书记在 2014 年 2 月 17 日省部级主要领导干部学习贯彻十八届三中全会精神全面深化改革专题研讨班上曾经强调，推进国家治理体系和治理能力现代化，要注意"弄清楚整体政策安排与某一具体政策的关系、系统政策链条与某一政策环节的关系、政策顶层设计与政策分层对接的关系、政策统一性与政策差异性的关系、长期性政策与阶段性政策的关系，既不能以局部代替整体、又不能以整体代替局部，既不能以灵活性损害原则性、又不能以原则性束缚灵活性"。在这里，习近平总书记运用唯物辩证法深刻阐述了抓住重要环节的重要性。重要环节是政策链中的重要节点，是连接整体政策安排与某一具体政策的关系、系统政策链条与某一政策环节的关系、政策顶层设计与政策分层对接的关系、政策统一性与政策差异性的关系、长期性政策与阶段性政策的关系这"五大关系"的纽带,是局部构成整体的枢纽。因此,抓住生态治理的重要环节,显得十分重要。

朱芳芳在《提升生态治理能力,推进生态现代化》一文中也认为,中国是在未完成工业化进程的背景下开始生态现代化的,这对发展中国家超越发达国家生态现代化线性路径,具有典型的示范意义。当代中国生态现代化具有较强的问题压力和一定的创新能力,但战略能力不足。因此,当代中国亟需加强战略能力建设,实现生态治理体制、机制创新的转型,重点要做到四个方面:治理区域化、政策协同化、关系伙伴化、城市生态化。

生态治理有许多重要环节,本书专门突出了两个,一是生态城市的建设,二是气候变化的治理。

中国社会科学院的《社会蓝皮书:2014年中国社会形势分析与预测》一书认为,我国城镇化进入了新一轮的快速发展期。到2013年年底,我国城镇化水平将超过54%,按目前的增长速度,估计到2018年将达到60%。城市既是生态环境问题的重要根源,也是解决生态环境问题、建设生态文明的主阵地。对此,蔺雪春在《中国生态城市建设与绿色发展》一文中认为,建好生态城市对生态文明发展至关重要,它是当代中国社会主义走向生态文明、实现绿色发展的综合载体和生动实践。基于马克思主义生态文明观与社会主义核心价值的基本要义,当代中国生态城市创新的关键是"共享"与"安全"。由此制定相应配套措施,克服中国生态城市发展面临的理念不清、管理散乱、资源浪费、有示范无联动、生态服务不足、社会排斥加剧等突出问题,才能逐步形成一种"有益环境、有益群众、有益社会"和"人人关心、人人参与、人人享有"的社会主义绿色发展新局面。

气候变化问题不仅是一个重要的国际问题,而且是我国面临的一个严峻的国内问题。我国受气候变化本身的影响很大,而经济快速增长、能源消费和碳排放急剧增长也已使我国成为世界第一大二氧化碳排放国,应对气候变化已然是国际社会给予我国的重大压力和迫切希望。因此,在解决生态环境问题、建设生态文明的过程中,气候变化也是一个重要环节。

本书收集了四篇有关气候变化的文章,分别从不同侧面研究了气候变化问题。已故著名美国政治经济学家、诺贝尔经济学奖获得者埃莉诺·奥斯特罗姆在《应对气候变化问题的多中心治理体制》中认为，气候变化是一个全球集体行动问题，传统的集体行动理论预测这些集体行动问题不可能得到解决，除非有一个外部权威确定应该采取的适当行动并施加监督和制裁。可是，现实却与这一理论的预测截然相反。虽然并未产生一个足够有效的全球协议，却有众多多元化的主体已经在多样化的范围内采取了各种行动，而这些成果的累积就非常重要了。为此奥斯特罗姆教授指出，相比于仅仅关注全球行动，更应该鼓励各种降低气候相关风险的多中心行动。自由制度主义学派的代表性学者、普林斯顿大学公共与国际事务教授罗伯特·基欧汉与多年从事气候与能源问题研究的著名专家、加州大学圣地亚哥分校政治学教授戴维·维克托则在《气候变化的制度丛集》一文中认为，当前并不存在一个统管限制气候变化程度的各种努力的综合性制度，相反，却存在一个"制度丛集"，即一组松散地连接在一起的特定制度。气候变化制度丛集，一旦符合了特定的标准，会胜过任何政治上可行的综合体制。他们的文章对于我们深入理解气候变化的全球治理，借鉴相关经验加强我国的气候治理，具有重要的理论和现实意义。

另两篇关于气候变化的文章则是有关中国的气候治理的。乔治敦大学沃尔什外交服务学院副教授乔安娜·路易斯在《中国在国际应对气候变化谈判中的战略重点》中认为，随着气候变化问题成为一个越来越重要的全球性问题，中国已经成为公众审视的焦点。国际上对气候变化问题越来越多的关注也反映在中国的国家政策层面，主要体现为中国在气候相关政策活动中以改善政府协调能力为目标的制度性重构。然而，中国在减缓其日益增长的温室气体排放的过程中面临着严峻的挑战。中国必须在任何应对气候变化问题的全球性解决方案中发挥中心作用。同时，它也是13亿人口的家园，人们期待着与许多发达国家一样能够享用现代能源。只有发达国家主要排放国以身作则，那么中国的有效参与才会成为可能，并且美国认真参与气候变化行动是中国参与任何气候变化国际行动的先决条件。曹荣湘和谢来辉则在《中国减碳政策路线图》中指出：随着中国应对气候变化的进程不断深入，更加深入地考虑基于市场和激励的政策工具已经成为紧迫的问题。目前主要发达国家似乎都倾向于实施碳排放交易政策，考虑到中国是发展中大国，中国的选择对于全球减排行动以及世界经济都具有重要意义。文章通过回顾相关理论上关于碳税与碳排放交易的比较，总结归纳了中国现阶段的一些基本现实，尝试性地提出了构建中国特色减碳体系的一个路线图。其核心建议是，中国在短期内应积极发展自愿性碳排放交易体系，以补充目前行政命令手段的不足，但是在 2020 年之后的中长期，则应该建立以碳税为核心的政策体系。

4. 推进生态治理体系和能力现代化，目标是维护生态正义

维护公平正义是共产党执政的本质属性和内在要求。党的十八大指出，"必须坚持维护社会公平正义"。"要在全体人民共同奋斗、经济社会发展的基础上，加紧建设对保障社会公平正义具有重大作用的制度，逐步建立以权利公平、机会公平、规则公平为主要内容的社会公平保障体系，努力营造公平的社会环境，保证人民平等参与、平等发展权利。"十八大报告甚至把维护公平正义确立为政府的基本职能，要"推动政府职能向创造良好发展环境、提供优质公共服务、维护社会公平正义转变"。

在生态文明建设上，十八大报告也体现了"维护公平正义"的要求。报告指出："要把资源消耗、环境损害、生态效益纳入经济社会发展评价体系，建立体现生态文明要求的目标体系、考核办法、奖惩机制。"考核、奖惩，本身就是维护公平正义的基本手段；奖优罚劣，本身就是公平正义的本质体现。要"深化资源性产品价格和税费改革，建立反映市场供求和资源稀缺程度、体现生态价值和代际补偿的资源有偿使用制度和生态补偿制度"。反映资源稀缺程度、体现生态价值和代际补偿，这本身即是生态正义的基本内容。可以说，我们推进生态治理体系和能力的现代化，目标之一就是维护生态正义。

李惠斌在《生态权利与生态正义：组织结构与治理》一文中，用大量的案例深入分析了生态正义问题。文章认为，生态保护的最终目的是保护公民的生态权利。因此，生态保护的出发点和工作目标都应该是公民个人。我们谈论生态问题，首先要搞清楚公民和社会的生态权利与生态正义问题。从某种意义上说，正确和恰当地解决生态权利的保护和正当交易，就是生态正义。或者更简单地说，生态权利的实现就是生态正义。

刘海霞的《环境弱势群体权益保障的政策思考》一文，则从现实层面揭示了我国生态正义所面临的一个核心问题，即环境弱势群体的问题。文章指出，环境弱势群体主要是指在环境污染受害、环境风险承担、环境资源分配和占有以及在环境综合处境等方面处于不利地位而自身又无力改变现状的群体。我国环境弱势群体类型较多、情况复杂。根据环境弱势群体的不同情况，可以将我国环境弱势群体划分为环境资源匮乏群体、环境利益受损群体、环境污染受害群体和环境风险承担群体等基本类型。其中，环境污染受害群体的情况最为紧急，迫切需要引起各方面的关注。从基本面上说，我国环境弱势群体面临的主要问题包括三个方面，即基本权益受损、制止侵害困难、法律索赔困难。造成这些问题的原因主要是地方政府环境监管不力、企业社会责任感缺失、司法救助和社会救助缺失。因此，要切实保护环境弱势群体的权益，必须首先从六个方面着手，建立健全环境公平制度体系：建立行政项目审批公众参与制度；完善法律规定，着力体现环境公平正义的要求；加强基层环境监管；加强对乡镇企业的管理；加快推进环境污染责任保险制度；设立环境基金，完善环境救助体系。

四、结　语

党的十八大将生态文明建设纳入"五位一体"的总体布局，这是党中央积极顺应时代大势，准确把握发展趋势，冷静应对增长形势，努力适应民生态势的重大战略部署。党的十八届三中全会在全面深化改革的主题下，把加快生态文明制度建设作为"完善和发展中国特色社会主义制度，推进国家治理体系和治理能力现代化"的主要内容之一。深入领会，我们可以说，生态文明制度建设，其要旨是完善和发展中国特色社会主义制度，其要领是推进国家治理体系和治理能力现代化，其要务是从源头上扭转生态环境恶化趋势，其要义则是构建系统完整的生态文明制度体系。

十八大报告指出："建设生态文明，是关系人民福祉、关乎民族未来的长远大计。"同样，推进生态治理体系和能力的现代化，也是一项关系人民福祉、关乎民族未来的长远大计。我们迫切需要按照党中央的统一部署，用治理的理念、手段和方法，从治理制度、治理主体、治理措施、治理目标等角度，大力推进生态治理体系和能力的现代化。在其中，"用制度建设生态文明"是核心，是治理理念的第一要义；充分发挥各种生态治理主体的作用，提高各类生态治理主体的能力，最终实现生态治理上的多元共治，是基础，是治理理念的本质要求；强化治理措施的力度，抓住重要环节，加强各种治理措施之间的联系，协调和共同发挥作用，是关键，是治理理念的优越性的表现；坚持维护生态正义，保障社会各个方面的生态权益，是目标，是治理理念的最终归宿。

本书按照此逻辑进行选编，希望给读者提供一部具有启迪意义的文集。是为导论。

生态文明

科学发展观与生态文明[*]

俞可平[**]

科学发展观的重要内容之一，就是强调社会经济的发展必须与自然生态的保护相协调，在社会经济的发展中要努力实现人与自然之间的和谐，发展不能以破坏生态平衡为代价，发展不仅要与现存的自然条件相适应，也要顾及子孙后代的利益，要走可持续发展的道路。按照胡锦涛总书记的解释，"可持续发展，就是要促进人与自然的和谐，实现经济发展和人口、资源、环境相协调，坚持走生产发展、生活富裕、生态良好的文明发展道路，保证一代接一代地永续发展"。因此，科学发展观不是一般地要求我们要保护自然环境、维护生态安全、实现可持续发展，而是把这些要求本身就视为发展的基本要素，其目标就是通过发展去真正实现人与自然的和谐以及社会环境与生态环境的平衡，实现植根于现代文明之上的"天人合一"。简言之，科学发展观要求我们建设社会主义的生态文明。

生态文明就是人类在改造自然以造福自身的过程中为实现人与自然之间的和谐所做的全部努力和所取得的全部成果，它表征着人与自然相互关系的进步状态。生态文明既包含人类保护自然环境和生态安全的意识、法律、制

---

[*] 本文原载于《马克思主义与现实》，2005年第4期。
[**] 俞可平，中央编译局副局长、教授。

度、政策，也包括维护生态平衡和可持续发展的科学技术、组织机构和实际行动。如果从原始文明、农业文明、工业文明这一视角来观察人类文明形态的演变发展，那么可以说，生态文明作为一种后工业文明，是人类社会一种新的文明形态，是人类迄今最高的文明形态。

作为人类文明的一种高级形态，生态文明是人与自然关系的一种新颖状态，是人类文明在全球化和信息化条件下的转型和升华。人类本身就是自然生态的组成要素之一，正如胡锦涛总书记所说："自然界是包括人类在内的一切生物的摇篮，是人类赖以生存和发展的基本条件。"建设生态文明，归根结底是为了人类自身的利益，良好的自然生态，是人类幸福生活不可或缺的要素。因此，在建设生态文明的过程中，人类自身是生态文明的主体，处于主动而不是被动的地位。建设生态文明，绝不是人类消极地向自然回归，而是人类积极地与自然实现和谐。人类既不能简单地去"主宰"或"统治"自然，也不能在自然面前消极地无所作为。换言之，"以人为本"既是科学发展观的出发点，也同样是我们建设生态文明的出发点；最大限度地实现人类自身的利益，也正是我们建设生态文明的归宿。

科学发展观的本质，就是经济与社会、地区与地区、城市与农村、人与人、人与社会、人与自然、今人与后人之间的协调发展。发展不是单纯的经济增长，而是社会整体的进步，既包括社会关系方面的进步，也包括自然关系方面的进步。进而言之，科学发展观既要求社会经济的发展和人民物质生活水平的提高，它表现为物质文明的进步，要求人民民主权利的增加和民主程度的提高，它表现为政治文明的进步，要求社会文化艺术的发展和人民精神生活的丰富，它表现为精神文明的进步，也要求良好的生态环境和人与自然的和谐相处，它表现为生态文明的进步。由此可见，建设社会主义的物质文明、政治文明和精神文明，与建设社会主义的生态文明，是互为条件、相互促进、不可分割的一个整体。

文明是人类社会的整体进步状态，人类在政治、经济、文化、生态方面的所有进步作为一个整体都是人类文明的组成要素。一方面，社会主义的物质文明、政治文明和精神文明离不开社会主义的生态文明，没有良好的生态条件，人类既不可能有高度的物质享受，也不可能有高度的政治享受和精神享受。没有生态安全，人类自身就会陷入最深刻的生存危机。从这个意义上说，生态文明是物质文明、政治文明和精神文明的基础和前提，没有生态文明，就不可能有高度发达的物质文明、政治文明和精神文明。另一方面，人类自身作为建设生态文明的主体，必须将生态文明的内容和要求内在地体现在人类的法律制度、思想意识、生活方式和行为方式中，并以此作为衡量人类文明程度的一杆基本标尺。也就是说，建设社会主义的物质文明，内在地要求社会经济与自然生态的平衡发展和可持续发展；建设社会主义的政治文明，内在地包含着保护生态、实现人与自然和谐相处的制度安排和政策法规；建设社会主义的精神文明，内在地包含着环境保护和生态平衡的思想观念和精神追求。

我们按照科学发展观的要求所要建设的生态文明，是具有中国特色的社会主义生态文明。一方面，它要求我们必须立足于中国特殊的自然生态环境、人口素质状况、经济文化发展水平和社会政治条件，建设具有中国特色的生态文明。特别是，作为一个发展中国家，我们仍然要把发展作为包括生态文明在内的整个文明建设的基本手段，通过进一步促进社会经济的发展，来推动生态文明建设。作为一个发展中国家，我们要充分吸取发达国家在生态环境方面的经验教训，特别注重生态保护和可持续发展，最大限度地降低发展的自然生态代价。正如中央所要求的，在我们的现代化建设中，必须把控制人口、节约资源、保护环境放到重要位置，使人口增长与社会生产力的发展相适应，使经济建设与资源、环境相协调，实现良性循环。另一方面，要把建设社会主义生态文明的目标，与社会主义现代化建设的其他远景发展目标有机地结合起来，使得生态文明的建设与小康社会、和谐社会、节约型社会的建设，以及联合国千年发展目标的实现，有机地整合起来，互相协调，整体推进。

"五位一体"视域下的生态文明建设*

吴瑾菁　祝黄河**

胡锦涛同志在十八大报告中指出:"必须更加自觉地把全面协调可持续作为深入贯彻落实科学发展观的基本要求,全面落实经济建设、政治建设、文化建设、社会建设、生态文明建设五位一体总体布局,促进现代化建设各方面相协调,促进生产关系与生产力、上层建筑与经济基础相协调,不断开拓生产发展、生活富裕、生态良好的文明发展道路。"① 这表明,"五位一体"的中国特色社会主义建设事业总体布局基本形成,中国共产党对中国特色社会主义本质内涵有了更加准确的理解和高度的把握。为此,我们必须在"五位一体"的总体布局中把握相互间的辩证关系,把生态文明建设放在突出地位,融入经济建设、政治建设、文化建设和社会建设的各方面和全过程。

---

* 本文系国家社科基金重大招标项目"十七大以来科学发展观的新发展研究"（项目编号：10ZD&002）、国家社科基金项目"科学发展观对党的三代中央领导集体发展思想的新贡献研究"（项目编号：10BKS005）的阶段性成果。

** 吴瑾菁，江西师范大学政法学院教授、博士生导师；祝黄河，江西省社会科学界联合会党组书记、主席，江西师范大学马克思主义学院教授、博士生导师。

① 胡锦涛:《坚定不移沿着中国特色社会主义道路前进,为全面建成小康社会而奋斗》,载《人民日报》,2012年11月18日。

一、"五位一体"的提出标志着中国共产党对中国特色社会主义本质内涵的准确理解和高度把握

从强调物质文明到"两个文明"一起抓，再到提出政治文明建设和社会主义和谐社会建设目标，现在又把生态文明建设提升到与经济、政治、文化和社会建设同等的战略高度，作为建设中国特色社会主义事业的有机组成部分，是我们党对领导社会主义建设历史经验和实践经验的科学总结，也是我们党科学发展理论的重大创新，标志着我们党对中国特色社会主义本质内涵从理论与思维上有了更为精准的理解与把握。

（一）"五位一体"的提出是实现经济社会科学发展的必然选择，标志着我们党对文明的认识达到了新的阶段

在人类文明发展进程中，中国共产党不仅顺应了世界文明发展新潮流，抓住工业文明发展的契机发展了中国，更是创造性地提出了具有超越性的新文明形态——生态文明，为中国未来发展指明了方向。

18世纪以来，人类开始进入高速发展的工业文明社会。工业文明一方面创造了比过去一切时代所创造的财富总和还要多得多的物质财富，另一方面给人类生存带来了严重灾难。面对愈演愈烈的环境灾难，世界各国对工业文明发展的理念、方式和道路进行了反思，清醒地认识到发展决不能再牺牲环境，选择一种新文明发展方式的意愿越发迫切和热烈。20世纪后半叶以来，加强环境保护、走可持续发展道路，逐渐成为全人类的共识，建设生态文明业已成为一种国际化潮流。与此同时，我国在社会主义建设过程中，为解决人民群众日益增长的物质文化需求和落后的社会生产力之间的矛盾，选择了一条高消耗、高投入、粗放型的发展模式与道路。历经60多年的建设发展，尽管我们取得了经济增长的巨大成就，但同时也付出了沉重的环境代价，许

多发达国家工业化时期出现的问题也摆在了我们面前。在新世纪新阶段，究竟是重蹈世界文明发展的覆辙，还是另辟蹊径，在继承工业文明发展优势的基础上有所超越，成为摆在中国共产党人面前的时代考验。"生态文明"不仅是对文明发展未来走向的精准把握，更是对后工业文明实质与内涵的准确回答。"五位一体"的提出标志着中国这个最大的发展中国家选择了一种科学发展方式，将在经济、政治、文化、社会和生态方面焕然一新，为世界生态文明建设作出巨大贡献。

（二）"五位一体"的提出是中国特色社会主义实践不断发展丰富的结果，标志着我们党对社会主义建设规律的认识达到了新的高度

从物质文明、精神文明两手抓，到政治文明和生态文明，再到现在的"五位一体"总体布局，我们党对中国特色社会主义的认识不断深化，对社会主义建设规律的认识从探索、深化到趋于完善，达到了一个新的高度。

改革开放初期，作为党的第二代中央领导集体核心的邓小平，明确提出要坚持"两个文明"一起抓，社会主义不但要有高度的物质文明，还要建设高度的精神文明。党的十三届四中全会后，以江泽民为核心的党中央领导集体进一步提出在建设社会主义物质文明和精神文明的同时，要建设中国特色的社会主义政治文明。党的十六大以来，以胡锦涛为总书记的党中央，形成和贯彻了科学发展观，提出了经济建设、政治建设、文化建设、社会建设"四位一体"，体现了我们党对共产党执政规律、社会主义建设规律、人类社会发展规律认识的深化。党的十七大在提出推进四大建设的同时，提出了建设生态文明的目标，这已经蕴含着"五位一体"格局的形成。在以上认识不断深化的基础上，十八大报告明确提出，"建设中国特色社会主义，总依据是社会主义初级阶段，总布局是五位一体"①，标志着"五位一体"的总体布局

---

① 胡锦涛：《坚定不移沿着中国特色社会主义道路前进，为全面建成小康社会而奋斗》，载《人民日报》，2012年11月18日。

基本形成，中国特色社会主义建设进入了一个崭新阶段。

（三）"五位一体"的提出体现和丰富了科学发展观的基本内涵，标志着我们党深入贯彻落实科学发展观达到了新的境界

科学发展观是我们党对社会主义发展理论的一次系统总结和理论升华，它源自中国特色社会主义的伟大实践，又指导和引领着这一实践。"五位一体"的总体布局不仅顺应了人民群众的新期待，也是科学发展观的应有之义，它的提出，标志着深入贯彻落实科学发展观达到了新的境界。

科学发展观已走过10年的发展历程，在实践中获得了发展，取得了一系列辉煌的成就。实践证明，科学发展观是马克思主义同当代中国实际和时代特征相结合的产物，是马克思主义关于发展的世界观和方法论的集中体现，开辟了当代马克思主义发展新境界。首先，"五位一体"的总体布局顺应了广大人民群众的新期待。近代以来，我们备受帝国主义列强的侵略和凌辱，中国人民长期生活在极度贫困之中。中国共产党率领广大中国人民推翻了封建主义剥削与压迫，改变了中国半封建半殖民地的面貌，但由于底子薄，改变中国的贫穷落后面貌必须坚持以经济建设为中心，提高广大人民群众的生活水平。今天，随着中国经济的发展与腾飞，我们基本解决了温饱问题，并向全面建成小康社会迈进，广大人民群众又有了新的期待，那就是，在经济现代化的基础上，还要有更加良好的生态环境。其次，科学发展观的基本要求就是实现全面、协调、可持续的发展，"五位一体"就是科学发展观的应有之义。生态文明是科学发展观的基本内涵之一，只有尊重自然规律，保护生态环境，做到人与自然和谐相处、协调发展，人民群众的生活质量才有保障，经济社会发展才能持续。因此，只有协调好这五大建设之间的关系，全面推进五大建设，才能使中国真正走上经济发展、政治稳定、文化繁荣、社会和谐、生态优美的科学发展道路。

二、"五位一体"是相互联系、相互促进、相互影响的有机整体

马克思主义辩证法告诉我们,世界是普遍联系并不断发展的,这是一条颠扑不破的真理。"五位一体"强调了中国特色社会主义建设事业是一个系统,经济建设、政治建设、文化建设、社会建设和生态文明建设构成了这一系统的子系统。因此,构成中国特色社会主义建设事业系统的子系统之间,经济建设、政治建设、文化建设、社会建设和生态文明建设子系统的构成要素之间都应该是普遍联系并不断发展的。

(一)中国特色社会主义的经济建设、政治建设、文化建设、社会建设和生态文明建设之间是相互联系的

按照辩证唯物主义方法论的理解,作为构成中国特色社会主义建设事业系统的子系统,经济建设、政治建设、文化建设、社会建设和生态文明建设之间本来就应该是相互联系的。对中国特色社会主义建设事业来说,任何一个组成部分都是不可或缺的,任何一个组成部分的短缺都会给中国特色社会主义建设事业带来不可估量的影响和严重后果。我们知道,中国特色社会主义建设事业的成功离不开经济建设,经济建设为中国特色社会主义建设事业提供坚实的物质基础。同样,中国特色社会主义建设事业也离不开政治建设、文化建设、社会建设和生态文明建设。如果没有安定团结的政治局面、失去民主法治和社会公正的话,中国特色社会主义建设事业就失去了政治保障和政权基础;如果我们失去了精神家园、陷入精神荒漠之中,中国特色社会主义建设事业就失去了灵魂和精神的支柱;如果人民无法拥有幸福生活、享有社会发展成果的话,中国特色社会主义建设事业就会失去群众的基础和追求的目标;如果我们失去清洁的空气、水源,资源过度开采以致枯竭的话,将会严重威胁到人民群众的生存环境和身体健康,中国特色社会主义的建设事

业就没有根基。总之，对于中国特色社会主义建设事业来说，每一个组成部分都是极其重要、缺一不可的，它们之间是相互联系、相辅相成的。

（二）中国特色社会主义的经济建设、政治建设、文化建设、社会建设和生态文明建设之间是相互促进的

作为中国特色社会主义建设整体事业的组成部分，各个子系统之间不仅密切联系，而且相互促进。任何一个组成部分取得进展与突破，都将对其他组成部分产生不可估量的影响，同时使中国特色社会主义建设事业整体辉煌发展。如，中国特色社会主义经济建设是基础，它的辉煌成就了中国特色社会主义政治建设、文化建设、社会建设和生态文明建设的突出成绩。2011年，我国GDP总量已经超过日本，一跃成为世界第二大经济实体，与此同时，政治体制改革继续推进，基本形成了中国特色社会主义政治发展道路，民主法治建设迈出新步伐；文化建设迈上新台阶，中国特色社会主义文化事业繁荣发展，人民精神文化生活更加丰富多彩；社会建设取得新进步，人民的物质文化生活水平显著提高，在改善民生方面取得了明显成效；生态文明建设扎实展开，资源节约和环境保护全面推进。政治建设、文化建设、社会建设和生态建设取得突出成绩，这又极大地促进了经济建设，我们成功应对了国际金融危机，经济实现平稳较快发展，综合国力大幅提升。

（三）中国特色社会主义的经济建设、政治建设、文化建设、社会建设和生态文明建设之间是相互影响的

经济建设、政治建设、文化建设、社会建设和生态文明建设之间是相互影响的，任何一个部分的缺失和不足都会导致其他建设事业的失败，进而导致中国特色社会主义建设事业的失败；反之亦然。比如，社会建设的好坏影响生态文明建设，生态文明建设的好坏也反过来影响社会建设。近些年来，一些企业为了追逐短期经济利益，不惜破坏环境和耗损资源来谋求发展，给

人民的生产生活环境带来了严重破坏，引发大规模群体性事件，造成了严重的社会问题。相关数据显示，我国每年因环境污染而引发的群体性事件呈逐年上升趋势。这表明，与生态环境相关的社会问题的解决绝不是简单的社会建设就能实现的，必须把生态文明建设贯穿于社会建设之中，才能更加顺利地推进和谐社会建设。倘若生态文明建设问题得不到解决，就会引发严重的社会建设问题，进而会对经济建设、政治建设和文化建设产生负面影响，严重影响中国特色社会主义建设事业。相反，有的地区在生态建设方面取得了突出成绩，有力地推动了当地社会建设的步伐，人民群众享有了更加幸福美好的生活，更好地分享了社会发展的成果，极大促进了当地经济建设、政治建设和文化建设。

所以，在中国特色社会主义建设事业总体布局中，必须强调把生态文明建设融入经济建设、政治建设、文化建设和社会建设的各个方面和全过程，整体推进、协调发展，才能使中国特色社会主义建设事业得以成功。

三、把"生态文明建设"融入"五位一体"的社会主义建设事业中

"五位一体"总体布局的提出不仅标志着中国社会主义现代化建设进入新的阶段，而且标志着中国共产党治国理政达到了新的境界。要实现十八大提出的建设"美丽中国"和"全面建成小康社会"的目标，就必须把生态文明建设融入到经济建设、政治建设、文化建设、社会建设各方面和全过程，整体推进中国特色社会主义的建设事业。

（一）把"生态文明建设"融入经济建设的各方面和全过程

在过去的很长一段时间里，我们错误地把经济增长的高速度、高效率当作经济建设的目标，造成了经济发展与生态建设之间的尖锐矛盾。高耗能、高污染、高成本已经严重制约了国民经济的可持续发展，1979—2011年我国

GDP 年均增长 9% 以上，成为世界上经济增长速度最快的国家，但我国单位 GDP 的能耗高出经合组织 30 个国家平均值的 20%。[①] 发展中的不平衡、不协调和不可持续以及资源环境约束加剧成为当前最为突出的重点问题，把生态文明建设融入经济建设各方面和全过程具有重大意义。

首先，要把生态文明建设作为加快转变经济发展方式的着力点，推动绿色发展、循环发展和低碳发展。转变经济发展方式首要在于转变观念，必须树立尊重自然、顺应自然、保护自然的生态文明理念，改变过去以破坏自然来获得发展的思路。只有实现生产方式和生活方式的根本性变革，把转变经济发展方式真正落到实处，中国经济增长才是高效、健康和可持续的。其次，要把生态文明建设作为调结构、保增长的抓手，不断挖掘新的经济增长点。我国传统的以重工业为基础的经济结构以资源消耗和破坏环境为代价获得了长足发展，但在当今国际经济发展趋势中，这些产业已是强弩之末，缺乏经济增长的动力和可持续性。而结合生态文明建设的各种新兴产业，如旅游、服务等第三产业，不仅可以拓展经济社会发展的承载空间，还可以突破贸易壁垒、拓展国际市场空间，具有巨大的经济发展潜力。再次，建设生态文明是扩大内需、拉动经济增长的重要途径。通过加大对生态环境整治项目、新能源开发项目、农村环境基础设施项目的投入，既能拉动当前经济增长，又能增强可持续发展后劲，无论对眼前还是长远，都具有重要意义。结合生态文明建设的经济开发与利用，不仅可以治理环境，还可以使地方经济得以健康有序地增长。最后，要把增强生态产品生产能力作为经济建设的主要任务之一。历经 30 多年快速发展，我国提供物质产品的能力有了大幅提高，文化产品的生产能力也在快速进步，但相对而言，提供生态产品特别是优质生态产品的能力实际上提升得较慢，而广大人民群众却对生态产品的渴求日益迫切。生态产品的生产不仅可以满足当前人民群众的需求，而且也是拉动内需、促进经济增长的有效手段。

---

① 辛向阳：《论中国特色社会主义事业"五位一体"总体布局》，载《北京日报》，2012 年 8 月 6 日。

（二）把"生态文明建设"融入政治建设的各方面和全过程

政治体制改革在改革发展全局中具有重要位置，它是保障社会主义事业顺利进行的政策法律制度保障。当前，就国内外政治形势来说，生态文明建设无疑是对中国共产党人最大的执政考验。

一方面，从国内政治形势来说，推进政治体制改革，不仅要坚持党的领导，更要注重社会稳定和政治稳定。一直以来，GDP 增长已成为一些领导干部的执政指南。为片面追求单纯的 GDP 增长，一些地方不惜以牺牲环境为代价，以致教训惨重。江苏太湖蓝藻事件、云南镉污染事件等都暴露出 GDP 政绩观的短视和缺陷。虽然某些地区暂时得到了经济的高速发展，但最终还是要受到自然的无情报复，继而引发严重的政治危机。特别是今年四川省什邡市的百亿元钼铜项目、江苏省南通启东的王子制纸排海工程项目和浙江省宁波市镇海的 PX 项目纷纷遭到群众抗议。这些事件最后皆以政府宣布放弃项目的建设告终，但对政府的公信力已造成损害。可以说，是否重视生态文明建设以及如何进行生态文明建设已经成为中国共产党最大、最严峻的执政考验。为此，以生态文明建设为主线，转而以环境更加美好、人们生活更加富裕作为干部政绩考核目标，将是未来我国政治建设的主方向。另一方面，从国际政治形势来看，环境问题已然成为各国政府利益博弈的砝码。随着全球能源、资源消耗的剧增，围绕着能源、资源的争斗日趋激烈。发达国家为获得更大利益，往往以环境和生态问题为借口指责发展中国家。发展中国家为获取更大的发展权益，必须正视环境和生态问题。无论是《京都议定书》，还是每年召开的全球气候大会，都是一场以环境和生态为中心的政治利益较量与博弈。从国内和国际两个方面来看，都需要我们以生态文明制度建设为契机，推动中国特色社会主义政治建设，深入推进民主法治建设，切实维护城乡之间和区域之间、当代人之间、当代人与后代人之间的生态公正与公平，决不能为了一部分人的利益而牺牲大多数人的利益，为了当代人的利益而牺牲后代人的利益。

(三) 把"生态文明建设"融入文化建设的各方面和全过程

中国特色社会主义建设不仅要满足人们的物质需求，而且要满足人们的文化需求、精神需求，中国特色社会主义文化建设意义重大。要注重在文化建设中大力培育和提高人们的生态道德素质，引导人们树立生态文明的观念并融入民族精神和时代精神之中，融入党风政风和民风民俗之中，努力在全社会形成注重人与自然和谐相处的良好氛围。

首先，以探讨、定位人与自然关系为核心的生态文化建设是增强中国特色社会主义文化整体实力和竞争力的积极手段。生态文化是上个世纪以来伴随着生态环境保护运动发展而形成的一种新文化形态，它反映了人类价值理性对工具理性的超越和反思，成为当今世界文化发展的潮流。好莱坞大片《后天》、《2012》等都可以看作这种生态文化的典型成果。由于生态环境问题对不同文化、不同宗教、不同意识形态下的人们具有普遍价值，因而使得这个主题可以成为各种异质文化自由平等对话的最佳途径。当今世界谁能占据生态文化的制高点，谁就有了超越文化隔阂同世界各民族交流的平台，也就拥有了向世界输出自己文化观念的条件。其次，人与自然和谐相处价值理念的培育是中国特色社会主义文化建设的重要内容。中国传统文化就弥漫着浓重的生态文化气息，"天人合一"、"万物一体"的理念成为中国传统文化的核心价值之一，而中国传统文化又特别重视对人民的教化和教养，因此，在很长的一段时间内，强调人与自然和谐相处不仅是中国传统文化的特质，也成为中国百姓耳熟能详、口耳相传的文化内容。文化创新首在传承，必须继承中华民族传统文化中的生态观念，培育中国特色社会主义生态文明理念，对广大的人民群众尤其是青少年进行生态文明的宣传和教育，使生态文明成为全体社会成员的价值追求，全社会形成重视人与自然和谐相处的氛围。

（四）把"生态文明建设"融入社会建设的各方面和全过程

在经济发展基础上逐步提高人们的物质文化生活水平，实现社会和谐稳定，是改革开放和社会主义现代化建设的根本目的。加强社会建设必须以保障和改善民生为重点，而生态文明建设可以说是关乎民生的生死攸关的问题。

首先，生态文明建设是社会矛盾得以解决的重要因素。和谐优美的生态环境与人民群众的生产生活息息相关，生态环境也就成为人民群众最关心、最直接、最现实的利益问题。生态环境破坏往往会引发严重的社会问题，造成局部的不和谐、不稳定，此类社会矛盾、纠纷的解决必须通过生态文明的建设才能解决。其次，生态文明建设是社会建设的重要内容。在不少地区，生态环境保护与经济发展成为摆在人们面前的两难选择。对于生态环境基础较好的地区来说，既需要金山银山也需要绿水青山；对于生态环境基础薄弱的地区来说，既需要发家致富也需要宜居宜住。解决这二者之间的矛盾只能通过生态文明建设，在考虑生态环境承载能力的前提下，选择适宜生态保护的经济发展方式，从而真正解决人们的实际生活难题。最后，解决生态环境问题是人民群众民生领域的突出期盼。空气清洁、山清水秀、环境优美才能让人民真正过上社会主义的幸福生活。由经济增长所带来的环境恶化不仅给人民群众生产生活带来极大不便，同时也给人民群众带来严重的健康问题，影响到人民幸福生活的实现。要使改革发展成果更多更公平地惠及全体人民，保证人民过上更好生活，就一定要让人民群众拥有生态优良、环境洁净的生存空间。

总之，"树立尊重自然、顺应自然、保护自然的生态文明理念，把生态文明建设放在突出地位，融入经济建设、政治建设、文化建设、社会建设各方面和全过程，努力建设美丽中国，实现中华民族永续发展"[①]，将是我们党长

---

① 胡锦涛：《坚定不移沿着中国特色社会主义道路前进，为全面建成小康社会而奋斗》，载《人民日报》，2012年11月18日。

期坚持的一项重大战略。在科学发展观的指导下,"五位一体"的总体布局作为创新发展理念、破解发展难题的重大理论创新成果,必将推动中国特色社会主义的建设实践不断迈上新的台阶。

生态文明建设的六大类型及其策略[*]

杨志华　严　耕[**]

一、导　言

中国共产党在十七大报告中首次提出了建设生态文明的战略任务，明确将其列为2020年实现全面建设小康社会奋斗目标的五大新要求之一。十八大报告则首次确立了尊重自然、顺应自然、保护自然的生态文明理念，首次将生态文明建设纳入现代化建设"五位一体"总布局，提出了"努力建设美丽中国，实现中华民族永续发展"的总目标。党的十八届三中全会以全面深化改革为主题，把加快生态文明制度建设作为当前亟待解决的重大问题和全面深化改革的主要任务。可以说，建设生态文明已经成为举国上下的共识，全国各地掀起了生态文明建设的热潮。

建设生态文明，是我国社会主义现代化建设的新探索，也是新挑战。为了顺利推进生态文明建设，目前亟需加强两个方面的研究工作。一方面，需要加强生态文明的理论研究。理论是实践的向导，有什么样的生态文明理念，就会导致什么样的生态文明建设实践，因此理论研究意义重大。

---

[*] 本文得到中央高校基本科研业务专项资金资助（项目编号：RW2011-22）。本文原载于《马克思主义与现实》，2012年第6期，本次出版时作了重要修改。

[**] 杨志华，北京林业大学人文学院副教授；严耕，北京林业大学人文学院院长、教授。

另一方面，生态文明是一项迫在眉睫的实践课题，因此需要在开展理论研究的同时，加强调查研究、经验总结、统计分析等实证研究和实践探讨。当务之急，就是要准确把握我国生态文明建设的现状、趋势及关键影响因素。这就需要对我国生态文明建设进行量化评价及研究，特别是对各行政单位的生态文明建设绩效进行量化测评研究。首先，各行政单位是其他各项测评的合适对象，那么同样也是生态文明建设测评的合适对象，且具有统计数据的支撑；其次，各行政单位是其他各项建设事业的主导者，同样也是生态文明建设事业的主导者，对它们的生态文明建设进行测评，可以获得积极的反馈和回应，可以真正落实到生态文明建设的实践当中去。从行政管理的角度来看，政府行为是以评价考核为指引的。有考评就会得到政府重视，没考评就不受重视，这是一个基本定律。因此，开展并规范各级政府的生态文明建设绩效评价考核，是顺利推进我国生态文明建设事业之引擎。

2008年，北京林业大学生态文明研究中心组织专家学者，申请承担了国家林业公益性行业科研专项经费项目"生态文明建设的评价体系与信息系统技术研究"。课题组优先选择各省、市、自治区作为评价对象，基于"生态文明是人与人、人与自然和谐的文明"这种理解，构建了首个综合性的中国省域生态文明建设评价指标体系（EC-CI），从"生态活力"、"环境质量"、"社会发展"、"协调程度"等四个方面展开评价，并最终基于国家统计局等职能部门公开发布的权威数据，根据相对评价算法，测算了自2005年以来各省份的生态文明指数（ECI），在此基础上，还展开了国际比较、进步率、类型分析、相关性分析等专门分析。经过四年的不懈努力，课题研究取得了一系列研究成果，连续公开发表了生态文明绿皮书《中国省域生态文明建设评价报告（ECI2010）》和《中国省域生态文明建设评价报告（ECI2011）》。[1] 有媒体评价，中国省域生态文明建设评价报告的发布，标志着中国生态文明建设进入量化时代。[2] 限于

---

[1] 《中国省域生态文明建设评价报告（ECI2010）》和《中国省域生态文明建设评价报告（ECI2011）》由社会科学文献出版社先后于2010年5月和2011年8月出版。

[2] 《生态文明建设进入量化时代，协调程度是重中之重》，见http://pro.people.com.cn/click.ng/channel_range=1/1007/172200/83278。

篇幅，本文拟就中国当前的生态文明建设类型及相应的建设策略进行分析论述。

二、中国当前六大生态文明建设类型及建设策略

由于我国各省份的自然地理条件、经济社会发展水平、主体功能区定位各不相同，它们的生态文明建设也就表现出不同特点。因此，把握这些不同特点，划分不同的生态文明建设类型，对于各省份确立恰当有效的建设策略，提高生态文明建设的针对性，具有重要意义。

基于各省份的年度生态文明指数（ECI）的量化评价结果，特别是基于各省份在生态文明建设中所取得的生态活力、环境质量、社会发展和协调程度状况，课题组总结各省份生态文明建设的不同特点，曾先后将我国各省份的生态文明建设状况，归纳为"九大类型"[①] 和"六大类型"[②]。

2012 年，课题组根据最新发布的 2010 年数据，对中国各省份的生态文明建设进行了最新评价分析。最新研究结果显示，我国各省份的生态文明建设，在整体上有如下三个显著特点。

第一，2010 年，我国不同经济社会发展水平、不同地域的各个省份，生态文明指数仍差距明显。排名第一的北京为 105.63，而甘肃只有 67.79。第二，不同省份在生态文明建设的生态建设、环境治理、社会进步和协调发展等方面，成效各不相同。从各省四个二级指标等级分来看，只有吉林和黑龙江同为 4322，天津和上海同为 2244，福建和山东同为 2233，湖南和河北同为 2223，其他省份不存在四个二级指标等级分完全相同的情况，这说明目前我

---

① 参见北京林业大学生态文明研究中心 ECCI 课题组：《中国省级生态文明建设评价报告》，载《中国行政管理》，2009 年第 11 期，第 17—18 页。
② 严耕主编：《中国省域生态文明建设评价报告（ECI2010）》，社会科学文献出版社 2010 年版，第 33—38 页；严耕主编：《中国省域生态文明建设评价报告（ECI2011）》，社会科学文献出版社 2011 年版，第 101—116 页。

国各省生态文明建设各方面成效不一，状况较为多样。① 第三，各省份在生态环境与经济社会之间的相互关系方面，也呈现出不同的特点。目前我国尚未出现四个二级指标得分等级都排第一等的省份，也就是说，我国尚没有哪个省份在各方面具有绝对优势，真正实现了经济社会与生态环境之间的协调发展。有些省份是生态环境质量较好，但经济社会发展水平相对较差；有些省份是经济社会发展水平较高，但生态环境压力较大；有些省份则是经济社会发展水平和生态环境质量均一般；甚至有少数省份，经济社会发展水平和生态环境质量均欠佳，离协调发展的目标有较大的距离。

根据这些基本特点，目前可将我国各省份的生态文明建设状况归纳为六大类型，即均衡发展型、社会发达型、生态优势型、环境优势型、相对均衡型和低度均衡型。下面将对各类型的特点和建设策略逐一展开分析。

1. 均衡发展型的特点及建设策略

量化分析结果显示，目前生态文明建设类型属于均衡发展型的，有海南、广东、北京3个省市。这3个省市基于自身实际，经过不懈努力，走出了各有特色的绿色发展道路。虽然这3个省市的经济社会发展水平有所不同，比如，3个省市2010年的人均GDP分别为23831元、44736元和75943元，分别排名全国第24名、第7名和第2名，但它们都不约而同地开始迈向协调发展的新阶段，基本实现了经济社会、生态环境各方面的均衡发展。数据显示，除了北京和广东的环境质量稍差之外（北京、广东分别排名全国第14位和第17位），它们其他各方面均表现不错，处于全国第一等级或第二等级水平，比如，它们的协调程度得分分别排名第11名、第2名和第1名；社会发展得分排名第9名、第6名和第2名；生态活力得分排名第4名、第6名和第9名。② 反映这

---

① 数字分别表示各省份的四项二级指标所得等级分。比如，湖南和河北同为2223，即表示它们的生态活力、环境质量和社会发展等级分都为2分，协调程度等级分为3分（第一等级的等级分最高，为4分；第四等级的等级分最低，为1分）。

② 本文所列数据，具体指标数据主要来源于《中国统计年鉴》，各二级指标和生态文明指数（ECI）得分及排名，均为课题组根据统计测算方法所得。

类型省份生态文明建设各个方面成效的雷达图如图1所示。

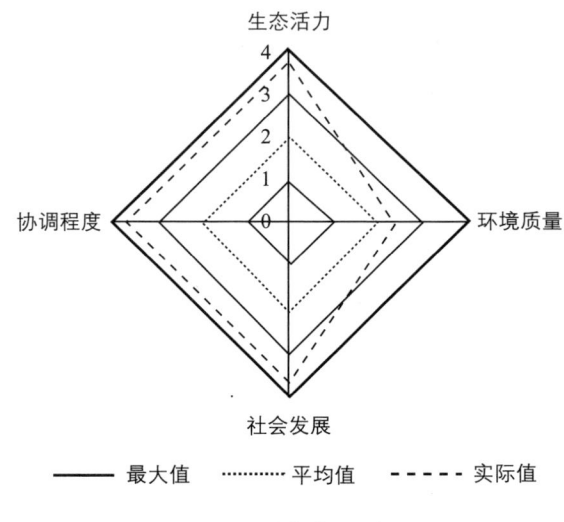

图1　均衡发展型

相对而言，均衡发展型省份的生态文明建设成效较显著，整体状况良好，发展趋势也整体较好，但仍存在环境质量有所欠缺等个别不足方面和限制因素，影响了生态文明建设水平的进一步提升。

因此，这些省份可采用的生态文明建设策略，可以概括为"稳中求进，重点攻关"。就是要在取得显著成绩的基础上，在保持良好发展势头的同时，进一步加强环境治理，克服生态文明建设的短板，特别是重点解决各自突出存在的空气质量、地表水体质量和土壤环境质量等严峻问题。比如，北京的空气质量在直辖市和省会城市当中处于靠后的水平，北京市和广东省水体污染比较严重，海南省的农药施用强度全国最高，这些方面需要引起高度关注，并加以重点治理。

2. 社会发达型的特点及建设策略

上海、天津、浙江、江苏、福建、山东这6个省市，突出特点就是社会发展水平全国领先，协调发展程度也较高，同时，由于经过较长时期的经济快速发展，对生态环境带来较大压力，积累了相当严重的生态环境债务，从而导致环境质量相对较差，生态活力也仅居中游水平，因此被归纳为社会发达型。以上海为例，2010 年，它的社会发展水平为全国第 1 名，协调程度也高居全国第 4 名，但生态活力排名第 22 位，环境质量更是排在第 25 位，社会发展水平高和生态环境质量低的特点同样鲜明。反映这类型省份生态文明建设各方面成效的雷达图如图 2 所示。

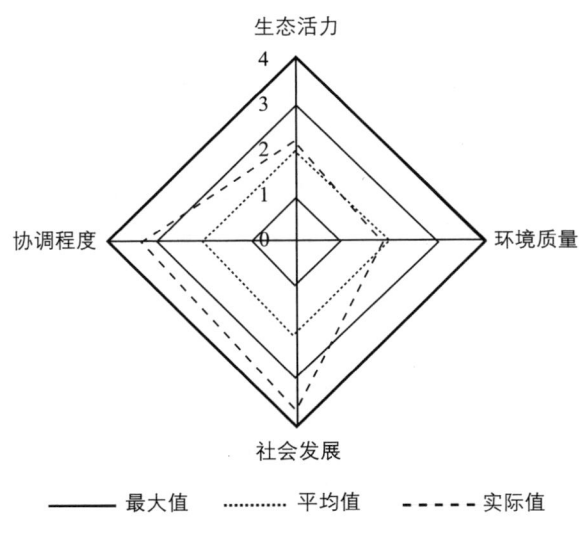

图 2 社会发达型

从发展历史来看，社会发达型的省份，经济社会发展水平已经有了质的飞跃，随着产业结构不断调整优化，这些省份单位国内产值资源消耗量和主要污染物排放量也均显著下降，生态环境恶化基本上达到了最高点，拐点即将出现，开始向协调发展迈进。当然，生态环境有破坏容易修复难的特点，一经破坏，要想修复就需要较长时间，而且环境污染还具有累积效应和滞后效应，目前的破坏要经过一段时间之后才充分显现，由此可以预见，即使这些省份加强生态环境治理，其生态环境恶化的趋势还会延续一段时间。

因此，社会发达型省份，其生态文明建设策略应定位为"协调发展，克服冲突"。也就是说，要通过进一步调整产业结构，发展绿色科技，提高协调发展能力，及时减轻对生态环境的超负荷压力，同时要积极加强对生态环境的反哺力度，强化生态环境治理，积极偿还已造成的生态环境债务，为经济社会的进一步发展夯实绿色基地,拓展绿色空间,克服经济发展与生态环境之间的冲突和对立。

3. 生态优势型的特点及建设策略

四川、吉林、黑龙江、辽宁、江西这 5 个省份,生态活力全国领先,均处于第一等级,环境质量也相对较好,而社会发展和协调程度表现一般,其生态文明建设属于生态优势型。以四川为例来看,其 2010 年的生态活力居全国第 2 位,环境质量居全国第 3 位,但协调程度仅为全国第 22 位,社会发展为第 25 位。生态优势型省份的特点,恰好是与社会发达型省份倒过来,那就是生态环境较好,但社会发展较差。反映这类型省份生态文明建设各方面成效的雷达图如图 3 所示。

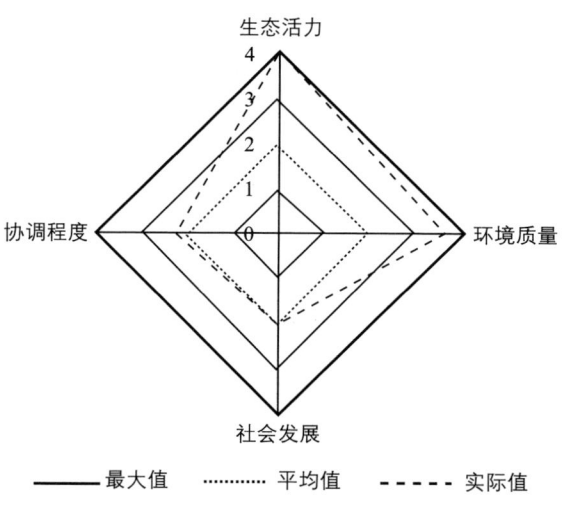

图 3　生态优势型

生态优势型省份,具有良好的生态基底和比较优势,但尚未转化为经济优势。因此,这些省份可坚持"后发优势,绿色发展"的生态文明建设策略。也就是说,这些省份目前的关键,是要将工作重点从生态建设向经济建设转移,充分发挥经济社会发展的后发优势,促进经济又好又快发展,弥补生态文明建设社会发展不足方面的短板，并为生态文明建设进一步向前发展奠定坚实基础。当然，这些省份在发展经济的过程中，应避免重蹈"先污染、后治理"的老路，坚持走新型工业化道路，努力提高协调发展能力，降低单位产值的资源消耗量和污染物排放量，积极调整产业结构，最大限度降低经济发展的生态环境代价，真正走出一条经济与生态环境相协调的绿色经济发展道路。同时，在发展经济的基础上，它们还需加快发展社会建设事业，大力提高教育、医疗卫生等社会公共服务水平，促进经济社会全面发展。

4. 环境优势型的特点及建设策略

贵州、云南、西藏这3个西南地区的省份，空气、水体和土地环境质量，均属于全国第一等的水平，自然环境优势突出，但其他方面表现均不尽人意，因此被划为环境优势型。以贵州2010年的生态文明建设成效为例来看，贵州环境质量高居全国第2名（第1名为西藏），但由于受自身的地理气候条件限制，其生态活力仅排名第27位，比较脆弱，社会发展和协调程度分别仅排第22位和30位，在全国处于比较落后的位置。反映这类型省份生态文明建设各方面成效的雷达图如图4所示。

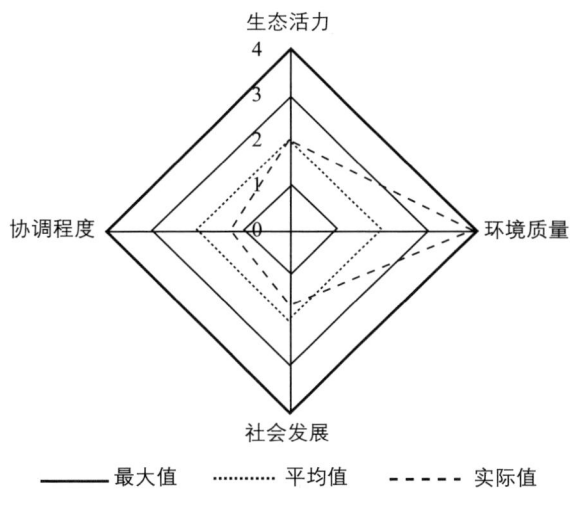

图4 环境优势型

在相对落后的社会发展水平和相对艰难的自然地理条件下，这些省份保持了良好的环境质量，承担着为全国提供生态调节的主体功能，难能可贵。但如何走出一条有特色的经济社会发展道路，是摆在这些省份面前的难题。

基于这些地区的经济社会发展和生态环境实际条件，特别是根据这些省份生态调节的国家主体功能区定位，它们可以采取"环境特色，错位发展"的生态文明建设战略。也就是，在国家加强生态补偿、统筹发展的基础上，这些省份可选择继续打好"环境质量好"这张特色名牌，平衡好保护与开发的辩证关系，在保护的基础上，大力发展生态旅游、生态文化创意产业等新兴产业，避免走传统工业化"先污染、后治理"的老路，实现基于环境优势的错位发展和特色发展。

5. 相对均衡型的特点及建设策略

重庆、广西、湖南、湖北、内蒙古、陕西、河北等 7 个省市属于相对均衡型。它们的共同特点是，没有突出弱点，但也没有明显优势。从二级指标等级分来看，它们没有哪个二级指标排名全国第一等，但也很少有处于第四等的（除了湖北的环境质量外），基本上都处于第二等和第三等水平，各项指标之间也相对均衡。以湖南为例，2010 年，湖南省的生态活力、环境质量、社会发展和协调程度分别排名第 17、21、18、17 位，生态文明建设成效相对均衡的特点非常鲜明，其他 6 个省市也基本类似。反映这类型省份生态文明建设各方面成效的雷达图如图 5 所示。

相对均衡型省份在生态文明建设的各个方面均打下了一定基础，具备了一定的条件。要想实现生态文明建设的大发展、大飞跃，可以考虑采用"整体推进，突出特色"的战略。具体来说，就是要一方面保持各个方面稳步向前发展，提升其生态文明建设的整体水平；另一方面，在各方面齐头并进的同时，各省份也需要找准自身的比较优势，重点打造自身的鲜明特色，实现全面基础上的特色发展，最后又通过特色发展进一步带动整体发展。

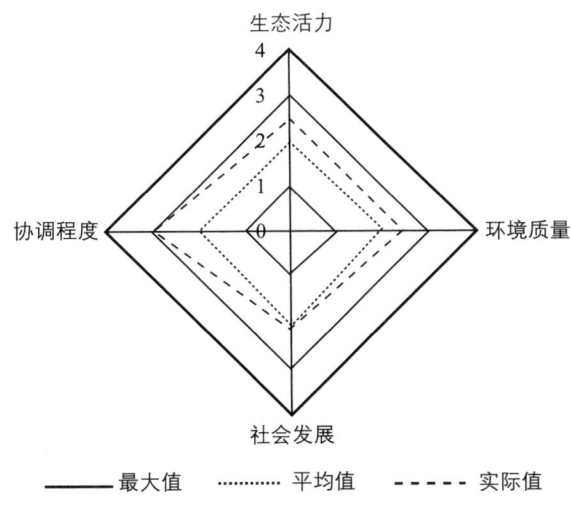

图 5　相对均衡型

6. 低度均衡型的特点及建设策略

青海、山西、甘肃、新疆、安徽、宁夏、河南等省份，由于各种原因，它们都有一两个生态文明建设的方面处于全国第四等和第三等水平，且没有哪方面处于第一等水平，因此目前概括为低度均衡型。反映这类型省份生态文明建设各方面成效的雷达图如图6所示。

这些省份大多处于西北和华北地区，自然条件较差，而且有的是能源大省，有的是农业大省，能源生产和农业生产对生态环境的压力较大；由于受经济结构和自然条件影响，它们的经济社会发展水平和协调发展程度，也排名相对靠后，因此生态文明建设任重道远。

目前来看，这些省份要想在短期内实现生态文明建设整体水平的全面跃升，难度较大，因此可以考虑选择"集中力量，重点突破"的生态文明建设策略。在选择突破点上，又有两种不同的可能选择。一种是从基础较好的方面开始重点突破，重点发展，比如，青海2008年就是环境优势型，新疆也有成为环境优势型的条件，它们可以进一步提高环境质量，发展成环境优势型；一种是从重点抓好突出存在的弱项作为突破口，从而从低度均衡型发展为相

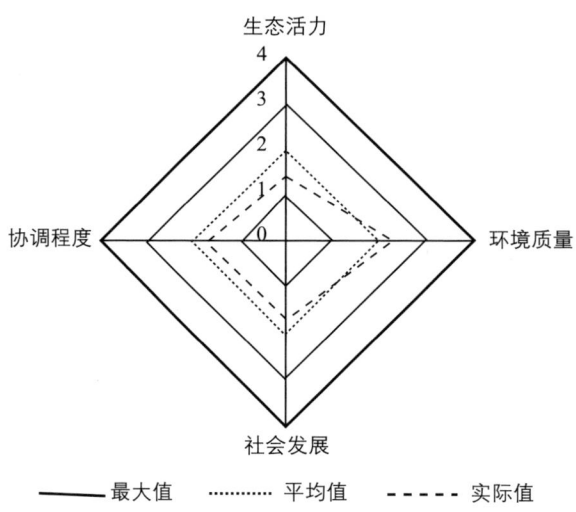

图 6　低度均衡型

对均衡型，比如，山西省 2010 年的生态活力、环境质量、社会发展和协调程度都属于全国第三等级的水平，但排名有先有后，分别排在全国第 19、25（并列倒数第 2）、14、25 名，环境质量是明显的短板，因此可以考虑集中力量抓好环境治理，实现生态文明建设水平的整体提升。

三、基本结论

不管是从理论层面还是从中国生态文明建设的生态实践来看，生态文明建设的最终目标，是要实现各方面的全面协调发展，特别是实现经济社会与生态环境之间的协调发展。由于我国各省份的自然地理条件、经济社会发展水平、主体功能区定位各不相同，因此，各省份的生态文明建设表现不一，离生态文明建设协调发展这一目标的远近也各有不同。有些省份生态环境较好，但经济社会发展水平相对较差；有些省份经济社会发展水平较高，但生态环境压力较大；而有的省份，经济社会发展水平和生态环境质量均一般；甚至有少数省份，经济社会发展水平和生态环境质量均欠佳，离协调发展的目标有较大的距离。正是根据这些特点，可将当前中国各省份的生态文明建设归纳为六种基本类型，即均衡发展型、社会发达型、生态优势型、环境优势型、相对均衡型和低度均衡型。

目前来看，虽然均衡发展型的省份已经开始朝协调发展的目标迈进，但我国尚没有哪个省份真正实现了全面协调发展的目标。属于各类型的省份，均离这一目标有远近不同的距离，均存在自身的相对优势和劣势，因此既不可盲目乐观，也不应妄自菲薄。

重要的是，不同类型的省份，应基于自身实际，找到可供借鉴的成功经验，确定相应的生态文明建设策略，比如，或进一步发挥优势，或及时弥补短板，或在整体推进的基础上突出特色，最终殊途同归，将我国生态文明建设事业推向新水平和新阶段。

生态治理

环保民间组织与生态文明建设

谢来辉　曹荣湘*

近年来，公众参与在我国生态文明建设中的地位日益凸显。2011 年 8 月，大连市民聚集在大连市人民广场，要求福佳大化 PX 化工厂迁走并承担法律责任；2011 年 11 月，21 家环保民间组织呼吁请 PM2.5 监测，对《环境空气质量标准》（二次征求意见稿）提出建议；从 2009 年哥本哈根会议到 2013 年的华沙会议，我国环保民间组织表现活跃，通过边会等形式呼吁国际会议达成公正合理的气候协议，为国际气候谈判取得进展发挥了重要作用。

党的十八大报告指出："建设生态文明，是关系人民福祉、关乎民族未来的长远大计。"其中，如何积极发挥环保民间组织的力量，如何通过制度创新，将公众参与纳入到生态文明建设中来，是生态文明制度建设的重要内容，是我们当前迫切需要深入思考的重要问题。

一、我国环保民间组织的基本情况

环保民间组织是指以环境保护为主旨，不以营利为目的，不具有行政权

---

* 谢来辉，中国社会科学院亚太与全球战略研究院副研究员；曹荣湘，中央编译局研究员。

力,并为社会提供环境公益性服务的民间组织,具有组织性、民间性、非营利性、独立性和非政治性等特征。

我国环保民间组织起步较晚,但是近年来发展迅速。在1973年标志我国环境保护事业的起步与发展的第一次全国环境保护会议召开后,1978年5月我国环境科学学会成立,这是我国第一个由政府部门发起成立的环保民间组织;1994年我国第一个由民间自发组成的环保民间组织"自然之友"在北京成立。从此,环境保护逐渐成为我国民间组织发展最为活跃和积极的领域之一。

关于我国环保民间组织的数量,中华环保联合会2008年曾发布《2008中国环保民间组织发展状况报告》,截至当年10月,我国环保民间组织总量已达3500余家。而根据2013年12月2日至3日中华环保民间组织可持续发展年会透露,截至2012年底,全国生态环境类社会团体已有6816个,生态环境类民办非企业单位1065个,环保民间组织共计7881个。随着全社会环境意识的提高,民间环保组织的数量在过去5年间有了大幅增长,从2007年到2012年增长了38.8%。[①]

总体上说,可以把我国环保民间组织分为四种类型。一是由政府部门发起成立的环保民间组织,如中华环保联合会、中华环保基金会、中国环境文化促进会、各地环境科学学会、环保产业协会、野生动物保护协会等;二是由民间自发组成的环保民间组织,如"自然之友"、"地球村"、环保志愿者群体、网络通联型组织、以非营利方式从事环保活动的其他民间机构等;三是学生环保社团及其联合体,包括学校内部的环保社团、多个学校环保社团联合体等;四是国际环保民间组织驻中国大陆机构。

根据《2008中国环保民间组织发展状况报告》,我国环保民间组织从数量分布上看,政府发起成立的1309家,占37%;民间自发组成的环保民间组织508家,占14.4%;学校环保社团及其联合体1382家,占39.1%;国际环保民间组织驻大陆机构共有90家,占2.5%。据此计算,由于政府发起成立

---

① 《中国环保民间组织近八千个,五年增近四成》,载《人民日报·海外版》,2013年12月5日。

的和国际环保民间组织入驻我国大陆的环保民间组织在数量上变动不大，因此到 2012 年止，新增的 4300 多家环保民间组织，基本上是民间自发成立的。

自发组成的环保民间组织不仅在数量上近几年出现了爆炸式增长，而且相比之下，政府发起成立的环保民间组织不管是在比例上，还是在环境问题的影响力上，都在下降。粗略算来，目前政府发起成立的环保民间组织占总数的比例只有不足 20%。而且从最近几年有影响的环境群体性事件中，从重大的环境诉讼、环保活动中看，自发成立的环保民间组织的影响力都在急剧扩大。

二、环保民间组织对生态文明建设的贡献

近些年来，我国环保民间组织在生态文明建设上作出了大量的积极贡献。这主要体现在若干个方面，具体包括：大力推动环境意识的宣传教育，提供环境信息；参与对污染环境的行为和破坏生态环境的行为的监督，开展对环境执法部门的监督；积极参加环境建设，努力净化、绿化、美化环境，等等。

（一）开展倡导环境保护的宣传教育，提高社会公众的生态意识和观念

生态文明观念的普及是建设生态文明的关键内容，生态文明的基本法则需要内化到公民的生活实践当中去。环保民间组织在相关价值观念的宣传和教育方面，具有不可替代的作用。

我国的环保民间组织大多以宣传环保教育和开展绿色社区为主。国内最有影响的"自然之友"、"地球村"等环保民间组织活动的重心都是环保教育，提高公众环保意识和公共参与意识。比如"自然之友"通过"羚羊车"开展的全国性中小学环境宣传活动、乡村教师培训项目，"地球村"在中央电视台播出的环保宣传节目，在北京、上海等城市的社区开展的绿色

社区建设活动。环保内容包括保护生物多样性、节能减排、废物安全处理等，并举办各种环境保护专题讲座、研讨会、培训班、文艺演出、展览，编写环境保护科普读物、杂志，利用新闻媒体和网络进行宣传，组织环境保护先进人物的评选。

（二）组织社会力量开展对环境政策实施的监督

政府是环境保护的主导力量，环保民间组织可以发挥监督作用，督促各级政府部门切实履行环保职责。"实施不足"是各国环境政策运行中存在的普遍问题，特别是在有关政府部门与污染企业存在利益结合的情况下。随着环境信息公开的工作不断深入发展，环保民间组织在监督环境政策实施方面发挥着越来越大的作用。

环保民间组织往往和媒体有着良好的合作关系，经常联合对一些破坏环境的地方保护主义行为进行曝光，引发公众的讨论与关注，从而督促政府相关部门更好地履行职责。2007年厦门PX事件，是环保民间组织积极介入，推动政府履行环保职责的典型案例。其中，政府与公众从博弈到妥协，再到充分合作，最终达成了政府和公众之间的良性互动。民间环保组织具有"高干劲、高效率、低成本"的特点，在参与污染治理过程中，可以成为政府的有力助手，必将"越来越被政府所倚重"。[①]

（三）开展环境维权，推动环境公益诉讼

生态文明的建设意味着公民的环境权益需要得到保障，改善生态环境作为公益应该得到法律保护，从而在代内和代际之间实现生态正义。环保民间组织在促进环境公平正义的这两个方面都发挥着不可替代的作用。

---

① 徐智慧：《民间组织参与水污染治理，越来越被政府所倚重》，载《中国新闻周刊》，2012年4月11日。

近年来，我国环境污染纠纷不断上升，有些还造成了群体性事件，因环境污染引发的不安定因素增加，影响社会的和谐与稳定。环保民间组织贴近基层，能及时掌握情况，与受害群众也更容易沟通。它们在向上传递信息、向公众做好疏通工作方面有着天然的桥梁优势。

根据中华环保联合会 2008 年的调查，已有 11% 的环保民间组织参加了环境维权工作，其中 21% 的草根环保民间组织有不同程度的参与。其中的典型代表是中国政法大学的"污染受害者法律援助中心"，提供法律援助服务。该中心自 2001 年建立以来已大量代理具有较大影响或典型意义、当事人无力付费的环境污染和生态破坏案件。该中心的工作对于鼓励公众参与环境维权、对污染者和破坏者形成压力、推动环境立法等发挥了重要作用。该中心与中华环保联合会的环境法律服务中心共拥有百名以上的志愿环境维权律师，三年里服务了数百万人次。①

（四）参与政府相关环境与经济政策的研究与制定

我国的很多环保民间组织都是学术团体和机构，属于"研究型组织"，具有较强的智力资源。环保民间组织汇集了专家、学者和普通公众，可以灵活发挥自身的优势，一方面积极传播国内外的先进生态文明观念与科学经验，同时也结合我国实践积极建言献策，参与政策研究与制定。

我国的很多环保民间组织都参与政府环境立法和决策咨询，向政府提交政策议案，以及帮助政府对重大环保政策方针进行调研论证。比如"自然之友"的前任会长梁从诫曾多次被邀请参加诸如《水污染防治法》、《能源法》等的修订，他向全国政协递交的 5 项提案和向国家环保总局提交的 1 项提案均被采纳。2008 年 7 月，中华环保联合会对太湖周边两省三市进行了实地调研，先后与多家政府机构进行座谈，广泛研究了综合治理太湖水污染的问题，形成了"有较好针对性和操作性"、"有较多积极的建设性建议"的调研报

---

① 中华环保联合会：《2008 中国环保民间组织发展状况报告》。

告，得到了环保部的积极肯定。此外，对领导干部实行环保考核、每月少开一次车、26度空调行动等中国特色的环保政策，就是在环保民间组织的首倡下得到推广的。

（五）推动企业履行社会责任，积极发展生态经济

近几年来，我国环保民间组织帮助企业开展公益活动，引导企业在原料选择、生产工艺、生产过程以及终端产品等方面符合环保要求，在推广生态经济理念方面发挥了重要作用。同时，环保民间组织还在推动企业履行社会责任方面做了大量工作。环保民间组织"绿色流域"倡导"绿色信贷"，推动银行将"污染"截断在企业生产的源头，帮助银行履行其环境领域的社会责任。"公众与环境研究中心"绘制的"水污染地图"帮助一些企业停止使用环境违规企业的产品。"自然之友"协助企业策划、实施环境公益活动，帮助企业开展环境教育，培养新型企业文化。"阿拉善SEE生态协会"创立了"SEE生态奖"，是第一个由我国企业家出资、国内民间组织运作的环保奖项评比活动，鼓励各阶层人士积极参与环境和自然资源的保护，共同承担生态责任。一些社会组织倡导消费者拒购不具可持续性的产品，从而向污染企业进行施压和引导可持续生产及消费方式。

一些环保民间组织利用自身优势，推动地区生态建设试点，引领生态经济发展的新方向。它们自己筹集资金，开展生态环保项目，推动倡导先进的绿色科技及经验。这在一定意义上可以克服企业注重经济效益和短期收益以及畏惧风险的不足。其中的典型案例是，世界自然基金会（WWF）在2007年开始与河北省保定市合作的低碳城市项目，最终使保定市脱颖而出，成为国家低碳城市第一批试点的"五省八市"之一。

（六）参加国际交流和会议，进行国际倡导

环保民间组织的国际参与，有利于宣传我国的环境保护政策与行动，发

出我国在环保事务上的声音。中国的环保民间组织参与跨国交流的机会正在日益增多。① 比如"自然之友"派代表参加的国际会议和交流有 50 余次，地球村约有 100 余次。地球村参加国际交流和国际会议也有约 150 次。2002 年，我国的 30 多个环保民间组织参与了约翰内斯堡进行的世界可持续发展首脑会议，我国社会组织的整体形象第一次亮相于国际舞台，体现了我国环保民间组织逐渐步入世界环保活动的领域。

我国的环保运动也日益与全球的环保力量联系在一起。目前，国际环保民间组织已经在我国设立了 90 个代表处，日益与我国的环境保护事业联系在一起。2004 年 2 月，我国环保民间组织联名向联合国教科文组织写信要求终止在怒江开发电站，得到了世界上 60 多个国家的支持，并得到了联合国教科文组织的及时回复和支持。

三、环保民间组织发展存在的问题及其成因

尽管我国环保民间组织有了迅速的成长，在推动生态文明建设方面发挥着越来越大的作用，但是同时也面临巨大挑战。长期以来，公众参与率低、自身能力弱、与政府沟通不足，成为我国环保民间组织所面临的三大挑战。

首先，从吸引公众参与的角度来看，我国环保民间组织存在许多不足，主要体现在：（1）专业性不强，活动创新不足，难以有较大影响力。（2）环保民间组织分布太过集中，难以吸引公众广泛参与。比如环保民间组织主要集中在北京、上海、天津、四川、重庆、云南、内蒙古、湖南、湖北等地，其他地区分布较少；草根环保民间组织主要分布在自然资源丰富和生态脆弱的地区。（3）从参与的效果来看，参与的偶然性、形式主义严重，对政府和企业行为监督能力较低，国际倡导刚刚起步等，这些也是明显的问题。②

---

① Xie, L., "China's Environmental Activism in the Age of Globalization", Asian Politics & Policy, 3 (2), 2011, pp. 207 - 224.
② 刘敏婵：《制约中国民间环境 NGO 公共参与能力的因素分析》，载《兰州学刊》，2008 年第 9 期。

其次，从环保民间组织的自身建设来看，我国环保民间组织存在的问题主要有：（1）身份问题：现有法规滞后，很多环保民间组织尚未正式注册，存在社会认知及自我定位问题。（2）管理问题：内部组织架构混乱，具有地域差异，存在人治现象，且其会员、志愿者管理松散；人员主要是大中专学生，流动性大，内部管理松散，组织凝聚力有限。（3）财务问题：资金紧张、运转经费少。据中华环保联合会在2008年的调查发现，我国有近26%的环保民间组织有固定的资金来源，相比2005年的数据23.9%略有增加，但是整体形势仍不乐观。同时，很多组织也缺乏正规的财会制度，项目没有完善的预决算及可行性论证等，经费凑集渠道不稳定，工作人员流动性大，组织不力。（4）监督问题：很多环保民间组织缺乏必要的监督机制，不能很好地从人员、资金、项目绩效等方面进行全程监督管理。

这种情况在我国的非营利组织中具有一定的普遍性。比如调查显示，41.4%的非营利组织认为资金缺乏是它们面临的首要问题，其他相关的重要问题依次是：缺乏活动场所和办公设施（11.7%），缺乏人才（9.9%），政府支持力度不够（8.5%），组织内部管理问题（7.5%）等。①

第三，由于法律定位、资金和人才等方面的约束，我国环保民间组织参与政策制定、社会监督以及国际合作的能力与渠道都存在明显的局限。我国环保民间组织在与政府的沟通渠道上普遍存在不足。中华环保联合会2008年的调查显示，60.8%的组织是通过正式渠道，13.8%是通过私人渠道。但在草根环保民间组织中，仅53.2%的组织与政府有正式的沟通渠道，21%的组织是通过私人的沟通渠道来与政府进行沟通的。

由于我国的环保民间组织的能力较为薄弱，较容易因为国际非政府组织的介入而失去独立性。"有一些环保民间组织为了获得资助，在制订计划和实施项目时会试图迎合出资者的潜在意图，从而在实际上失去自身的独立性。"而在国际层面，我国还没有一个环保民间组织获得联合国咨商地位，在国际上建立起稳定的网络联盟，因而进行国际倡导的能力还很有限。

---

① 王名、贾西津：《中国NGO的发展分析》，载《管理世界》，2002年第8期。

造成上述问题的原因是多方面的。和西方发达国家不同，我国的环境保护事业一直是政府提倡和主导的，政府建立的环保民间组织也占有相当的比重。因此，我国环保民间组织的发展有着某种意义上的"先天不足"。加上我国社会治理水平尚处于起步阶段，相关的民间组织治理制度比较落后，从宏观上影响到了环保民间组织的发展。单单从制度上看，我国环保民间组织的发展也面临一些障碍，主要表现为：

首先，公众参与缺乏可操作的法律制度保障，公众参与机制不健全，参与渠道不顺畅。这是我国民间组织发展面临的普遍问题，或叫共性问题。长期以来，我国在民间组织的管理上实行的是登记管理上的双重许可制度、民间组织监管上的双重负责体制、年度检查制度、请示报告制度等一系列制度性规定。这些制度规定尽管在推动我国民间组织健康发展上起到了重要作用，但也在一定程度上造成了民间组织发展面临注册困境、定位困境、资金困境、知识困境、人才困境、信任困境等多重困境。环保民间组织同样面临这些制度阻力，导致吸引人才、凑集资金和开展国际交流等困难重重。

其次，环境信息公开制度需要进一步完善和发展。公众参与环境保护的前提是环境信息知情权，而我国目前政府的信息公开制度还处在初步探讨阶段，环境信息公开非常有限，不享有知情权就无法参与，即使给予了公众参与权，也无法影响环境决策。

2007年1月，国务院发布《政府信息公开条例》，环保总局随即制定和颁布了《环境信息公开办法》，要求有关政府部门和企业公开环境质量、环境管理、环境事故和突发事件响应等重要信息。这有利于公众更好地认知和参与管理环境风险，成为主动的行动者。但是，中国科学院生态环境科学研究中心在2008—2010年期间开展的一项研究显示，国内大多数环保部门在政策文件、基本环境质量、环境新闻和通告以及环保局自身等方面提供了相对充足的信息，而在提供污染控制、环境标准、环境影响评估程序和审批、环境排放和监控数据、环境事故和突发事件响应以及环境收费和罚款等信息方面存在不足。总之，环保部门倾向于释放轻松和不那么敏感的信息，而不公布复杂和敏感的信息。

第三，环境公益诉讼的缺位。从发达国家的实践看，环境公益诉讼是环保民间组织参与环境管理的一种重要方式。我国对此也高度重视。2012 年 8 月 13 日，我国发布了新修订的《民事诉讼法》，其中第五十五条规定："对污染环境、侵害众多消费者合法权益等损害社会公共利益的行为，法律规定的机关和有关组织可以向人民法院提起诉讼。"这被认为开启了我国公益诉讼的法制大门。然而，中华环保联合会 2013 年在海南、重庆、河南、山东、山西、北京等地提起的 7 起公益诉讼中，4 起没有被法院受理，3 起在一审中被驳回。

这种局面很大程度上与我们的环境公益诉讼制度建设落后有关。首先，新版《民事诉讼法》只是笼统地提到了"有关组织"可以成为环境公益诉讼的主体，但这个"有关组织"到底是指谁，有哪些，法律对此并未明确。中华环保联合会 2013 年提起的 7 起公益诉讼未被受理或被驳回，法院的理由正是认为中华环保联合会的诉讼主体资格有问题。

第四，政府对环保民间组织的管理方式需要进一步转换。（1）多头管理。如中联部负责社会组织参与国际重大事务，外交部负责社会组织参与国际事务的相关工作，发改委负责社会组织参加世界可持续发展高峰会，民政部负责社会组织的登记、管理的法律政策制定，财务部负责税收，国家税务总局负责收税安排等。（2）在志愿者管理制度方面，我国法律上缺乏对志愿者的系统管理和权益保障。环保民间组织的活动普遍流动性强，许多调研和资料的取得需要进行第一手的现场考察活动，志愿者和专业技术人员的流失现象严重，极大制约着其活动的能力和范围。（3）基金会管理落后。基金会本应是环保民间组织募集资金和发展的一种重要途径和保障，但我国现行的《社会团体登记管理条例》和《基金会管理条例》将各种基金会归入社会团体法人。我国确立的社团法人制度从某种程度上限制了环保基金会的发展，既不利于环保资金的筹集，因为法人资格的限制缺乏募集资金的动力，也不利于对环保基金的管理。①

---

① 刘敏婵：《制约中国民间环境 NGO 公共参与能力的因素分析》，载《兰州学刊》，2008 年第 9 期。

四、政策建议

党的十八届三中全会指出，要推进国家治理体系和治理能力的现代化，推进社会事业改革创新，要"激发社会组织活力。正确处理政府和社会关系，加快实施政社分开，推进社会组织明确权责、依法自治、发挥作用"。其中，党的十八届三中全会进一步对生态文明建设作出了制度上的详细安排，其中特别提出要"及时公布环境信息，健全举报制度，加强社会监督"。这对于推动公众参与和发挥环保民间组织的作用，具有重要意义。

针对上文有关我国环保民间组织发展存在的问题及其成因，我们认为，当前迫切需要从以下几个方面着手推动环保民间组织健康发展。

首先，增强对环保民间组织的政治信任，促进环保民间组织增强自身管理能力。政府对环保民间组织的信任程度，是其获取行动能力强弱和社会资源多寡的重要影响因素。十八届三中全会指出，要"限期实现行业协会商会与行政机关真正脱钩，重点培育和优先发展行业协会商会类、科技类、公益慈善类、城乡社区服务类社会组织，成立时直接依法申请登记"。为此，我国各级政府应该进一步打破传统观念，与环保民间组织分享治理，建立良性互动的关系，进而赋权增能。当然，与此同时，我国的环保民间组织也应该更多结合实际，找到符合国情的价值取向，和政府建立合作伙伴关系。

其次，改革不利于环保民间组织参与的规定及制度安排。提高环保民间组织参与能力最主要的条件还是需要政府提供制度化的参与途径。为此，政府应给予环保民间组织对建设项目的可行性环评的知情权、参与环评的权利和对建设项目实施过程的环境影响的监督权利，进一步提高环保民间组织参与国际环境事务的能力。同时，政府要不断完善基金会管理条例、建立公益诉讼法律制度、完善免税政策等法律和政策，在促进环保民间组织有序参与国家和社会事务管理能力的同时，健全对环保民间组织的监督体系。

再次，增强环保民间组织参与生态文明建设的能力。我国的环保民间组织需要"赋权"，也要"增能"。相关部门可以对其进行分类指导，将其分为若干种类,择优奖励,大力扶持,加强激励政策,鼓励优秀的组织发展。与此同时,政府机构可以协助加强对环保民间组织的人才培训,提供更多参与国际合作的渠道。

最后,积极推动政府管理体制创新,为环保民间组织的发展提供必要的条件。十八届三中全会提出:"适合由社会组织提供的公共服务和解决的事项,交由社会组织承担。支持和发展志愿服务组织。"当前必须加快落实这一要求。除此之外,当前还应该积极探索更多更有效的公私合作关系,例如通过向环保民间组织购买公共服务,建立公私合作伙伴关系,协同治理环境。这种合作关系既是一种资源调配方式、社会管理方式、公共服务供给方式,也是一种促进公民社会成长、探寻社会多元治理途径和实现"小政府、大社会"政府管理体制的有效手段。

[参考文献]

1. Johnson, T., "Environmentalism and NIMBYism in China: Promoting A Rules-based Approach to Public Participation", *Environmental Politics*, 19 (3), 2010, pp. 430 – 448.

2. Michael M. Gunter, Jr. and Ariane C. Rosen, "Two-Level Games of International Environmental NGOs in China", *William & Mary Policy Review*, Vol. 3, 2012, pp. 270 – 294.

3. Wu, Fengshi, "Environmental Activism in Provincial China", *Journal of Environmental Policy & Planning*, 15 (1), 2013, pp. 89 – 108.

4. Xie, Lei, "China's Environmental Activism in the Age of Globalization", *Asian Politics & Policy*, Volume 3, Issue 2, April 2011, pp. 207 – 224.

5. 陈廷辉:《民间环保组织在环境保护中的作用》,载《中山大学学报论丛》,2003年第4期,第38—40页。

6. 冯永锋:《公众是最好的环保力量——中国民间环保组织发展综述》,载《中关村》,2009年第4期。

7. 冯永锋:《为民间环保力量呐喊》,知识产权出版社2010年版。

8. 宫宝芝:《中国民间环保社团面临的法制困境及其对策》,载《环境保护》,2009年第4期。

9. 和莉莉、吴钢：《我国环境 NGO 的发展及其在推进可持续发展中的作用》，载《环境保护》，2008 年第 7B 期，第 57—60 页。

10. 何增科主编：《公民社会与第三部门》，社会科学文献出版社 2000 年版。

11. 何增科：《中国公民社会组织发展的制度性障碍分析》，载《中共宁波市委党校学报》，2006 年第 6 期。

12. 洪大用：《转变与延续：中国民间环保团体的转型》，载《管理世界》，2001 年第 6 期。

13. 环保部：《关于培育引导环保民间组织有序发展的指导意见（环发〔2010〕141 号）》，2010 年 12 月 10 日，见 http://www.zhb.gov.cn/gkml/hbb/bwj/201101/t20110128_200347.htm。

14. 李冬：《日本的环境 NGO》，载《东北亚论坛》，2002 年第 8 期。

15. 李艳芳：《公众参与环境保护的法律制度建设——以非政府组织（NGO）为中心》，载《浙江社会科学》，2004 年第 2 期，第 85—90 页。

16. 李妙然、王晓明：《中国自下而上型环保 NGO 发展的特点及瓶颈探》，载《生产力研究》，2006 年第 12 期。

17. 贾丽虹：《中国环境 NGO 的发展与制度创新》，载《云南财经大学学报（社会科学版）》，2009 年第 3 期。

18. 贾西津：《中国公民参与的非政府组织途径分析》，载《中国非营利评论》，2007 年第 1 期。

19. 康晓光、郑宽、蒋金富、冯利：《NGO 与政府合作策略》，社会科学文献出版社 2010 年版。

20. 林家彬：《环境 NGO 在推进可持续发展中的作用——对日本环境 NGO 的案例分析》，载《中国人口、资源与环境》，2002 年第 12 卷第 2 期，第 39—43 页。

21. 凌定勋、李科林：《当前环境管理体系下环保 NGO 角色定位及生存环境探讨》，载《环境科学与管理》，2009 年第 5 期，第 121—124 页。

22. 刘敏婵：《制约中国民间环境 NGO 公共参与能力的因素分析》，载《兰州学刊》，2008 年第 9 期。

23. 刘小青、任丙强：《怒江建坝决策中的公众环境政治参与个案研究》，载《北京航空航天大学学报（社会科学版）》，2008 年第 1 期。

24. 柳海英、邢士彦、樊超：《刍议公众参与机制在生态城市建设中的作用发挥》，载

《生产力研究》，2009 年第 12 期，第 79—86 页。

25. 马彩华、游奎：《环境管理的公众参与——途径与机制保障》，中国海洋大学出版社 2009 年版。

26. 潘岳：《环境保护与公众参与》，载《理论前沿》，2004 年第 13 期。

27. 万智慧：《加快非政府组织建设，促进我国的社会主义政治文明》，载《马克思主义与现实》，2004 年第 5 期。

28. 王名、贾西津：《中国 NGO 的发展分析》，载《管理世界》，2002 年第 8 期。

29. 王名、佟磊：《NGO 在环保领域内的发展及作用》，载《环境保护》，2003 年第 5 期。

30. 王书明、杨洪星：《加强生态文明建设的公众参与——基于厦门 PX 项目抗争事件的思考》，载《科学与管理》，2011 年第 2 期。

31. 王凤：《公众参与环保行为机理研究》，中国环境科学出版社 2008 年版。

32. 王飞：《我国环保民间组织的运作与发展趋势》，载《学会》，2009 年第 6 期。

33. 吴湘玲、王志华：《我国环保 NGO 政策议程参与机制分析——基于多源流分析框架的视角》，载《中南大学学报（社会科学版）》，2011 年第 5 期。

34. 邬小红：《中国乡村地区环境保护中的公众参与》，见托马斯·海贝勒等主编：《中国与德国的环境治理》，中央编译出版社 2012 年版。

35. 肖晓春、蔡守秋：《民间环保组织与生态社区建设》，载《生态经济》，2006 年第 7 期。

36. 颜敏：《红与绿——当代中国环保运动考察报告》，上海大学博士学位论文，2010 年。

37. 俞可平：《中国公民社会：概念、分类与制度环境》，载《中国社会科学》，2006 年第 1 期。

38. 中国环保联合会：《中国环保民间组织发展状况蓝皮书》，载《环境保护》，2006 年第 5B 期。

39. 中国环保联合会：《中国环保民间组织发展状况蓝皮书》，2008 年。

40. 周文腾：《论我国环保民间组织在生态文明建设中的作用及发展对策》，北京林业大学硕士学位论文，2009 年。

41. 自然之友、杨东平主编：《环境绿皮书：中国环境发展报告（2011）》，社会科学文献出版社 2011 年版。

42. 曾繁旭：《NGO 媒体策略与空间拓展——以绿色和平建构"金光集团云南毁林"议题为个案》，载《开放时代》，2006 年第 6 期。

环境弱势群体权益保障的政策思考[*]

刘海霞[**]

自党的十七大提出建设生态文明的宏伟目标以来,我国的生态文明建设取得了长足进步。在此基础上,十八大报告对生态文明建设更加重视,将生态文明置于"五位一体"的总体布局之中,并提出要加强生态文明制度建设。十八届三中全会又进一步强调,建设生态文明,必须建立系统完整的生态文明制度体制,用制度保护生态环境。我国当前的生态文明建设,可以在以往政策法规和制度建设的基础上,进一步从以人为本的角度进行制度设计,尤其是从保护环境弱势群体基本权益的角度进行制度创新。

环境弱势群体主要是指在环境污染受害、环境风险承担、环境资源分配和占有以及在环境综合处境等方面处于不利地位而自身又无力改变现状的群体。我国环境弱势群体类型较多、情况复杂,环境弱势群体的权益保障,既是以人为本执政理念的集中体现,也是社会建设良性运行的必要条件,更是公平正义弘扬彰显的现实要求。本文拟对我国环境弱势群体的基本状况、面临问题、相关原因和政策建议等进行初步分析。

---

[*] 本文系中央编译局"生态文明建设若干重大问题研究"(项目编号:12ZW11)、国家社会科学基金项目"环境弱势群体权益保障制度研究"(项目编号:13BZZ006)的阶段性成果。

[**] 刘海霞,山东建筑大学法政学院教授。

一、我国环境弱势群体的基本状况

根据环境弱势群体的不同情况，可以将我国环境弱势群体划分为环境资源匮乏群体、环境利益受损群体、环境污染受害群体和环境风险承担群体等基本类型。其中，环境污染受害群体的情况最为紧急，有些民众的生命健康已经受到一定威胁，迫切需要引起各方面的关注。环境污染受害群体主要包括污染企业一线工人、污染企业周边居民和流域性癌症高发区域居民等。下面我们分别对他们的情况予以分析。

1. 污染企业一线工人

根据 2007 年的相关统计，中国各地经工商部门注册的中小企业总数已超过 430 万户。① 根据民间公布的企业污染信息：2004—2008 年，累计企业水污染信息 2.9 万条，大气污染信息 1.2 万条。仅 2008 年一年企业污染信息即达 1 万余条。② 而这些污染企业的一线工人首当其冲。近几年，一线工人因污染致病的消息时见报端，从 2009 年孙海超开胸验肺，到 2010 年贵州省一次性检出 195 位矽肺病患者，再到 2011 年常州蓄电池厂数十名工人血铅超标，以及 2012 年上海天光厂 8 名工人镉超标等，不断引起人们对这一群体的关注。

通过调研发现，这类群体主要集中在大中型城市郊区和县级城市，主要来源于城市周边的农村地区。他们有的缺乏技术，就业能力低；有的年龄偏大，可选择范围小；有的家庭贫困，急需用钱等。这些一线工人缺乏环境安全意识和保健意识，对于污染的危害心存侥幸；有的明知污染对身体有害，但又留恋企业的较高收入。根据课题组的问卷调研，企业一线工人在工作中

---

① 李荣：《中国经注册中小企业总数已超 430 万户》，见中国网，www.china.com.cn（最后访问日期：2013 年 12 月 7 日）。

② 李楷：《所有人都是污染的受害者：我们的责任》，见自然之友、杨东平：《中国环境发展报告》(2009)，社会科学文献出版社 2009 年版，第 25 页。

的环境致病风险明显高于管理人员或技术人员；而与之形成鲜明对比的是，企业为管理人员或技术人员购买环境责任保险的比例却高于一线工人。这更说明了企业一线工人的环境弱势地位，他们承担着更大的环境风险，却未能得到相应的环境责任保险保护。

2. 污染企业周边居民

环保部副部长张力曾指出："目前我国环境污染仍未得到遏制，重大污染事件频发，环境恶化严重威胁百姓安全。2010 年 1—11 月环保部共接报并妥善处置突发环境事件 149 起，受理举报环境污染事件 1469 件。"① 在这种高危环境态势下，污染企业周边居民所遭受的损害明显高于其他群体。仅 2009 年、2010 年两年，就在陕西凤翔、湖南武冈、河南济源、昆明东川、福建上杭、江苏大丰、四川隆昌、湖南嘉禾、甘肃瓜州、湖北崇阳、安徽怀宁等地相继发生 14 起血铅事件，受害人员至少已超过 3500 人，其中除 6 名系企业职工外，其余全部是居住在污染企业周边的儿童。从某些地区污染企业的分布情况来看，各区域拥有工矿企业或污染源的分布比例从高到低的顺序为大中型城市郊区、边远农村地区、县城及周边地区等。在各类工矿企业或其他污染源周边居住的居民主要包括城市低收入者、进城务工人员，以及没有能力迁移的当地居民等。这些群体由于经济收入水平低，没有能力选择生活环境，更无力应对因污染而带来的健康损害。

与企业一线工人相比，污染企业周边居民承担的环境风险似乎要小一些，但从社会公平的角度来看，污染企业周边居民并未从企业的污染中获得任何好处，却平白遭受企业环境污染造成的损害，是严重的社会不公。所以，与企业一线工人的知情、自愿和获得的工资利益相比，污染企业周边民众处于更加不公平的状态，如果处理不好，很容易引发环境群体性事件。因此，如何妥善处理污染企业与周边民众的关系，是当前一个极为重大的问题，关系

---

① 环保部：《2010 年中国突发环境态势高发》，见中国新闻网，2011 年 1 月 30 日（最后访问日期：2013 年 12 月 7 日）。

到社会秩序的稳定和政府管理的长治久安。

3. 流域性癌症高发区域居民

环保部 2010 年环境质量公报显示：农村环境总体形势仍十分严峻，突出表现为农业面源污染形势严峻，工矿污染凸显，生态退化尚未得到有效遏制。[①] 在农村环境问题中，饮用水的安全是关系到群众健康的最核心问题。但我国近年来全国地表水和地下水质量状况均不容乐观。2009 年，408 个地表水国控监测断面中，Ⅳ—Ⅴ类和劣Ⅴ类水质的断面比例分别为 24.3% 和 18.4%。[②] 2010 年，全国地下水水质为较差—极差级的监测点有 2351 个，占全部监测点的 57.2%。[③] 在地表水与地下水均存在污染的情况下，我国对农村的饮用水安全监测远不如城市，缺乏必要的水质情况监测。我国农村现有 3 亿多人喝不上干净的水，癌症发病率显著上升。相关统计资料表明：自 2006 年起，恶性肿瘤已经成为我国农村地区导致死亡的首要因素（详见表 1）。

表 1 全国农村死亡原因病种统计

年份（年）	标化死亡率（1/10 万）	占死亡总数的百分比
2006	—	25.14%
2007	—	24.80%
2008	156.73	25.39%
2009	187.05	24.26%
2010	169.53	23.11%
2011	196.39	23.62%

资料来源：《中国统计年鉴》。

近年来，陆续有媒体报道"癌症村"的相关状况，这些"癌症村"主要分布在河流沿岸，用更为专业的术语表达就是流域性癌症高发区域。由于所

---

① 中华人民共和国环境保护部：《中国环境状况公报》(2010)。
② 中华人民共和国环境保护部：《中国环境状况公报》(2009)。
③ 中华人民共和国环境保护部：《中国环境状况公报》(2010)。

在地区的河流水质遭到破坏,居民的饮水安全得不到保障,民众自发选择以商品水来代替自来水,但庄稼的灌溉却还是需要用已经被污染的水源,造成粮食中有毒物质的存留,有毒物质通过粮食、蔬菜等进入人体,长期积聚导致癌症高发。根据对《人民日报》、《中国青年报》等权威媒体 2002 年至 2009 年报道的不完全统计,我国已出现 65 个"癌症村",分布在江苏、江西、四川、河南、广东、湖北、河北、安徽、湖南、海南、陕西、浙江、山东、内蒙古、云南、天津和重庆 17 个省、自治区及直辖市。① 而最近的研究表明,中国"癌症村"总数已超过 247 个,这些村庄出现在 27 个省的 126 个县,仅西藏、青海、甘肃、宁夏四省份尚未发现"癌症村"②。这些"癌症村"主要分布在污染厂矿周围和河流沿岸,主要病种是食道癌、胃癌等消化系统癌症,绝大多数"癌症村"的形成都与水污染密切相关。

二、我国环境弱势群体面临的主要问题

根据课题组的实地调研、深度访谈和问卷调查所得资料,同时参考学界已有的研究成果,我国环境弱势群体面临的问题主要有以下三个方面:

1. 基本权益受损

在我们对某沿海省份进行的问卷调查样本中,选择企业有污染行为的比例高达 80.8%,而如果企业本身在生产过程中存在环境污染的行为,那么首当其冲的就是该企业的一线工人。但由于环境侵害后果显现具有长期性和隐蔽性特点,工人往往在工作若干年后或者在离开企业之后才出现病症,很难得到应有的保护和赔偿,这是目前某些企业一线工人面临的主要问题,即在生产过程中暴露于环境危害之中,但却缺乏必要的保护措施和追责机制。如

---

① 蒋高明:《中国生态环境危急》,海南出版社 2011 年版,第 21—25 页。
② 孙月飞:《中国癌症村的地理分布》,见 http://blog.sina.com.cn/zjhn1122(最后访问日期:2013 年 12 月 7 日)。

课题组在某工厂调研时发现，工人在进行一天的工作之后，全身皮肤都被染上了颜色，必须用漂洗液才能洗净，身上常年有一股味道，而工厂配备的防护措施仅是口罩，基本起不到防护作用。

如果说企业一线工人的健康权益难以保证，那么居住在污染企业周边的民众情况就更为复杂和尴尬。从目前我国的实际情况来看，污染企业周边民众的基本权益遭到了诸多侵害。首先，污染企业的固体废弃物、废水、废气以及噪声等污染对周边居民的生产、生活具有一定影响。根据课题组的调查，选择污染单位对自身生活没有影响的样本比例仅为5.3%，而选择有一定影响的比例高达53.7%。其次，部分周边民众的生命健康权受到侵害。在课题组的调研过程中，我们发现很多居住在污染企业周边的民众都遭受着企业的环境侵害，如由于企业在夜间排放废气，导致周边居民即使在夏季也不敢开窗，呼吸道疾病多发；有的企业长期通过地下管道违规排放废水，致使方圆几十里的地下水遭到破坏，导致肾病高发等。再次，污染企业对周边环境产生了不良影响，造成环境质量严重下降，间接侵害了公民的环境权益。在本次问卷调查中，选择所在村庄或社区环境在变差的比例为27.4%，而在环境变差的原因分析中，有高达50%的样本列出了工厂增多、企业污染等原因。

2. 制止侵害困难

在上述环境弱势群体的基本权益受到威胁或损害的情况下，尤其是当居住地周边有明显的污染企业时，周边民众在切身利益受到损害后，绝大部分会采取某些措施。从我们调查的污染企业周边民众的情况来看，当切身利益受到侵害时，56.9%的民众选择向有关部门反映；23.4%的民众选择上访；20.2%的民众选择在网上发帖呼吁关注；15.4%的民众选择与污染单位协商；10.1%的民众选择到法院起诉等。在目前的政策和法律规定的条件下，我们允许和提倡民众通过上述多种方式制止正在发生的环境侵害，这也是问题能够得到良性解决的较好方式。但目前有些地区政府部门并未对环境弱势群体反映的情况给予足够的重视，有些地区的环保部门对群众的诉求反应很不及时，导致加之于环境弱势群体身上的侵害很难及时制止，延误了问题的解决（详见表2）。

表2　环保部门或其他政府部门对民众环境投诉的反应情况

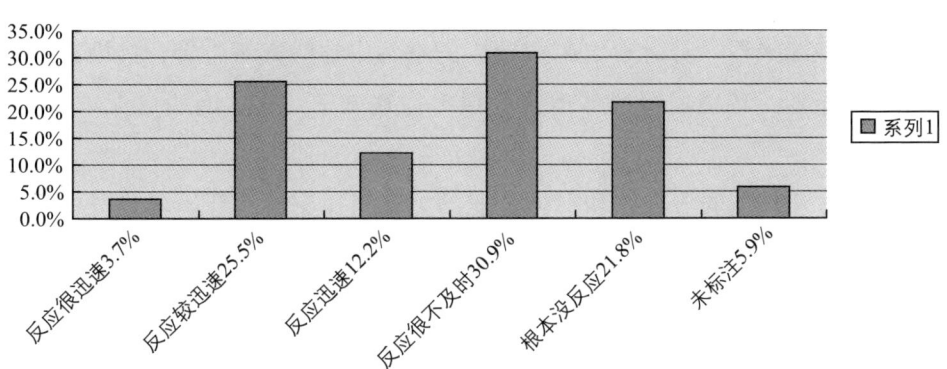

资料来源：课题组在沿海某省的问卷调查，2014年1月。

3. 法律索赔困难

关于工矿企业一线工人以及其他劳动者的健康保护问题，我国法律有过一些明确的规定。如我国1972年规定了14种职业病，1987年又增加到99种，并且制定了《中华人民共和国职业病防治法》等。另外，从现实情况来看，工人在劳动过程中发生的突发性工伤等问题已得到较为全面的保护和处理。但是工伤一般是突发性的、个案性的，我国法律有若干明确规定，这些规定基本涵盖了工伤的各种情况类型，对于工伤问题的处理有较为明确的法规可依，赔偿的主体责任较为明确、赔偿的总金额也较少。但环境污染致病与工伤的明显区别在于：环境污染致病往往是长期的、隐蔽的，并且是较大范围的、带有一定的普遍性，赔偿的主体目前还不明确，并且由于人数较多，赔偿的金额也应该是比较大的，这是环境致病本身索赔困难的原因所在。

如果因为某些企业的污染行为造成了对周边民众的健康损害，民众也很难通过法律手段获得应有的赔偿。一是因为民众维权意识较差，本身没有想到索赔；二是索赔举证十分困难，在企业的污染行为和居民患病之间的病理依据很难认定。虽然我国规定了环境侵害中的举证责任倒置原则，但在现实操作层面仍有一定的困难。我国每年因环境污染而引起的环境纠纷上万起，其中有极少部分进入诉讼程序，但因难以确定污染受害者的健康受损与环境污染之间的直接因果关系，绝大多数诉讼以环境弱势群体的败诉而告终。从现实污染状况来看，有时影响范围较广的水污染、空气污染等，污染源往往不止一家企业。环境弱势群体遭受的损害往往处于"多人有责、无人买单"的尴尬境地。

另外，从环境弱势群体和污染企业的力量对比来看，环境弱势群体由于受教育水平低，经济地位和社会地位也往往较低，与有组织的企业相比，明显处于劣势。在这种强弱对比悬殊的情况下，我国相关法律尚未从环境弱势群体的角度出发，作出更人性化的规定。因此造成的现实情况往往是：公民个体起诉污染企业，费尽周折也难有公平的结果。可见，在环境弱势群体的权益遭到侵害这一既成事实的背景下，想要通过法律手段进行索赔也是困难重重。

三、造成上述问题的原因分析

1. 地方政府环境监管不力

众所周知，工矿企业是环境污染的主要来源之一，它们通过对环境的直接污染，间接侵害了环境弱势群体的权益。可以说，污染企业是造就环境弱势群体的主要源头之一。但在对企业的环境监管方面，地方政府既存在主观上的矛盾又存在客观上的困难。

（1）地方政府环境监管的主观矛盾

近几年来，从全国范围来看，污染企业主要集聚于贫困地区，其中绝大部分造成重大影响的工业污染来自县城工业企业。这是一个值得警惕的新现象，反映了我国的工业污染由大城市向中小城市转移，由点到面扩散。因此，破解各地区尤其是贫困地区经济增长与环境污染之间的困局是我国生态文明建设能否取得进展的关键，也是解决环境弱势群体困境的关键。贫困地区环境困局的形成，主要是经济增长与环境保护非对称博弈的结果。

从基层的现实状况来看，经济增长的代表性力量主要包括县级政府、企业主、产业工人、本区域民众等，而环境保护的代表性力量主要是中央政府及污染企业周边居民。这两方面的力量在社会运行的过程中是极不对称的。

首先来看经济增长的力量。县级政府是我国财政统计的基层单位，长期以来，我国经济增长的主要任务逐级落实到县财政头上，实现经济的持续快速增长成为县级政府的首要任务。在这一压倒性任务的驱使下，县级政府千方百计促进本地经济的发展，而根据不完全统计，工业企业增值税往往占到当地财政的80%以上。没有工业企业，整个财政就会陷入瘫痪，无法运转。对于能够帮助自己完成经济增长任务的工业企业，当地政府是十分倚重的，所以我们所见到的监管不力、无法关停、关而复产，其实是当地政府的不得已行为，如果没有这些工业企业，当地财政严重受创，事业单位工资不保，社会秩序难以保障。所以，对于存在污染行为的工业企业，当地政府是爱多于恨，护多于责，对它们的污染行为能够一忍再忍，而不能像媒体那样零容忍。

与这种强大的经济增长的刚性需求相比，环境保护的力量则薄弱得多。虽然中央政府从宏观上确定了建设生态文明的总体方针，并出台了若干加强生态文明建设和保护环境的政策规定，但由于我国领土幅员辽阔，监管困难，中央政府对各地的环境状况监管鞭长莫及，不能实现对各地环境的实时守护。而由于环境资源的公共性，污染企业周边居民在企业污染之初并未给予足够的关注，只有在切实利益受到侵害时才会起来维护自身权益，从而客观上维护了环境，但这类情况还是相对较为少见的。在这种非对称博弈下，环境保护是长远利益、集体利益，在一定意义上属于"公地"范畴；而企业利润却是企业、当地政府、企业工人、厂房所有者的共同的、现实的、切近的利益，所以造成了环境污染的全面化和基层化。

（2）地方政府环境监管的客观困难

地方政府在环境监管方面除了上述分析的主观矛盾状态之外，还存在若干客观的困难，对环境监管"心有余而力不足"，很难切实有效地发挥环境监管的职能。

首先是环境监管体制的欠缺和环境监管经费的不足。除了极少部分地区外，我国乡镇一级目前尚未设立环保机构，也无专人负责环境监管，对农村的环境质量缺乏关注，严重影响了环境监管的效率。在缺乏必要的人力资源和监管经费的情况下，某些县级环保机构以罚代管现象严重。根据课题组的调查，有些地区的县级环保机构在具体运行中存在以罚代管现象，即只是让污染企业每年上缴排污罚款，但并未督促这些企业尽快改进设备减少排污，对于企业的违规过量偷排也不予监管。

其次是针对企业的环境收费制度还不完善。在市场经济条件下，企业以最大限度地追逐利润为根本目的，企业的成本核算体系中不包含对环境的损害，造成市场经济对于环境保护的"外部不经济性"。只有加大对企业的污染收费，才能鼓励和引导企业优化生产环节，建少对环境的污染。但是根据我国现行法律的规定，企业污染排放收费标准设置过低，与企业所得的巨额利润相比，排污收费制度没有发挥必要的制约功能，因而在客观上为企业的污染排放提供了某种"鼓励"，造成对环境的广泛污染。

再次是环保部门对企业的偷排行为督查难以到位。在环保部门检查期间，企业的环保设备处于正常运转状态，但环保部门检查完之后，出于成本考虑，大部分企业选择违规偷排。如根据本次调查的结果，污染企业污染物的排放时间段不定期的有45.7%，夜晚排放的占19.1%。由于排放时间的不固定和隐蔽性，使得环保部门对企业的监管存在困难。所以，对于企业的违规偷排行为，仅靠环保部门是远远不够的，需要借助于周边民众的监督和举报，但有些污染途径又是社会民众不易识别的，这就进一步造成了环境监管的困难。例如本次调查的结果显示，污染企业的污染途径是多方面的，居于前四位的污染途径是水污染（54.8%）、空气污染（54.3%）、固体废弃物污染（35.1%）和噪声污染（34.6%）。在这些污染途径中，容易被社会民众发现和难以容忍的是空气污染和噪声污染，而固体废弃物污染后果的显现需要一定的时间，民众的反应不那么强烈和迫切，水污染的形式往往比较隐蔽，需要专门的机构进行鉴定。

综上，由于多方面原因的制约，基层地方政府对企业的环境监管还存在若干不足，这是造成企业对环境污染较为淡漠的重要原因，也是我国环境弱势群体产生的重要原因之一。

2. 企业社会责任感缺失

改革开放以来，我国各类企业尤其是乡镇企业得到了迅猛发展，它们在带动地方经济发展、安置农村富余劳动力、促进农村增收致富等方面取得了重大成就，但随着时间的推移，乡镇企业在环境污染方面的弊端日益显现，成为我国环境污染的主要源头。从我们的调研情况和相关媒体的报道来看，目前我国的某些企业尤其是乡镇企业社会责任感还较为欠缺，这种责任感的欠缺首先表现为企业恶意的偷排行为，其次表现为企业对健康生产和安全生产的忽视，再次表现为逃避自身应承担的环境污染责任等。

首先，企业的环境污染行为较为普遍，违规偷排的比例很高。在我们的调研、访谈和问卷调查中，发现工矿企业在生产过程中存在较为普遍的环境污染行为。有些企业为了节约成本，本身就没有配备必要的清洁生产的技术设备；有些企业废水未达到排放标准，违规从深井中排放废水，造成对地下水的污染；有些企业的环保设备只是为了应付检查，平时基本不运转。所有这些行为都反映出部分企业不顾环境承载能力、一心追逐利润的不良心态，而深层次的原因是企业社会责任感的欠缺，企业并未将自己视为社区的一员，缺乏与社区民众同甘共苦的参与感，没有将企业周边的环境视为自己家园的一部分，而只是想从短期的破坏行为中获利，缺乏长远建设规划。正如英国学者马克·史密斯和皮亚·庞萨帕等人所言："在发展中国家，企业责任方面一个令人震惊的特点是，除非是被激进活动分子所逼迫，公司普遍缺乏监督或实施行为准则的意愿。"[①]

其次，工矿企业对一线工人的健康生产较为忽视。我国在安全生产方面

[①] 马克·史密斯、皮亚·庞萨帕：《环境与公民权：整合正义、责任与公民参与》，侯艳芳、杨晓燕译，山东大学出版社2012年版，第149页。

已经形成了较为系统的法律规定和政策要求，并且形成了较为完备的体制保障系统，如各级地方政府均设有安全生产监管部门，这些安全生产监管部门在确保工矿企业安全生产、预防重大安全事故等方面发挥了积极作用。但与对安全生产的重视程度相比，我省在健康生产方面还远未形成系统明确的法律规定和政策体系，造成这一方面监管的空白，导致在生产过程中环境致病风险的增加。在课题组调研的大部分乡镇企业中，一线工人在生产过程中普遍缺乏必要的防护措施，他们直接接触有毒有害物质，这些有害物质有的损伤人的皮肤、有的危害人的呼吸系统，对健康造成损害，存在较大的环境致病风险。

再次，有些工矿企业千方百计逃避自身应承担的环境污染责任。从当前的现实情况来看，工矿企业的污染是造成环境退化的主要原因，也是造成环境弱势群体困境的主要原因，工矿企业理应对环境问题承担主要的责任。但由于制度的空白和企业社会责任感的欠缺，有些工矿企业对于自身应该承担的环境责任采取逃避的态度。面对周边民众的环境诉求，它们视而不见，继续违规偷排；对于自身行为对民众健康的损害，也很少主动积极地进行赔偿或补偿；更有甚者，有些企业与周边民众关系紧张，发生激烈的冲突，导致社会矛盾的升级。

可以说，在企业环境污染的过程中，企业主是最大的获利者，他们将本应由企业承担的环境成本外部化，从而获取巨额利润，占有超额财富；在企业主获利的同时，遭受损失的是一线工人、周边居民、当地环境、流域影响范围内的居民等。我们当初发展乡镇企业的主要目的是以工补农，但却造成了"因工害农"的局面。由于企业的违规排放，造成土壤肥力的下降、重金属残留、庄稼减产等损失，对环境造成不可逆的绝对损失。因此，从表面看来，污染企业给当地上缴了大量的利税，支援了地方的财政建设，但它们自身却获得了更为巨额的利润，而这些巨额利润的获得是以工人和周边民众的健康以及政府的信用为代价的。

3. 司法救助和社会救助缺失

目前，我国针对环境弱势群体的赔偿和救助体制还几乎处于空白阶段，没有形成较为完善的诉讼程序和救助体系。

首先，针对环境弱势群体的司法救助严重欠缺。环境侵权诉讼立案困难、胜诉率低。据统计，"我国每年的环境纠纷案件有10多万件，但真正告到法院的不足1%。各级法院受理的环境侵权案件更是屈指可数，而其中原告即被害人胜诉的案件又微乎其微。"① 再如中华环保联合会法律服务中心2007年受理的22起环境案件中，仅有2起案件获得胜诉。不予立案、无从鉴定、停滞不前的案件有13起。② 部分法院对环境侵权诉讼案件设置了重重障碍，尤其是当涉及大规模污染造成众多受害者时，法院更是心存顾虑，不愿受理。

其次，环境弱势群体的形成，不像其他弱势群体那样因具有先天性和永久性特点而备受关注，他们多数是由外部条件的改变而引起的，具有外部植入性和暂时性，因而处于被社会救助系统忽视的状态。我国针对身体有残疾的弱势群体有若干救济基金和慈善基金来源，但针对环境弱势群体的救济基金和慈善基金还属空白。虽然我国已有生态补偿的相关规定，但生态补偿条例基本是针对生态环境进行的补偿，而对环境弱势群体的补偿则尚未提上议事日程。在这种情况下，当出现环境污染事件时，污染肇事方并不一定自觉履行补偿义务，即使进行了补偿，补偿力度也往往明显偏低，不足以弥补环境弱势群体的损失。当污染单位没有履行赔偿责任或无法确定明确的污染源时，为了较快地缓解环境弱势群体的困境，需要政府紧急给予社会救助，但由于这类群体的新生性，政府部门还尚未将其纳入救助范畴。所以，环境弱势群体虽然处境艰辛，但得不到应有的救助。

可见，环境弱势群体产生的主要原因在于：对污染企业的监管还存在漏

---

① 武卫政：《环境维权亟待走出困境》，载《人民日报》，2008年1月22日，第5版。
② 汪劲：《环保法制三十年：我们成功了吗》，北京大学出版社2011年版，第282页。

洞，致使企业没有切实履行自己的社会责任；民政部门尚未将环境弱势群体纳入自己的救济范围，致使环境弱势群体得不到应有的救助。环境弱势群体的现实处境亟须引起社会各界的重视，并采取切实措施保障他们的权利，改善他们的处境。

四、环境弱势群体权益保护的政策建议

环境弱势群体的权益保护是一项系统工程，要求在若干制度设计中体现环境正义和社会公平的要求，建立较为系统的环境公平制度体系。具体而言，我们可以首先从以下六个方面着手，建立健全环境公平制度体系。

1. 行政项目审批公众参与制度

行政项目审批不当是环境弱势群体产生的原因之一。1994年美国总统克林顿发布12898号行政命令，号召联邦机构制定相应策略以保证"环境公正"。在这一行政命令中，要求所有联邦机构把实现环境公正作为自己的使命，合理确定和关注他们的项目、政策和行动，避免或减少对美国少数民族与低收入民众造成的负面影响。

我国各级政府在进行行政项目审批的过程中，应充分考虑环境弱势群体的权益保护，可以通过公众参与行政项目的审批过程，避免环境弱势群体利益被忽视的局面。首先，在项目实施之前，可以要求实施项目开发的企事业单位，提供严格可行的环境风险预案，并且预先上缴部分费用作为周边民众迁移补助和医疗补贴等。其次，进一步规范环境影响评价环节，充分赋予当地居民知情权、参与权和发表意见的权利。再次，在城市建设项目审批过程中，应该注意避免低收入者在郊区聚居的情形，在城市中心区增加经济适用房、廉租房的比例，使不同收入水平的阶层混合居住，增强社会的融合度。最后，在城市和农村建设规划中，应在居民住宅和工矿企业、垃圾焚烧厂、核电站等设施之间设置必要的安全距离，保障周边居民的身体健康。如我省的发展与改革委员会可以在项目规划中增加人本维度，充分考虑项目开发给

民众带来的影响和损失，实行建设项目审批群众参与制度，妥善安置受影响群体的生产、生活，在招商引资过程中严格把关，严控有可能造成环境污染的行业、企业进驻。

2. 完善法律规定，着力体现环境公平正义的要求

在保护环境弱势群体权益方面，国际社会普遍制定了相关法律，其中日本的经验尤其值得借鉴。日本在20世纪中期产生了严重的环境公害，污染企业周边民众大量患上水俣病、痛痛病、哮喘病等公害病。日本自1967年至1973年，针对公害赔偿问题制定和修改了包括《公害对策基本法》、《公害救济法》、《公害控制法》、《公害防止事业法》、《公害健康受害补偿法》等16部法律①，对污染企业进行规范、对公众进行救济补偿。我国自1973年以来已相继颁布了40多部环保法律法规，形成了较为完善的环保法律体系。但在这些法律规定中，对环境弱势群体的关注还很不够，应该适当加以补充修订。

具体修订建议如下：（1）宪法中增加公民环境权的内容。自1972年斯德哥尔摩会议以来，世界各国在宪法中普遍增加了环境管理的内容。如1992年《马里宪法》规定："所有人都享有对于健康环境的权利。"② 我国现行《宪法》自1982年起颁布实施，历经1988、1993、1999、2004年四次修订，对公民的基本权利和义务有了较为完善的规定，但尚未体现公民环境权的内容。鉴于环境问题的基础性，环境弱势群体权益屡被侵害的普遍性，应在第二章《公民的基本权利和义务》部分适当增加公民环境权利的相关内容。（2）1989年颁布的《环境保护法》中三个条款可以适当增加保护环境弱势群体的内容。第二十四条规定了产生环境污染和其他公害的单位应采取有效措施防治污染，但并未对周边居民的损害做出防治要求，应该增加此类内容；第二十八条规定了企业的排污收费制度，但对于费用的去向则未作说明，可以进

---

① 原田尚彦：《环境法》，于敏译，法律出版社1999年版，第14—15页；饭岛伸子：《环境社会学》，包智明译，社会科学文献出版社1999年版，第103页。

② 《环境法教程》，王曦译，法律出版社2002年版，第55页。

一步规定该费用用于补偿环境弱势群体的要求；第四十二条规定"因环境污染损害赔偿提起诉讼的时效期间为三年"，从司法实践来看，污染后果的显现有时要经历更长的时间，所以起诉的时效可以适当延长至10年或更长期限。(3) 2003年起实行的《环境影响评价法》第十条应增加对周边民众的迁移、补偿措施。(4) 2005年颁布的《国务院关于落实科学发展观加强环境保护的决定》中明确指出"核与辐射环境存在安全隐患"，但并未提出对周边群众补偿，可以酌情增加对核设施周边群众适度补偿的内容。(5) 2006年3月起实行的《鼓励公众参与法》第十条规定，对于环评项目的公示期不得少于10日，从实际操作层面来看，可以考虑将公示期限延长至1个月。

3. 加强基层环境监管

环境监管制度作为政府发挥环境治理功能的主渠道，对生态环境的保护和环境弱势群体权益的维护具有至关重要的作用。而在环境监管方面，环保部部长周生贤曾经指出，我国"环保监管力量薄弱的状况尚未扭转，基层环保部门普遍存在'小马拉大车'的现象。……农村基层环保监管力量薄弱。"① 在这种情况下，加强农村地区的环境监管成为遏制环境退化的必要手段，加强农村环境监管制度建设成为重中之重。

第一，在乡镇一级设立环保机构，负责本乡的环境保护，定期对本乡环境进行巡查，定期对村民进行走访调查，及时了解环境状况。第二，建立环境舆情响应机制。对于农村的环境问题，有些村民长期在网上进行反映，有的也在网上给当地主要领导留言，但这些基层的声音未引起有关部门的足够重视，问题长期得不到解决。可以责成环境部门由专人负责搜集网络环境舆情，及时作出回应。第三，加大现有环保部门的行政能力。目前县级环保部门在具体工作过程中，缺乏实际的执政力量，县级重大经济决策较少考虑对环境的影响，应该完善目前的决策程序，县级经济决策应先经过环保部门的

---

① 周生贤：《深入推进环保体制改革创新，积极探索中国环保新道路》，载《中国机构改革与管理》，2011年第3期。

环评,赋予环保部门更多的行政能力,为其发挥环境保护职能提供基础。第四,加强环保部门作风建设,改变某些地区环保部门的不作为现象。在当前加强生态文明建设的大背景下,生态环境质量成为省域竞争的重要因素,而环保机构是环境保护的先锋和主力军,是我国环境治理的主要依靠力量。但长期以来,有些地区环保部门的不作为现象严重,以罚代管、不告不究、告而不究、只出书面意见而不进行跟踪落实等问题时有发生。所以,应对环保部门工作人员制定绩效考核制度,提高环保部门的工作效率。第五,政府部门联动,加强环境监管。安全生产监督部门可以加大安全生产检查力度,尤其是排查日常生产过程中的污染因素及致病可能,配备必要的劳动防护措施,注意生产过程中的环境安全等;司法部门要积极受理环境纠纷案件,提供律师援助,合理配置举证责任,只要能证明企业有污染行为就应考虑企业的赔偿责任;工商部门可以加强对企业的绿色审核、绿色信贷等;乡镇基层政府可以加强对农村养殖户的规范和管理,制定养殖场所环境标准等。

4. 加强对乡镇企业的管理

从调查情况来看,乡镇企业及小作坊与周边居民处于紧张关系的比例远远高于外资企业和国有企业,因此,加强对乡镇企业的环境监管,构建一个较为完备的环境监管制度,是当前环境弱势群体权益保障的重要突破口。

首先,严格规范各地的招商引资行为。一段时期以来,为了增加政府的财政收入,各地先后出台了招商引资的优厚条件,吸引各类投资主体。但在招商引资的过程中,对于企业清洁生产的能力并未给予足够的重视,对当地环境造成不可逆转的影响。所以,当前各地政府应严格贯彻中组部2013年12月印发的对干部考核的最新规定,不单纯以GDP的增长来作为干部考核的依据,充分考虑本地的综合情况,不盲目引进污染企业,遏制污染企业由大中城市向县乡转移的趋势,优化县乡产业布局,禁止高污染企业向经济欠发达地区转移。其次,严控现有乡镇企业的污染行为。对现有县乡两级企业进行环境影响普查,对于有能力达标排放的企业,限期整改,责成它们达标排放;对于没有环评证书、技术落后、没有可能达标排放的企业,在做好职工安置的情况下，坚决关停，避免造成新的环境危害。再次，严格控制乡镇企业的数量。原则上不再批准新上化工企业、造纸企业、农药企业等污染严重的企业，现有的此类企业规模不准扩大，逐步减少此类污染企业。最后，建立乡镇企业"绿色年审"制度。发挥社会群体尤其是乡镇企业周边群体对乡镇企业的监督作用，将周边民众的满意率作为企业年审的指标，引导乡镇企业改进技术，保护环境。

5. 加快推进环境污染责任保险制度

现代社会的一个突出特点是风险性的增加，形成了所谓的风险社会。在风险社会的大背景下，即使企业完全是在法律和制度规定的范围内进行生产活动，由于现代工业技术的部分不可控性，也仍然有可能产生环境污染的后果。而当环境污染后果产生时，造成的损失往往是非常严重的，不仅对环境造成影响，也会波及依赖于这一环境的群体。这些损失的总额一般非常巨大，即使是穷尽企业的所有资本也难以完全弥补。针对这一情况，丹麦、德国、美国、英国等国家普遍发展了环境责任保险，德国甚至将其作为强制性险种，要求所有工商企业投保。

我国国务院已于2006年出台了发展环境污染责任险等若干意见，环保部也于2009年在江苏、湖南、湖北、河南、重庆、深圳、宁波和沈阳等地开展环境污染责任保险试点。我们可以在总结试点经验的基础上，进一步运用市场手段，完善我省的环境污染责任保险制度。首先，制定相关政策，要求所有企业缴纳环境污染责任保险，以应对可能的环境风险；其次，要求企业必须为工人交纳环境责任保险，以便在工人健康受损时提供必要的补偿；再次，将环境污染责任保险的部分资金进行集中管理，以便为遭受损失的群体提供救助资金。

6. 设立环境基金，完善环境救助体系

在环境弱势群体所遭受的污染侵害中，往往存在复合污染的情况，这时很难通过民事诉讼来寻求民事赔偿；并且民事诉讼往往耗时很长，短期内难

以获得赔偿。针对这些情况，日本、美国等国家普遍采取了国家赔偿制度。如日本自 1973 年起实行了公害健康损害补偿制度，"在法律上确认发生源企业的责任，并规定每年必须交纳一定数额的赔偿受害者的基金"。美国由于拉夫运河（Love Canal）废弃物公害事件的推动，也于 1980 年通过了《环境对策补偿责任法》，创立了"超级备用金"，用于对污染受害群体的补偿。上述行政救助政策的实施收到了较好的效果，值得我们借鉴。

首先，通过向企业征税和民间融资等方式，筹措资金，设立环境基金。环境基金的来源可以考虑以下几个方面：一是来自企业的环境责任保险。根据企业的环境污染可能性，实行分级申报：第一类是 A 级，基本不会产生污染的；第二类是 B 级，有可能产生较少污染的；第三类是 C 级，有可能产生较大污染的。如果上一年有污染不良记录，自动升入上一层级，增加保险金的缴纳数额。二是来自社会组织的捐赠。鼓励各社会组织关心环境弱势群体，为环境弱势群体境遇的改善做贡献。三是可以申请国外相关机构提供的基金资助。其次，民政部门可以根据环境弱势群体的实际状况，制定相关政策，确认救济范围，有目的、有计划地对环境弱势群体进行常规救助。再次，鼓励各种社会团体参与到环境弱势群体的救助工作中，为环境弱势群体提供环境健康知识和法律援助等，提高他们的健康意识和维权能力。

总之，做好环境弱势群体的救助工作，是生态文明建设的重要工作之一，也是建设和谐社会的基本要求之一。只有尽快制定和完善相关政策法律规定，切实保障环境弱势群体的基本权益，才能实现以人为本，维护社会的繁荣稳定。

中国生态城市建设与绿色发展[*]

蔺雪春[**]

十八届三中全会为生态文明建设提供了新蓝图,要求"紧紧围绕建设美丽中国深化生态文明体制改革,加快建立生态文明制度,健全国土空间开发、资源节约利用、生态环境保护的体制机制,推动形成人与自然和谐发展现代化建设新格局。"[①] 可以说,在这个体制机制和现代化新格局的构建中,生态城市是不可或缺的重要一环。

一、生态城市对中国生态文明建设的重要性

生态城市是当代中国社会主义谋求绿色发展、建设生态文明的示范地、主抓手。从国内城市化进程看,未来社会必将发展为城市社会,而生态城市可以比农村更好地结合自然、社会与文化要素,形成一种更容易传承和发展的文明形式。从国际趋势看,联合国发表的一系列环境报告更加明确

---

[*] 本文原载于《当代世界与社会主义》,2013年第2期,根据十八届三中全会以来的新精神作了适当修改。

[**] 蔺雪春,山东工商学院副教授。

[①] 《中共中央关于全面深化改革若干重大问题的决定》,人民出版社2013年版,第4—5页。

地关注城市、生态与人类福祉间的相互关联，造成环境恶化的驱动因素——人口增长和城市化等成为解决问题的重点，生态城市将是世界潮流所趋。①

更紧迫的是，对比全球普遍面临的复杂经济危机与社会分化挑战、苏联社会主义的生态失败和西方资本主义的持续生态改良，当代中国社会主义明显面临着更加紧迫的生态环境恶化风险。2011 年 6 月，东莞虎门垃圾焚烧厂选址距水源地仅 550 米，招致 5 万多民众反对。2012 年 4 月，青岛为打造"国家森林城市"毁草种树、占道种树，将该市推向舆论的风口浪尖。就更大范围来看，还有更多的水质污染、垃圾围城、雾霾事件成为引发社会议论甚至集体行动的焦点。

要激励人民对社会主义事业的信任、信心和信念，回应国际社会对中国环境影响的不良舆论和高度关注，牢牢坚守住决不牺牲生态环境和人民健康换取经济增长这个底线，就有必要尝试从更高起点或一种"超越论"视角，把生态城市建设成为当代中国社会主义绿色发展创新、走向生态文明的综合载体与生动实践。②

二、当代中国生态城市的发展特点

联合国"人与生物圈（MAB）"计划早在 1971 年即提出生态城市思想，要求关注"城市系统尤其强调能源使用的生态方面"。③ 40 年来，生态城市概念被人们从生产生活、管理实践和学术研究等不同角度加以解读。以中国知网"生态城市"题名进行跨库精确检索，1979—2012 年的论文就有 5645 篇，涉及建筑、城市规划、农林、水利、绿化、环境、资源、两型社会建设、生

---

① UNEP, GEO – 5, Summary for Policy Makers, UNEP, Nairobi, 2012.
② 清华大学卢风教授在中央编译局生态文明建设调研研讨会上提出，当前生态环境治理有两种观点，即"超越论"和"修补论"。
③ International Co-ordinating Council of the Programme on Man and the Biosphere (MAB), First Session, Paris, 9 – 19 November, 1971.

态文明等许多角度。这说明，作为人工建设的社会—经济—自然复合生态系统，生态城市是一种人人皆可追求的经济发展繁荣、社会和谐昌盛、人民安居乐业、生态良性循环的理想聚居模式，有明显的系统性、人文性和过程性等特征。自1986年江西宜春提出生态城市目标以来，中国各种形式的生态城市建设浪潮就不断涌现。

1996年国家环保总局启动环保模范城市创建，至今已命名83个国家环保模范城市；2003年环保部开展生态省市建设，已评出38个生态市、区、县，2008年以来又批准52个地区为全国生态文明建设试点。2005年国家发改委启动循环经济试点，共批准建设循环经济示范试点151个，涉及钢铁、煤炭、化工等20余个行业领域、20余个省市；2010年又在广东、天津、深圳等五省八市启动低碳省、低碳城市试点。截至目前，国内提出打造"低碳城市"的地级以上城市有200多个。另外，各省市还纷纷自设多种生态示范、环境优美建设点。唐山、深圳、烟台、威海、苏州、南宁等16个城市还走出国门获得了联合国人居奖，扩大了中国城市在国际上的影响。

目前，中国生态城市发展主要表现出三个特点。一是分布特征，位置主要集中在江苏、山东、广东、浙江等沿海省份，它们在国家生态市、国家低碳试点、国家环保模范城市、国家园林城市、国家卫生城市、生态文明建设试点等主要指标上占据50%以上数量。二是类型特征，沿海或东部、东南部城市正趋向经济、社会、生态复合建设，在经济转型的基础上调整结构，尝试综合发展，而其他城市则在利用发达地区产业转移的机会抓产业、抓经济，突破一点或一面（见表1）。三是规模和影响，生态城市发展正从局部示范园区扩展到生态市、区、县，甚至数百万上千万人口的城市圈，从专家学者理论探索与个别城市试验上升到政府大力倡导建设层面，并从农村影响城市向城市影响农村演变。

表 1　生态城市建设类型分布

导向类型	省份
复合型	江苏、山东、广东、浙江、北京、上海、天津、海南
园林型	河南
资源节约与环境友好型	湖北、湖南、山西、内蒙古、陕西、河北、黑龙江、吉林、甘肃、青海、宁夏、新疆
生态文明（政治）型	辽宁、安徽、福建、江西、四川、云南、贵州、重庆、广西
环境卫生型	西藏

中国生态城市建设历经 20 余年发展，已具备了有国际共识的生态城市的初步形制。但我们还不知道它究竟在多大程度上符合我们所追求的生态文明愿景的内涵本质，能否经得起高度凸显的国内、国际环境挑战。必须清醒的是，盲目发展也会给当代中国社会主义事业造成难以弥补的缺憾。

三、当前我国生态城市建设问题

当前我国生态城市建设面临着理念不清、管理散乱、资源浪费、有示范无联动、生态服务功能不足、社会排斥加剧等六大突出问题。

（一）生态城市建设理念不清

据统计，目前提出"生态城市"建设目标的地级以上城市已达 230 多个。央视一套黄金时段广告节目中，涉及生态旅游、生态招商等生态主题的宣传也达 25 个之多，比例占到 1/4。如大美青海、多彩甘肃、多彩辽宁、秀山丽水、好客山东、哈尔滨之夏、呼伦贝尔草原、内蒙古旅游、江西风景独好等，每个宣传片都集中展示了地方各城市的生态形象、开发潜力和竞争活力。

但是，对于究竟什么是生态城市，怎么建设生态城市，如何借鉴国外城市建设经验，生态城市与农村和其他市镇的关系，生态城市内部经济增长、社会和谐、环境保护关系如何处理，大多数城市的政府官员并没有搞清楚。他们只是在很大程度上把"生态"当成了拉动经济社会尤其是旅游、投资的增长点和地方宣传的名片，或不由自主地把城市化放在了生态化前面，出现一种对环境建设、生态文明高谈阔论但"讲起来重要、做起来次要、忙起来不要"的"力不从心"局面。

（二）生态城市建设管理散乱

生态基础建设实行"九龙治水"，但又都治不了水，环保部、发改委、住建部、农业部、卫生部、科技部、林业局、爱卫会等各部门都有自己主管的监测评比和种种示范。它们既是发起人，也是主持人，还是裁判员。环保模范城市评比由环保部门主管，园林城市评比由林业部门主管，卫生城市评比由爱卫会主管，等等。而且围绕大多数评比达标项目的运作，已经形成了潜在的利益集团和利益链。由于生态城市建设理念不清，更由于部门利益掺杂其中，生态城市建设管理标准不一，把关不严，生态城市容易异化成扶持项目，导致城市与生态"两张皮"，群众实际感受与环境数据"两张皮"。2011年8月，环保部周生贤部长在全国环保系统工作会议上批评说："人民群众深受污染之害、苦不堪言，而监测数据喜气洋洋、自说自话。"尤其在 PM2.5 问题上，主管部门迟迟拿不出质量标准、治理计划，致使一些城市的公民开展自测，就明显反映了这一点。

（三）建设资源浪费严重，城市可持续性差

生态城市建设没有严格按照资源集约、减量化、再利用、再循环等生态原则进行，反而出现以生态名义进行的新圈地运动、大拆大建甚至征地拆迁矛盾。近年来最典型的案例就是此起彼伏的生态城项目，黄河生态城、两江生态城、长沙生态城、知青生态城等。一些城市借生态城之名大搞房地产开发，2011年6月，河南荥阳新田生态城计划在7平方公里土地上，打造商贸、文教、娱乐设施一体化城市，由一家置业公司开发一期楼盘700套。

另外，还有城市风景化、"形象工程"化，为"生态"而生态，为"政

绩"而生态现象；不注重城市内涵价值的培育和历史传承，要么千篇一律的高、大、靓，要么刻意追求所谓的新、奇、特，喜新厌旧，建新拆旧，大搞地标式建筑，没有给居住其中的群众最为重要的稳定感、归属感，致使城市生态资源过度消耗，建筑寿命不长，生态环境基础更加脆弱。当前就有许多颇具历史气息的老建筑在拆除之后，因群众"念旧"不得不再次重建；还有许多城内湖泊、河流、林地在大搞建筑和旅游开发等人为侵蚀后，不得不花巨资重新恢复生态与自然。

（四）生态城市没有起到示范辐射作用，污染转移加剧区域流域和农村污染

因森林、湿地、河流、湖泊等环境资源的共有性以及环境污染、生态问题的扩散性，城市之间、城市与农村之间具有难以割裂的生态联系。如果城市空间区域和功能区域缺乏统筹，城市规模不断扩大，城市人口、资源、环境压力不断增加，城市对整体环境的影响或生态足迹就会不断增强。如果大城市、中等城市、小城镇之间缺乏协调联动，循环经济示范点、生态工业示范区对城市及区域流域整体运作的生态影响和社会影响就难以扩大。

为建生态城市，一些大中城市将污染行业、污染源大面积转移到城市外无人注意的郊区、农村和其他落后地区。2008年以来，东部、东南部如长三角、珠三角等发达地区城市的产业转移，就出现化工、冶炼、陶瓷、五金等重污染企业在没有环保配套措施的情况下，转移到本地或邻近偏僻山区、西部省区，导致一些江河流域被重金属污染。城市附近郊区与农村的人口、土地、资源变得愈发脆弱，土壤严重酸化与流失，癌症等疾病高发，居民健康状况变差，资源品位、能效下降，开采难度及污染增加。生态城市反而变成了被大量垃圾和污染包围的生态孤岛。

（五）生态城市的生态服务功能不足

生态城市建设过于突出高技术层面，把解决环境压力的主要方向放在了

寻求先进环境技术、建设先进治污工程上，没有深度结合自然、社会、人文要素形成一种文明的城市综合体，无法为群众提供充足的生态就业、生态教育、生态休闲等生态设施、生态条件和生态体验，群众享受不到应有的生态福利、生态红利和生态安全，缺少安宁健康的绿色幸福感、生态享有感。许多地方城市的政府津津乐道于新建多少污水处理厂、恢复多少河道生态、建了多少生态湖泊和湿地保护区等，但在环境治理与生态修复中不太注重鼓励、发动群众参与和培育群众的自然情怀，建了生态绿地却禁止入内，建了生态公园却又深锁庭院，生态设施建在地下垃圾场上或工业区旁边，河流清淤后因缺乏广大公众的自觉维护旋即变臭变黑，造成环境议题"关心者"和"不关心者"两种阵营的关系隔阂。①

（六）生态城市建设加剧社会排斥，造成新的环境不公

由于公共的生态环境空间有限以及种种政策和管理差别，生态城市建设所产生的环境风险正被转嫁到部分穷人身上、转移到落后农村，成为新的社会排斥、社会剥夺，突出表现在享受优质环境资源和应对环境风险上的三个重大差别。首先，贫富不同。富人集中到核心区，可以通过支付更多的金钱，消费生态有机的产品和服务；穷人则被赶到郊区和地下，环境与健康条件较差。其次，新城旧城不同。新建城区、小区环境设施配套完善，老城旧城卫生环境脏乱差。最后，城乡不同。污染被赶往农村，城乡环境政策、环境管理和基础设施差异过大。近年来因环境不公等环境权益问题引发的环境群体性事件愈发增多，并不断引起更多的社会关注，如 2009 年 8 月陕西凤翔铅中毒事件、2011 年 8 月大连 PX 事件、云南曲靖铬污染事件，都给地方政府造成了极大压力。

---

① Erich Fromm, *To Have or to Be*, London: Continuum, 1979, p. 196.

四、当代中国生态城市创新关键：共享与安全

环境风险与生态问题关涉全局利益。克服以上问题，需尽量避免零敲碎打的"修补式"逻辑，从马克思主义生态文明观和社会主义核心价值出发，努力实现生态城市建设与制度体系创新，谋求绿色发展。

当代马克思主义生态文明观和社会主义核心价值的基本要义在于：第一，坚持社会所有权、对大规模财产的控制权以及对生产单位重组（包括再分配）的选择权。第二，公共政策应建立在环境友好、身体健康、社会安康而非利润与市场的准则上。第三，基于完整生命周期的循环平衡概念来修正增长范式的效率观。[①] 第四，经济与社会必须变成稳定、可持续和有道德的。第五，严重的贫困必须得到克服和预防。第六，所有有劳动能力的人都能得到有意义的工作。第七，为年老体弱、患病者等弱势群体提供社会保障。第八，保证社会政治平等，并把经济的不平等降到可以容忍的程度。[②]

基于以上要义，我们认为，朝向社会主义生态文明愿景的生态城市发展，关键是"共享"与"安全"，也即人人享有生态福利、生态红利和生态安全。

（一）共享生态福利

生态福利是为保障社会成员健康生活而提供的生态服务和生态照顾，包括客观的生态设施、生态条件，也包括主观的生态机会、生态体验。生态福利作为当前生态环境危机凸显的情况下人民宜居宜业的最基础保障，对于恢复和改善洁净清新的环境质量、促进民众愉悦安宁的幸福生活具有根本意义，但它不可能通过传统的钢筋混凝土式的城市建设来获得。

---

① 郇庆治主编：《重建现代文明的根基——生态社会主义研究》，北京大学出版社2010年版，第103页。

② 萨拉·萨卡：《生态社会主义还是生态资本主义》，张淑兰译，山东大学出版社2008年版，第248、169页。

1. 转向绿色建筑，促进城市可持续性

绿色建筑首先要绿色化，不污染环境，也要减量化，节约自然资源，如节能、节电、节水、节地等，还体现在建筑物本身的稳定可持续、多样性及其与人文环境、绿色环境的相融性上。通过技术与人文、材料与自然的融合，实现城市建筑与规划从钢筋混凝土到绿色丛林式建筑的转变。

2. 切实提高城市生态服务能力

除了基本的绿化、美化服务外，要进一步明确城市生态服务概念和重点领域，在扩大人工绿地林地湿地建设基础上，通过专门的"生态体验区"、"城市生态区"等绿色政策，保留保护尚未加以城市化开发的城市农业、城市荒野，促进城市绿色多样性，为群众提供更多的生态休闲条件、生态体验机会。还要通过免费生态技能培训，免费发放公民生态服务、生态安全手册，有重点地扩展环境服务产业，促进生态就业服务，降低城市绿色资源的免费享有门槛，突出生态城市建设的社会主义特色，激发群众共同维护城市绿色家园的热情。

3. 加强生态城市的示范辐射作用，促进整体生态循环和环境正义

在城市内部，要扩大现有循环经济示范点和生态产业园区对城市各行业各领域的影响范围，分阶段逐步实现城市复合体的整体生态循环，真正实现城市系统自身的绿色化、生态化。在城市外部，要加强城乡环境、区域流域一体化治理和优质环境资源公平享有，通过奖励措施，鼓励重点城市、示范城市在城市圈和区域流域环境友好与资源节约型社会建设中发挥更大的带头作用，扩大生态城市的活力基础和辐射效果。

（二）共享生态红利

生态红利意味着生态资源的保值增值及其持久社会贡献能力，包括但并

不限于通常意义上的"前人栽树，后人乘凉"，它兼具代内公平与代际公平，具有经济和社会政治平等的意义。

1. 建立城市生态产权与生态使用权，推广生态投资与生态保险

城市生态资源性质应加以科学划分，以便进行更具针对性的管理和服务。但无论如何，它都更多地属于公共设施范畴。公共设施的产权、使用权或经营权不清，将导致城市生态资源的过度消耗。因此，要通过在财政上列入生态补偿或环境建设全额补贴，积极采取招标竞标、认领养护、升级开发等形式进一步明确城市生态产权和使用权、经营权，确立清晰的生态管理、使用和经营责任，达到加强城市生态资源保护的目的。另外，要借鉴西方发达国家经验，推广生态投资与生态保险，对投资是否符合生态化要求进行预先审查控制，对生态投资的环境、社会风险损害通过生态保险进行补偿，从而强化生态投资事业。

2. 立法促进碳中和与生态补偿，构建绿色信用体系

城市人口的生态足迹要远大于农村人口。对城市碳排放或其他资源能源消耗所引起的环境污染，可以通过国家建规立制，约束城市民众、家庭、企业、机关、社团等组织，采取冠名植树、清理、再造、恢复等措施进行碳中和或生态补偿，并将其中和、补偿行为记入个人或组织的绿色信用档案，把绿色信用档案作为个人或组织进行社会身份、城市生态资源免费享有以及信贷资格确认的重要依据。

3. 鼓励城市自设富含中国文化意味的自然节日，促进环境道德提升

国际上已经有很多认知和保护自然的节日，如世界环境日、地球日等纪念活动，但这些节日在很多情况下无法融入中国特有的文化氛围，难以产生实质性的文化认同和有效推动作用。因此可以考虑基于中国历史文化中的"道法自然"、"贵自然"等道家思想，鼓励城市设立颇具中国文化意味的自然纪念节日，共享自然认知、体验与行动，促进民众环境伦理道德水平的提升。

（三）共享生态安全

生态安全对城市而言是最终安全，也是根本保障。它意味着人们对集中居住、生存与发展的城市生态系统脆弱性的敏感反应和改善期望，包括实现粮食（食品）安全、资源（水源）安全、能源安全、环境安全。

1. 加强生态城市建设科学规划

首先，目标要清楚。真正搞清生态城市概念，为谁而建，为什么而建，社会主义生态城市应当具有什么特点，以及生态城市行业、领域及城市、城乡和区域间的相互关联。其次，速度要适当。根据国家经济社会发展规划和环境保护规划统一指导，在严格标准的前提下控制比例和数量，防止突击冒进，使达标建设与群众实际环境感觉相一致，让城市化与生态化真正相协调。再次，布局要合理。既要依托现有的自然地理优势进行资源配置，也要分类分批地对自然条件落后地区进行重点改造。最后，内涵特色要鲜明。注意从地方实际出发，突出城市内涵建设与人文历史传承。

2. 加强城市建设的生态硬约束要严格实施环评"一票否决"，真正做到使生态化成为城市建设与发展的基底

国家已经制定了一系列有关大气、水源、土壤、声源、垃圾、固废污染的治理标准，现在则需要根据群众意见和参照国际经验进一步修订提高标准，制定主要责任人考核奖惩办法，强化环境建设，强化环境问责，构建起更为硬性的生态约束体系，让生态化大于城市化，而不是相反。

3. 加强生态城市安全治理、创新生态城市安全治理的核心议程在于政府、自然、公民间的和谐共生、互利共荣

一方面，注意从战略管理层面整合现有多头管理体制，在行政首长直接领导下常设级别较高、功能综合的城市生态管理机构，如生态安全委员会，

完善城市生态资源规划、储备、监察和应急建设，统筹实现粮食（食品药品）安全、资源（水源）安全、能源安全、环境安全。另一方面，还要考虑在不增加现有政治负担的基础上，从公民社会发展层面提高城市生态政治参与水平，发挥民间环保组织、环境行动的正向作用，整合民间环保组织建设公民环境监督联盟，积极参与环境监督、献力献言，使之成为城市政府和民众社会间生态安全议题沟通的桥梁。

总之，生态城市是推进社会主义生态文明建设和绿色发展创新的重要载体。不过，它毕竟是一个比较系统的建设工程，只有在贯彻马克思主义生态文明观和当代社会主义核心要义的前提下，科学规划、合理布局、严格标准、统筹建设，才能逐步形成一种"有益环境、有益群众、有益社会"和"人人关心、人人参与、人人享有"的社会主义绿色发展新局面。

提升生态治理能力，推进生态现代化[*]

朱芳芳[**]

生态现代化是在生态环境困境下分析当代工业社会发展的独特视角，在实践中生态现代化是工业、市场、政策、社会的协同现代化，是全球化的现代化。生态现代化是以履行共同责任，通过共同行动，实现共同利益的过程，必然要通过生态共同治理的方式来达成。中国的改革发展处在全球生态现代化的潮流进程中，正探索走上一条从未工业化加速进入后工业社会的具有中国特色的道路。与西方发达国家所处的生态现代化阶段不同，当代中国生态现代化面临着环境资源配置中市场化变革、公众环境权与多元利益诉求融合、环境风险与深层次社会矛盾交织、城乡环境发展失衡、政府治理责任缺失等问题的严峻挑战，中国的生态现代化既要寻求保持经济长期高速增长的经济问题答案，也要努力解决保护生态环境与改善民生、维护社会稳定等问题。因此，中国的生态现代化需要更加注重生态治理改革步伐与制度建设的系统性、整体性与协同性，更加注重生态治理体系和治理能力提升，进而从国家、市场、社会全面深化改革的进展中获益，在国家治理体系和治理能力现代化的进展中推进。

---

[*] 本文在《中国生态现代化能力建设与生态治理转型》（原载于《马克思主义与现实》，2011年第3期）基础上作了进一步的增补修改。

[**] 朱芳芳，中央编译局博士后，厦门大学公共事务学院副教授。

一、生态现代化与生态治理能力

生态现代化理论产生于 20 世纪 80 年代工业化国家急于摆脱工业污染为中心的生态环境困境的背景下，从而为可持续发展理念提供具有可操作性的替代方案。生态现代化理论确认环境与经济增长可以协调，科技创新是生态改进的首要前提，预防性战略有助于这些手段的实现。早期的生态现代化理论带有浓厚的技术组合主义特征，当代的生态现代化理论则更为全面地关注经济、政治及社会因素。包括生态现代化理论创始人胡伯（Joseph Huber）、耶尼克（Martin Janicke）等人在内，越来越多的学者认为生态现代化必须在技术变革之外，将更加宏观的环境变革战略和制度安排结合起来。斯巴格伦（Gert Spaargaren）认为生态现代化必须引向社会和政治领域，其"核心特征是它关注新的政治干预形式"①。摩尔（Arthur P. J. Mol）则直接表示，生态现代化是指按照环境利益、环境愿景和环境理性来重构现代社会的制度。②

在跨国比较研究的基础上，生态现代化学者结合生态现代化的实践特征，从治理角度提出了生态现代化能力建设的问题。杨（Stephen C. Young）认为，到 20 世纪 90 年代，生态现代化的主要特征已经浮现出来，例如公司采取长期规划而不再短视，在更广范围内履行生态责任，政府内部环境与经济政策相一致，符合生态要求的新政策工具、伙伴关系和参与，科学家发挥更大影响，私人部门对决策施加影响，可持续的新经济增长方式，等等。③ 古尔德桑（Andrew Gouldson）和墨菲（Joseph Murphy）进一步将生态现代化的特征浓缩为四个方面：在政府干预的协助下，环境和经济能够为经济进一步发展而成

---

① G. Spaargaren, *The Ecological Modernization of Production and Consumption: Essays in Environmental Sociology*, Wageningen, the Netherlands: Wageningen University, 1997, p. 15.

② Arthur P. J. Mol, David A. Sonnenfeld and Gert Spaargaren (eds.), *The Ecological Modernisation Reader: Environmental Reform in Theory and Practice*, London: Routledge, 2009, pp. 456, 472.

③ Stephen C. Young (ed.), *The Emergence of Ecological Modernisation: Integrating the Environment and the Economy?*, London: Routledge, 2000, pp. 3–17.

功地结合在一起；环境政策目标应该整合进其他政策领域；寻求替代和创新的政策措施；发明、创新与传播新的清洁技术是至关重要的。[1]

生态现代化的动因可以通过能力建设方法（capacity building approach）来分析衡量解释。耶尼克提出生态现代化能力可分为三大领域：问题压力（引发一种处理环境/经济相关问题的愿望的驱动器）、创新能力（国家和市场制度的创新能力）和战略能力（长期令环境政策强有力制度化的能力）。[2] 20 世纪末，魏德纳（Helmut Weidner）和耶尼克对 30 个国家的生态现代化进行了跨国比较研究后得出结论：生态现代化能力强或者环境政策与管理能力高的国家，一般具有如下条件：许多国家建立了有良好内部合作关系的完善的环境参与团体；全面且易行的监督和报告制度；政治精英对环境高度关注；大众传媒有能力利用政治策略来解释资讯；完备有效的管制手段与工具，运转良好的制度和高度的政策合作；大量的创新型环境商业部门和现代工业结构；坚定的和战略熟练的参与者团体；高污染产业因环境丑闻而动摇，因国际组织而有所改进；有解决明显环境损害的可行办法供使用，并且有着为"绿色形象"而奋斗的目标群体。魏德纳认为，一旦上述这些理想条件结合到一起，同时社会福利处于合适水平，经济有着良好前景，高度尊敬后物质主义价值的文化预先创立，那么，"环境成功将是不可避免的"[3]。

上述理想条件具有三个显著的特点：在问题压力上体现出国家及社会发展目标的原则性、长期性、稳定性，政治议程设定的开放性、包容性、透明性；在创新能力上体现出市场在资源配置上的决定性作用，竞争交易、协商合作形成良性的互动补充；在战略能力上政府、市场、社会治理边界明晰、制度完备、法律健全、政策协同、环境公平，公众参与的广泛性和实效性具

---

[1] Andrew Gouldson and Joseph Murphy, "Ecological Modernization and the European Union", *Geoforum*, Vol. 27, No. 1, 1996, pp. 11 – 21.

[2] Andrew Gouldson and Joseph Murphy, "Ecological Modernization and the European Union", *Geoforum*, Vol. 27, No. 1, 1996, pp. 11 – 21.

[3] Helmut Weidner, "Capacity Building for Ecological Modernization: Lessons From Cross – National Research", *American Behavioral Scientist*, Vol. 45, No. 9, 2002, pp. 1344, 1357.

有有效的制度与技术平台来保障。而这些特点正是当代治理革命所追求的。各国治理实践所践行的共治共享伦理原则、责任基础及参与主体间的伙伴关系，为实现人与自然、人与社会的协调发展提供了可行的方案。推进生态现代化，迫切需要面对生态环境困境采取新的治理形式，改变过去单一的环境管理模式，建立起生态治理的体系框架。因此，生态现代化能力的核心就是生态治理的能力，生态现代化能力反映着国家治理的能力。

综合国内外学者的成果，借鉴耶尼克提出的能力建设分析框架，本文初步提出生态现代化能力的构建内容与分析要素：

	核心	内容	要素
生态现代化能力	生态治理能力	问题能力	执政理念
			社会认同
			公众诉求
		创新能力	基于市场的政策工具创新
			技术创新与扩散
			企业价值创新
		战略能力	环境战略实施的稳定性
			环境政策的协同性
			参与机制的持续性
			环境治理全球化的适应性

二、中国的生态治理能力

在上世纪90年代中期以前，生态现代化一直被当作"西方的"学术概念或现象，随着生态现代化向非西方国家扩散，西方学者的关注点转向东亚和南亚国家。中国的生态现代化进程起步较早，并且具有明显的政治和制度支撑，在计划经济时代，中国就已经作出生态现代化努力，这一点令西方学者感到吃惊。早在20世纪50年代，新中国就开展了综合利用工业废物、爱国卫生运动、植树造林等工作，此后在纠偏"大跃进"的过程中，进一步形成政府主导、社会参与的防治污染格局，地方纷纷建立的"三废"治理利用办公室等机构，已具备现代环保机构的部分特征。1972 年，中国政府参加了标志全球生态环境治理全面启动的斯德哥尔摩大会，会后中央政府决定建立国家环保机构。1979 年 9 月，中国颁布了第一部综合性的环境保护基本法《中华人民共和国环境保护法（试行）》，并开始系统化地建立国家环境规制体系。1984 年，国家将环境保护确立为"基本国策"。1994 年，中国甚至先于西方生态现代化"先锋国家"，在全球第一个制定实施《21 世纪议程》。摩尔等学者承认，尽管与生态现代化的西方模式有差别，但用生态现代化这个术语来描述中国沿着生态路径重构经济的努力是合适的。①

然而，与中国生态现代化的努力相矛盾的是，中国的环境污染问题并没能得到有效控制，潜在的环境问题不断显现，新污染问题日益凸显，重特大环境事件、食品安全事件出现的频率越来越高，生态环境恶化的局面没有得到根本扭转。面对继续增大的治污减排的压力、环境质量改善的压力、防范环境风险的压力和应对全球环境问题的压力，长期保持高速增长的经济再难"一枝独秀"。在部分地区，传统的工业增长方式、落后的资源利用手段、失去理性的城市化膨胀以及令人不安的生活居住环境恶化等加剧了人地关系失调，使得原本就已凸显的社会矛盾更加复杂。

应用本文前述的能力框架对中国生态现代化能力尤其是生态治理能力进行分析，可以看出：

第一，中国生态现代化已经形成了较强的问题压力。一是执政党和政府确立了保护生态环境、实现经济与环境协调发展的执政理念。继将环境保护作为"基本国策"之后，1994 年国家将可持续发展确立为国家战略。2007 年更提出建设"生态文明"的全新理念。2012 年党的十八大进一步明确了经济、政治、文化、社会和生态文明建设"五位一体"的宏观战略。2013 年党的十八届三中全会将加快生态文明制度建设作为全面深化改革的一项主要内容，作为推进国家治理体系和治理能力现代化的一个主要方面，生态现代化已进入国家

---

① Arthur P. J. Mol, David A. Sonnenfeld and Gert Spaargaren (eds.), *The Ecological Modernisation Reader: Environmental Reform in Theory and Practice*, London: Routledge, 2009, pp. 456, 472.

最高政治议程。二是社会组织的对话能力不断强化。特别是近年来中国环保非政府组织发展迅速，并在全国乃至全球范围形成网络，社会环保力量已逐步在政府保护生物多样性、保护食品安全等多方面的重大决策上发挥积极的作用。三是公众的环境意识和生态诉求高涨，生态文化通过绿色学校、绿色社区、绿色企业等创建活动不断普及，频发的重大环境事件促使公众更加重视维护自身环境权益，政策制定者将环境保护视作改善民生的重要内容。

第二，中国生态现代化初步形成了一定的创新能力。首先，基于市场的政策工具得以创新并运用。政府采购绿色产品的比例不断加大，资源有偿使用制度逐步建立，排污费征收、排污权交易、生态补偿试点走向深入，环境税政策正在积极酝酿，环评审批验收信息进入银行征信管理系统，10余家保险企业推出环境污染责任保险产品。十八届三中全会进一步明确要求加快自然资源及其产品价格改革，全面反映市场供求、资源稀缺程度、生态环境损害成本和修复效益。其次，技术创新与扩散提高了环保能力。成立了国家环境咨询委和科技委，设立了国家科技进步奖和环境保护科学技术奖，化工、制药、冶金和化纤等行业多项污染防治关键技术取得突破，新能源产业被确立为国家重点支持的战略性新兴产业。最后，企业价值内涵得以拓展。保护生态环境，努力寻求企业环境收益，开始为众多企业所接受。特别是大中型企业，都不同程度地对绿色生产作出了承诺。

第三，中国生态现代化的战略能力亟需提升。首先，虽然环境保护与可持续发展被立为基本国策与长期发展战略，但实际工作中政府对GDP的过度崇拜，生产方式与产业结构调整"危机时"让位于总量增长，预防性战略"必要时"变身为"先污染后治理"的阶段性策略，战略发展的稳定性无法保障。其次，虽然环境政策逐步渗透到其他政策领域，但实际工作中环境监督失控与处罚软弱，上下级政府、不同地区及管理部门间相互倾轧、各自为政的情况时有发生，环境政策的协同性无法落实。再次，虽然政府、非政府组织、企业以及个人的生态认同和环境治理的参与技能都有了不同程度的提高，但多主体的参与决策平台还很少，公众参与环境决策的广泛性与公平性不能持续。最后，虽然生态环境的国际协作不断加深，与周边国家开展了资源利用、危机处置等深度合作，并主动参与了多项国际环境公约谈判和环境标准制定，但对全球环境治理的学习能力以及应对国际环境政治压力的技能尚需增强，对全球环境治理的适应性需要提高。

综上所述，尽管中国生态现代化已做出了积极努力，但在能力建设上仍存在"长短板"，特别是战略能力建设不足，已成为中国生态现代化的最大弱项。提高战略能力不仅要有战略目标，更要有实现战略的长期、稳定的制度安排和将生态经济、政治、社会因素制度内化的机制。为此，创新建立生态治理机制，提升生态治理能力是当前极为重要的任务。

三、中国生态治理转型与能力提升

中国生态现代化起步于工业化未完成的历史阶段，生态现代化的过程相对复杂，一方面工业化的列车还将保持高速前进，另一方面需要小心翼翼地维护环境与发展的协调关系，防止高速列车脱轨，这个过程中必定遭遇现代性与后现代性的价值冲突。面对这种价值冲突，中国生态现代化必须强化后现代因素，实现未工业化向后工业化的跨越，才能避免重蹈工业化国家的发展覆辙。当代中国提出走科学发展的道路，转变经济结构和发展方式，已着手从经济转型上向后现代过渡。与之相适应，还需要建立起全新的治理机制，实现生态治理转型，提升生态治理能力。

伴随着工业化形成的现代性治理，主要价值特征表现在收益最大化的唯增长论、效率优先的泰勒主义和以人为中心的自由与主体性张扬。生态现代化学者对之进行了大量的批评，在他们看来，一味追求增长的生产方式和过度的消费方式，是资源枯竭的动因；泰勒主义下的公共管理采取垂直控制的官僚体系，无法及时充分地回应水平层次日益多样化的生态需求；而人的主体性张扬演变为个人中心主义的迅速膨胀，人作为世界的中心而与自然对立。如前文所述，这种治理模式必然导致形成官僚体系与工业集团的共谋，以维护他们追求收益最大化的共同利益和立场。卡蓝默（Pierre Calame）认为，现代性治理存在明显的二元对立，表现为政治与行政的对立、国家与市场的对立、规则和契约的对立、有责任和无责任的对立等多个方面，特别是有无责任的对立，使"共同的责任"难以理解。① 而没有各参与主体共同责任的各自担当，良好的生态治理是难以想象的。

近年来，西方国家生态现代化建设中逐步吸纳了后现代治理要素，主要包括生态中心主义理念、增长范式的终结、多中心及分散化治理、市场作为治理的一种形式、市民社会的参与、行动者之间的伙伴关系、全球化回应等等，当代中国的生态治理转型无疑可以从中得到重要的启发和借鉴。但是，更为重要的是如何从中国生态现代化的实际出发，将这些相关要素内化到生态治理体系之中，并使各要素间发生更加紧密的联系和良性的互动。生态现代化学者从全球实践中已然认识到发达国家与发展中国家的个体性差别，魏德纳指出："虽然在环境能力建设的基本元素、支持者、辅助因素等方面转轨或发展中国家与发达国家很相似，但它们行动的模式、相互联系、语境关系等可能大不相同，结果也不会相同。"②

针对中国生态治理能力的评价结果，中国的生态治理转型及生态治理能力提升至少应从四个方面去努力：

一是治理区域化。生态环境的公共品特性，以及生态责任的共同承担性，给予区域生态治理充分的理由。目前中国各级政府间没有明确的环境分权，地方环境管理仍旧以行政区域为单位，以单个行政区政府为环保责任人，下级政府按照一定的控制性指标对上级政府负责。这种管理模式强调行政事权的区分而忽略对相邻区域的生态责任，对跨行政区域的生态环境问题缺乏强有力的控制协助手段，即"管不了"。同时在强烈的 GDP 增长压力和税收竞争压力下，地方政府会倾向于运用手中的裁量权来放松环境管制以吸引创造更多的商业投资机会，即"不愿管"。因此，单一行政权力和职能划分越细，生态治理的效率可能越低。中国国土面积大、人口多、资源分布不均，各地

---

① 皮埃尔·卡蓝默：《破碎的民主：试论治理的革命》，庄晨燕、戴捷、高凌翰译，生活·读书·新知三联书店 2005 年版，第 38—44 页。

② Helmut Weidner, "Capacity Building for Ecological Modernization: Lessons From Cross - National Research", *American Behavioral Scientist*, Vol. 45, No. 9, 2002, pp. 1344, 1357.

常年积累的生态环境问题情况不一,将生态治理的重心放在区域治理是内在的迫切需求。在生态区域治理上要实现三个层面的改变。第一,中央与地方需要形成新的分权体制。这需要财税改革相配合。分权的标准要充分考虑到生态环境管理的特性,既有行政事权与财权的划分,又要有土地转让、矿产等资源开采、污染处理等环境权的划分。划分环境权要有利于明确地方具体的生态责任。第二,地方与地方之间需要形成实质性的环境协作机制。要同时考虑现行行政区域划分的历史文化因素以及区域流域、生态群落、多样性保护等生态环境因素。根据生态环境的自然区域习惯划分,结合主体功能区定位,创新横向生态补偿机制,在省以下不同层级地方政府间建立区域治理机构、网络或城市同盟,并逐步实现以省为基础的"行政区经济"向跨省区的"生态区经济"的转变。第三,社区在生态治理中要发挥重要作用。利用社区在社会资本创造上的天然优势,既可降低生态治理成本,又可弥补生态治理体系上政府与市场的责任缺失。

二是政策协同化。要建立起系统化的生态环境政策体系,全面实现政策"绿化"。生态环境政策不能被看作是环保部门的政策,而应是针对生态环境"问题群"的一个"政策集"。第一,国家战略要明晰。国家生态现代化不仅要有明确的战略指导思想,更要制定出具体清晰的战略规划,明确重点环境领域的政策优先权。同时,要增强政策与治理信息透明度,防止政策误读。第二,政策介入要广泛。要将国家生态环境战略目标和政策目标整合到其他领域的政策之中,与广泛的其他政策目标进行整合,防止政策冲突。第三,政策资源配置要合理。特别要强调部门之间的协同,由重视分工转向重视合作。第四,政策工具要创新。要大力创新基于市场的政策工具,降低治污交易成本,形成生态经济激励,促进技术创新与转让。

三是关系伙伴化。生态治理多主体间要建立起合作伙伴关系,提高治理参与水平,促进生态环境决策民主化。要通过多主体参与和监督,以多主体伙伴关系来限制政府与企业的政绩—利润排他性利益结盟。形成伙伴关系治理需要做到:第一,变控制为合作。要支持并鼓励政府之外的环境非政府组织、企业、社区、公民、大众传媒等主体参与到生态决策与管理中来,发挥社会的自组织功能。第二，变冲突为协商。将协商、对话、调解、仲裁等作为化解环境冲突的主要手段，畅通决策参与渠道，通过成功的伙伴关系促使各相关主体认同共同利益并接受差异，进而增强互信，化解矛盾。第三，以生态公平为原则制定伙伴关系行动规则。包括代际内主体的环境权公平、代际间主体的发展权公平、对自然资源和环境的道德义务与责任分配公平，在此基础上才能在不同政治、经济、文化以及法律的不同诉求上寻求共同生态环境利益并达成共识或妥协，进而形成集体行动。

四是城市生态化。中国城市化已进入快速提升阶段，"摊大饼"式的扩张方式正加速"城市病"爆发，城市化正成为土地资源退化的主要原因，城市环境污染正成为影响最大的污染源。中国城市化与工业化是并行的，城市演变为一个更大的工业体，属于城市本质使命的贮存文化、流传文化和创造文化的功能被大量弱化、淡化。实现当代中国生态治理转型，必须解决城市工业化、污染化的问题，出路在于城市的生态化。第一，城市发展以生活质量而非经济总量优先。城市作为现代人生活生存的主要场所，应该给人以更多的安全感和幸福感，应以提高生活质量、增强景观美丽、提高生活空间与机会公平程度为目标，城市规划应以城市发展和自然发展相融共生为标准。否则，城市只会成为现代人精神焦虑的制造所和社会矛盾的多发地。第二，资源利用集约化。要制止城市盲目开发、过度开发、无序开发、分散开发的趋势，确定城市的承载力极限。第三，城市定位与主导产业差异化。应将城市发展纳入区域治理和城市生态群建设框架中规划设计，城市间在功能定位、产业发展上形成互补性，面面俱到的城市功能与产业布局只会引起更大的浪费。第四，居民消费绿色化。城市居民是社会消费的主要力量，应通过城市居民树立绿色生活与消费方式，形成对城市低碳管理以及企业绿色生产的倒逼压力，进一步推动实现生态治理转型。第五，城乡发展一体化。中国的现代化无法回避城乡二元结构障碍，实现城乡一体化统筹发展，是中国现代化的主要任务之一。在推进城乡一体化的同时，必须将经济社会发展规划、城乡发展规划、资源利用及生态空间开发保护规划等紧密衔接起来，划定并守住生态红线，坚持走新型城镇化道路，让城市更像城市，让乡村更像乡村。

德国生态治理及其对中国生态文明建设的启示[*]

刘仁胜[**]

德国生态治理模式是一个成功的"先发展后治理"模式,其中,科学技术和民主参与在德国生态治理模式中起着非常重要的作用,对中国"边发展边治理"的生态治理模式具有重要的借鉴意义。

一、德国生态治理调研

中央编译局生态文明研究调研小组在德国考察调研期间,主要对"德国地方政府生态治理状况"进行了研究性考察调研活动,分别与地方政府环保官员、地方媒体负责人、地方绿党负责人、地方高校与环保研究机构负责人、环保NGO组织负责人、工业园区负责人、生态农庄农场主以及水域治理等相关机构的负责人举行了会谈,并进行了诸多实地调研和考察。

(一)地方政府机关

6月9日,调研小组考察了北威斯特法伦州杜伊斯堡市环保局。环保局技

---

[*] 本文原载于《中国与德国的环境治理》(中央编译出版社2012年版)一书。
[**] 刘仁胜,中央编译局马克思主义研究部副研究员。

术主管首先向我们介绍了德国四级政府结构以及杜伊斯堡市政府在法律上所承担的环保责任，之后详细地介绍了杜伊斯堡市的清洁空气计划（Clean Air Plan）。清洁空气计划的主要内容是通过更换公共交通工具并在杜伊斯堡市区低排放区（LEZ）实行交通工具限制以改善市区空气质量。

6月12日，调研小组在北威斯特法伦州州政府所在地杜塞尔多夫市听取了杜塞尔多夫区自然保护处负责人关于德国环境治理的介绍。在回顾了德国100多年来"先发展后治理"的过程之后，自然保护处负责人总结出"先发展后治理"的三点经验，即环境立法先行、环境治理跟进、环境资金保障，从而建立起一个兼顾社会公平和环境友好的发展模式。

6月25日，在北威斯特法伦州威瑟县政府的安排下，调研小组听取了环境管理处关于威瑟县环境治理的介绍，并重点考察了威瑟县关于土地规划中的民主决策过程。威瑟县95%以上的土地归私人所有，县政府在土地规划的民主决策过程中，首先要取得土地所有者的同意。威瑟县的民主决策过程如下：首先，由环境管理处制定土地规划草案；其次，政府通过报纸、网络和民意调研的形式公开土地规划草案；最后，环境管理处根据民意反馈制定土地规划修正案。这个过程总共循环三次，每次期限为一年，从而最大程度地实现了科学决策与民主参与的相互结合。经过了三次循环的修正案成为最终修正案，议员投票决定该修正案最终是否成功。这种民主决策过程避免了三种情况的发生，即政府强迫居民、居民强迫政府以及政府与居民之间的相互扯皮。

6月26日，调研小组听取了北威斯特法伦州环境与健康部的"环境与健康"计划介绍。鲁尔工业区属于德国重工业区，位于北威斯特法伦州，因而，北威斯特法伦州是德国16个联邦州中唯一设有环境与健康部的联邦州。北威斯特法伦州不仅是德国人口密集中心，也是德国工业中心和德国最大的化学工业基地，其国民生产总值占全德国国民生产总值的五分之一左右。人口密集、工业集中和交通繁忙对北威斯特法伦州的环境和居民健康造成了很大的挑战，因而，"环境与健康"计划主要集中在以下五个方面：第一，改善环境。第二，减少环境对健康的影响。第三，提高政治家对环境与健康的重视。

第四，增强民众对环境与健康的意识。第五，环境与健康部与公众一起为改善环境与健康状况而努力。

（二）企事业单位、环保 NGO 和相关研究机构

6月10日，《西德意志汇报》政治宣传部负责人向调研小组重点介绍了德国媒体在环境保护过程中的作用。他首先强调媒体独立性在环境保护中的作用。媒体独立于政府和企业，政府虽然可以提供环保信息，但是无法决定媒体是否采用以及如何采用；企业的广告投入虽然是媒体收入的主要组成部分，但是企业无法阻止媒体刊登对企业不利的环保信息，因为大众的需求是媒体生存的主要保障。其次，他介绍了媒体在环保宣传和民主参与方面的作用。《西德意志汇报》不仅刊登各种环保知识，而且专门开辟环保方面的读者来信和专家答疑版面。比如，2008年年初鲁尔河发生的PFT污染丑闻，《西德意志汇报》首先对此进行了连续报道，并对政府、企业、专家和读者各方的反应进行了跟踪报道。随后，地方政府成立了调查小组，有关企业负责人被起诉，地方环保局局长下台，鲁尔河PFT污染得到有效治理。

6月11日，调研小组考察了德国最大的环保非政府组织（NGO）——德国环境与自然保护联合会。德国环境与自然保护联合会实行联邦制，不接受党派以及与环保内容相关的企业捐款，经费完全来源于50万会员的会费和捐赠，从而保持了该组织的自主性和独立性。该组织在德国环境立法过程中具有合法的参与权，不仅通过媒体合作等方式向公众提供环保专业知识，而且具有代表工业区居民发言的合法权利。该组织目前的工作重点主要集中在防止全球变暖、改善空气质量、促进生态农业以及建立传统环保项目四个方面。

6月18—20日，调研小组在原属东德的萨克森-安哈尔特联邦州参观考察了政府与企业合作机制（Public-Private Partnership）在德国环保项目中的具体运用。德国统一之后，原东德地区面临着公有制转化为私有制的问题，在出售土地的过程中，最大问题就是如何改善土地污染问题。德国联邦政府经过环境普查之后，对东德地区专项拨款500亿欧元用于土地修复。土地修复结束

之后，政府与企业签订购买合同。萨克森-安哈尔特州莱比锡地区的洛伊纳（Leuna）化工园区就是在政府与企业合作机制下的成功典范。联邦政府首先对洛伊纳化工园区的旧企业进行了拆除，然后将土地修复到联邦政府的环境标准，最后再出售给来自世界各地的化工企业。目前，基础洛伊纳（Infraleuna）公司具体负责经营洛伊纳化工园区，联邦政府拥有13.25%的股份，林德（Linde）公司占24.5%的股份，其他股份由园内企业共同参与控制。此外，调研小组还考察了哈勒-莱比锡环境研究中心的土地生态治理技术、北威斯特法伦州农林和园艺研究所的生态农业研究项目、伍珀塔尔河流管理署的水域管理系统、威瑟县水坝管理工程和生态农庄，并在杜伊斯堡大学东亚研究所了解了德国政府行政管理体系和杜伊斯堡市绿党的执政理念。

二、德国生态治理经验总结

德国的生态治理模式属于典型的"先发展后治理"模式。从19世纪初期到20世纪70年代，德国生态环境一直遭受工业和战争的双重污染和破坏，生态破坏程度和环境污染程度举世罕见：德国境内主要河流不仅没有生物存在，德国居民甚至无法在其中游泳；整个鲁尔地区昼同黑夜，树木都被煤灰粉尘染成黑色，栖息在树上的蝴蝶竟也将保护色演变成黑色，德国的生态环境已经严重影响到德国居民的生命和健康。从20世纪70年代开始，德国政府相继关闭污染严重的煤炭和化工企业，并投入巨资对废弃厂区进行生态修复；同时，在世界领先的信息技术、生物技术和环保技术的直接推动下，德国从工业化社会进入信息化社会，进一步降低了社会经济对生态环境的污染和破坏。经过30多年的不懈努力，德国目前已经成为世界上生态环境最好的国家之一，其中，科学技术和生态民主在德国生态治理过程中起到关键性作用。

（一）发展环保科技

科学技术造成的生态环境问题是人类在工业化过程中不期而遇的一个问

题，德国作为工业化的先驱和集大成者，在生态治理过程中探索出一条利用科学技术解决生态环境问题的科技之路。

1. 利用科学技术对遭受工业和军事污染的生态环境进行彻底修复

在 100 多年的工业化工程中，特别是在第二次世界大战过程中，德国的生态环境遭到毁灭性破坏。经过 30 多年的生态修复，德国不仅恢复了碧水蓝天，而且利用科学技术将渗透在德国土地上的各种重金属和化工有毒物质逐一清除。比如，洛伊纳化工园区在其 100 多年的化工生产过程中污染严重，加之在第二次世界大战期间化工园内的化工厂遭到轰炸导致化工原料和产品外泄，对当地以及周边土地和地下水造成了严重的化学和重金属污染，方圆几十公里内许多植物都无法生存，当地居民都得从百里之外汲取饮用水。德国统一之后，联邦政府不仅投入巨资拆迁园内落后化工企业，而且利用综合科学技术在洛伊纳化工园区周围修建地下大坝，从而对园区内土地和水源进行彻底修复。经过 10 多年的生态修复，经过园区的地下水虽然还不可以直接饮用，但是地表已经可以让植物存活。据哈勒-莱比锡（Halle-Leipzig）环境研究中心技术人员预计，大约还需近 100 年的时间才能够让洛伊纳化工园区的土壤和地下水恢复到正常水平。

2. 利用科学技术进行全民生态教育

环保科技通过各种教育体系使德国公民将环保意识转化为全民的环保行为，又将环保行为转化为环保潜意识。德国的环境教育分为环保习惯养成教育和环境专业知识教育两个部分，家庭垃圾分类等习惯养成教育从幼儿就开始进行，环境专业知识教育则贯穿德国整个学历教育体系。鲁尔工业区在 20 世纪 60 年代之前没有一所高校，目前，该区拥有 58 所大学和高等院校，共有 47 万在校学生。除了高校的环境专业之外，德国政府还建立了许多环境教育机构对德国公民进行专门培训，以便政府官员、企业技术人员、环保 NGO 成员以及普通市民及时了解并掌握各种环保技术和环保法规，比如，北威州政府于 1983 年创立的莱茵豪森教育培训中心（BEW），现在每年培训 5 万多名德国学员。

3. 利用科学技术对生态环境状况实行全程控制和监测

为了保证生态环境免遭再次破坏和污染，德国利用科学技术手段建立了比较完善的生态监控网络。德国通过卫星、飞机、雷达、地面和水下传感系统，建立了遍布全国的生态环境监测体系，对德国气候变化、土壤状况、空气质量、降水量、水域治理、污水处理和下水道系统等进行实时监测。比如，为了监测企业排污情况，在企业排污口设置传感器和实况录像系统，任何人都可以通过电脑或者手机等工具随时查看各种数据，参与生态环境监测和管理体系。鲁尔地区所在的北威州共设有70个空气监测站，检测结果即时公布，任何人都可以随时通过网络等工具查询大气中可吸入物颗粒和氧化物等含量。生态监控网络有效地保证了德国生态环境免遭再次破坏和污染，比如，2008年年初，科恩大学研究机构通过检测新技术检测到鲁尔河中出现欧盟法律中明文禁止的化学物质PFT，直接导致北威州环境部长辞职以及使用PFT的企业主入狱。

（二）促进生态民主

科学技术不仅为德国的生态治理奠定了物质基础，而且有效地促进了德国生态民主建设。

1. 科学技术标准进入欧盟和联邦德国的环境立法体系，因而德国的生态治理过程具有科学性、实践性和可操作性

科学技术是一柄双刃剑，在给德国带来丰富的物质利益的同时，也给德国带来严重的生态破坏和环境污染，因而德国深受科学技术污染之害，也深知驾驭科学技术之道。从20世纪70年代开始，德国开始将科学技术标准体系置于环境立法体系，比如《核能法》、《转基因法》、《化学品使用法》、《污水排放法》、《电—烟雾法规》、《放射线防护法》、《自然保护法》、《循环经济

法》、《可再生能源法》、《环保行政法》等等，目前已经建立了 8000 多部环保法律法规。这些法律法规不仅保证生命以及生命生存所必需的水、大气和土地的安全，而且保证生产过程和经济过程的生态化，避免废物产生或者对废物进行循环利用。同时，德国环保刑法则对环保犯罪行为进行法律制裁。

2. 通过政府与企业合作机制解决具体的生态环保问题

德国政府通过政府主导、企业参与的合作方式，充分发挥民间政治和经济力量在生态治理过程中的积极作用，取得一系列富有成效的治理结果。比如，在洛伊纳化工园区，联邦政府与基础洛伊纳公司合作，首先利用科学技术对土地进行修复，然后再出售给来自世界各地的化工企业。德国政府充分发挥莱茵河两岸居民的知情权和收益权优势，使河两岸的居民和企业成员强制入股，成立股份制管理机构，对所属河段的大坝安全和附近生态环境负责。政府负责常规工程投资，股份管理机构负责日常维护，所属企业根据"谁污染谁负责"的原则支付治理费用。目前，德国莱茵河不仅重现勃勃生机，而且即使在 1993 年和 1995 年发生百年难遇的特大洪水，莱茵河大坝也不曾决堤。

3. 充分发挥大众媒体和环保 NGO 的独立性

大众媒体和环保 NGO 成为民众参与生态治理的有效途径。大众媒体不仅在普及环保知识方面起到关键作用，而且在发挥媒体监督方面也起到不可低估的作用。在鲁尔河 PFT 污染事件中，德国《西德意志报（WAZ）》能够独立地跟踪报道事实真相，直到污染行为停止、相关责任人受到政治和法律制裁为止。同时，环保 NGO 具有代表当地居民的法定权力，参与政府和企业在当地有关环保的经济规划。德国环境与自然保护联合会是德国最大的环保 NGO，它不接受任何政府、党派以及与环境有关企业的捐款，从而保持自己的独立性。

三、德国生态治理对中国的启示

德国"先发展后治理"模式对中国的工业化之路和生态治理模式选择都具有重要的借鉴意义。

第一，发展经济改善民生是中国的首要任务。中国和德国处于不同的发展阶段，发展目标和发展重点迥异，中国必须把发展经济改善民生放在首位。德国在 20 世纪 70 年代就已经完成工业化，而中国目前正处于工业化中期，对能源和钢铁等自然资源的需求必然会导致一定的生态问题。德国经验表明，只有通过工业化和现代化，中国才能够解决民生问题；也只有通过工业化和现代化所积累的科学技术和经济实力，中国才可能解决生态环境问题。即便目前，德国政府在面临发展经济和保护环境的矛盾时，仍然将发展经济放在首位。比如，德国焦炭发电量和核发电量仍然分别占发电总量的 60% 和 20% 以上，生态环保的可再生能源仅占 10% 左右。

第二，中国必须走"边发展边治理"的道路。目前世界上有三种生态治理模式，分别是"先发展后治理"模式、"边发展边治理"模式和"不污染不治理"模式。西方发达国家普遍实行"先发展后治理"模式，但却希望第三世界国家"不污染不治理"，实际上是遏制发展中国家的经济发展。在国际政治环境和中国自然环境的双重约束之下，中国目前已经无法复制西方发达国家的"先发展后治理"模式，中国必须走"边发展边治理"的新型工业化和现代化之路。在面对全球变暖等全球性生态环境问题的时候，国际组织要充分考虑和计算西方发达国家的历史责任，给予发展中国家相对比较公平的工业化发展空间。即使在西方发达国家，目前也无法完全杜绝生态破坏和环境污染，比如，美国不仅在历史上属于二氧化碳排放量最多的国家，目前仍然是每年温室气体排放量最多的国家，并且拒绝在《京都议定书》上签字。

第三，发展科学技术，建设生态文明。生产力决定生产关系是历史唯物主义的基本原则，一种新型文明必须建立在新型科学技术之上。科学技术在德国的生态治理过程中发挥了关键性作用，科学技术不仅促进德国从工业化社会向信息化社会的转型，而且将生态环保意识转化为生态环保行为，并将科学技术标准上升为国家法律，从制度层面确保生态治理的科学性、实践性和可操作性。中国应当充分利用科学技术的后发优势，不断开发新能源技术，大力发展环保技术，努力创新产业技术，加快科学技术的升级换代，促进经济结构的优化转型，确保生态文明建设的顺利进行。胡锦涛同志在党的十七大报告中所重点强调的生态文明建设，不仅反映了中国对全球性生态环境建设的责任和决心，更重要的是反映出中华民族对人类未来文明形式的探索和贡献。

生态制度

加快生态文明制度建设

李宏伟[*]

党的十八届三中全会明确指出，建设生态文明，必须建立系统完整的生态文明制度体系，用制度保护生态环境，这预示着我们国家将迎来用制度保障生态文明建设的崭新局面。制度是各种法规、章程、规约等的总称，是人们行动的准则和依据。生态文明制度建设就是要制定出符合生态文明要求的规划方针、目标体系、考核办法、奖惩机制，用制度指导生态文明建设实践。生态文明制度建设为生态文明建设提供规范、促进、监督和约束力量，因此是生态文明建设的根本保障。

一、当前生态文明制度建设中存在的突出问题

生态文明建设是人类文明进程的趋势，是中国实现可持续发展的必由之路。当前我国的生态文明制度建设还存在许多亟需完善之处，现实中制度的不健全不完善主要集中在以下几个方面。

---

[*] 李宏伟，中央党校马克思主义理论教研部副教授。

(一) 生态文明建设管理机制不健全

政府在生态文明建设中发挥着领导和示范作用,政府的相关机制不健全,一定会影响生态文明建设的质量和成效。目前,政府机制在生态文明建设中存在突出问题。第一,领导干部政绩考核机制不健全,片面强调 GDP 的增长,环境等指标权重过低。在领导干部的考核体系中,普遍存在过分重视经济发展的现象,虽然主体功能区原理在"十一五规划"中早已提出,但目前我国尚未建立符合主体功能区要求的绩效考核评价体系,相应的考核指标体系和考核办法尚未出台。绩效考核这一"指挥棒"的缺失,导致规划实施缺乏约束力。当前制约主体功能区规划落实的因素主要表现在以下几个方面:

一是数据报送问题。在很多地方政府的绩效考核中,数据的可得性和有效性未受到充分重视。有些数据由下级单位自行编造,或者数据来源无法获知,数据真实性无法得到验证和保障,数据报送和传递缺乏统一渠道。

二是考核体系和平台问题。在很多地方政府中存在多个横向和纵向考核体系,缺少统一的组织单位和考核平台,导致各考核体系交叉重叠,考核主体众多,使得考核对象忙于应付。此外,考核体系之间缺乏统筹协调,存在矛盾或重复之处,影响了地方政府按照主体功能区定位谋划发展。

三是考核指标设置问题。国内现有的政府绩效考评体系在指标设置上主要存在三个共性问题。一是没有充分体现差异原则。许多省市至今还是按照一个评分表考核所有县市,没有考虑不同市、区、县的区域发展基础、资源环境承载能力以及在不同层次区域中的战略地位等差别,在指标及其权重的设置上没有充分体现地方特点和突出差异原则。二是指标体系设计不够全面,没有充分发挥考核的发展导向作用,表现为突出规模、总量、速度等数量性指标,相对淡化效益、质量、民生等质量性指标;突出政绩类"显绩"指标,相对淡化民生、生态类"隐绩"指标等。三是指标体系着眼当前,缺乏前瞻性、全面性、战略性和长远性,难以有效制约地方政府忽视科学发展只顾眼前利益的行为导向,无法解决寅吃卯粮、资源浪费、结构失衡等涸泽而渔式行为。四是考核结果应用问题。由于考核方式单一，考核结果与现实状况差距较大，影响了考核结果的应用，考核作为"指挥棒"的作用也没有完全发挥出来。

第二，生态文明建设管理职能和监管分散，没有建立统一的生态文明建设评估管理办法。资源管理和环境保护隶属于不同的管理部门，生态保护职能分散在许多部门，而资源、环境和生态之间又需要各部门通力合作，这种不合理的资源、环境和生态管理部门职能分工，造成了分散的管理模式。迄今为止，虽然不同部门和地区已经发布了许多生态文明建设的考核办法和条例，但生态文明建设评估的相关管理办法尚未颁布。多数地区的生态文明建设和涉及生态文明理念的考核办法皆以考评考核指标完成情况为主，而对生态文明建设评估的管理责任、评估机构和程序、成果适用及发布等方面则少有规定。

目前，我国生态文明建设评估存在重视不足、主体不清、责任不明和执行不力等限制性因素，亟需出台一套行之有效的管理办法对其进行规范，确保生态文明建设评估的顺利进行。

一是重视不足。许多地区仅重视生态文明建设的过程，而对于生态文明建设的成效管理以及如何进行生态文明建设的评估认识不足，更加没有意识到对生态文明建设评估进行管理的重要性。

二是主体不清。在我国现有的相关生态文明建设管理条例或办法中，均未指明生态文明建设评估的责任主体，这也将导致生态文明建设评估管理上的责任缺失，不利于生态文明建设的进程。某些地区指定某一政府管理部门（如发改委）作为生态文明建设评估责任主体的做法被实践证明效果欠佳。

三是责任不明。我国目前的生态文明建设评估管理上存在责任不明的情况，使生态文明建设评估未能形成有效管理体系。如生态文明建设评估由谁负责组织考核、如何执行、由谁负责进行评估以及评估结果的责任如何进行划分等，均未形成相应的规范和管理办法。

四是执行不力。由于不同地区的生态文明建设评估管理缺乏统一标准和相应的管理办法，出现了各地生态文明建设自说自话、无法统一评价的混乱管理局面。即使有些地区作了评估，评估结果也并未纳入相关考核体系。

第三，生态环境保护责任追究制度不完善。这主要表现在两个方面。首先，环境保护与干部选拔重用不挂钩。许多不重视污染防治工作、没有完成年度任务的领导干部仍然能得到提拔重用；许多重视生态文明建设、防治污染工作取得显著成效的领导干部却只能默默无闻。对领导干部的选拔任用只考察其经济建设的成绩，而不关注其在生态保护和发展上的工作，这就直接导致了许多领导无视地区生态现状，而盲目投资经济项目，造成严重的生态环境问题。其次，对造成严重事故的责任人包括地方行政官员的法律责任追究不够严格。许多负责人在严重的环境事故后没有被问责或者虽然被免职但不久又复职。用刑罚手段来保护环境、治理污染的利器没有被充分使用。

第四，地方领导干部离任生态审计制度没有充分贯彻。中国要实现经济的转型升级，必须建立一整套可持续发展的制度框架。要把官员的升迁同对环境的考核挂钩，进一步把环保标准引入到官员的政绩考核中，尤其是在地方领导即将离任时，上级有关部门应对其辖区的山地、林地、草地、绿化、沿海、沙滩、江河等进行考察和检查。生态审计制度可以从根本上遏制地方领导急功近利的冲动，它是考量地方政府领导在任期间进行生态建设的"尺子"。但是，目前生态审计制度在我国尚未建立。

第五，环境损害赔偿制度有待完善。环境损害是指因人类的各种生产生活行为致使区域性的公共环境资源受到污染或破坏，侵害了自然体的生态利益，有引起生态系统结构或功能发生不利变化的危险或产生了实际损害后果的事实状态，主要表现为区域性环境质量下降、生态功能退化。[①]当前经济迅猛发展，快速的工业化带来了越来越多的环境公害，由此带来的破坏性后果逐步显现。但是，我国对于环境损害的理论认知、法律实践还处于刚起步的阶段，环境损害赔偿问题严峻，公共环境安全堪忧，由此引发的环境损害抗争乃至环境突发公共事件时有发生。

---

① 张锋、陈晓阳：《环境损害赔偿制度的缺位与立法完善》，载《甘肃社会科学》，2012 年第 5 期。

（二）自然资源资产产权制度不明晰

产权包括财产的所有权、占有权、支配权、使用权、收益权和处置权。如果对财产作广义的理解，那么排污权、碳排放权等生态环保领域的权利也可视为产权。当前，我国自然资源资产产权尚不健全，与此相关的一系列制度也亟待完善。

第一，排污权、碳排放权交易制度不成熟。中国还没有真正建立起完善的排污权交易市场机制，碳排放权交易刚开始起步，在实践中存在如下问题：一是相关法律制度尚未确立，相关交易缺乏法律依据，使得交易的合法性成为问题，即交易后合法的排污量难以界定。二是总量控制指标难以确定，相关的评估机制尚未建立，统一的控制规划难以指定。三是指标的原始分配难以做到公平，这仍然受制于制度建设的缺失，相关操作不透明不公正，缺乏有效的监督机制。四是排污权交易信息平台和交易市场不完善，排污权交易市场需要有成熟的买卖双方和中介机构，而这些都是我国目前所缺失的。

第二，在自然资源资产的管理上存在突出问题。2013年测绘地理信息部门联合28个部委开展了全国第一次地理国情普查，并将于2015年完成，今后会持续开展变化监测工作。此外，新中国成立以来开展的历次土地、水利、农业、林业等领域的全国普查，积累了较为丰富的自然资源勘查数据和监测经验。但是，由于目前我国的自然资源监管职能分散在各个部委，存在条块分割、政出多门、九龙治水的状况，导致如下问题：一是各部门采用的技术标准多为行业标准，监测数据分散并存在相互矛盾，缺少部门间合作共享机制，协调成本较高；二是各部委对自然资源的监管领域存在交叉重叠，监管机构与监测队伍冗余，存在重复投入和建设的情况；三是缺乏整体规划，反映自然资源整体状况的数据和资源使用实时监测数据相对缺乏；四是自然资源监管未实现全覆盖，存在空白地带，对某些类别或某些地区的自然资源监管不到位，大量自然资源利用没有按照自然资源规划进行，难以防范自然资源的无序开发、破坏和流失。

第三，尚未建立有效的税收体制。税收本可作为一种宏观调控的优良工具，但是在我国目前的生态文明建设中并未发挥应有的作用。虽然中国税收中已经包含了与环境资源相关的税种，涉及交通燃油、供暖及加工燃料、机动车辆、自然资源、废弃物管理和污染排放等领域，但由于这些税种在制定之初并不是以环境保护为目的，各种税收之间缺乏协调性，因而并未充分发挥促进污染减排的作用。

第四，生态补偿机制不完善。由于环境产权界定不清，利益主体不明，再加上支持资金严重不足、补偿标准低且缺乏可持续性，我国生态补偿机制尚不完善。一是生态补偿主体单一，因为它的资金主要依靠政府的转移支付和专项基金两种方式，政府的转移支付还是以中央对地方的转移支付为主，还没有建立起跨行政区域的横向转移支付，除此之外，也没有其他的融资渠道。二是生态补偿以部门为主导，由于分工不明确，众多部门权责交叉，导致在生态补偿的资金投入和项目整治上无法形成合力。三是生态补偿标准低、领域窄。四是生态补偿以"项目工程"为主，这一方式很难保证可持续性。

第五，尚未形成生态环境保护的价格体系。由于中国资源行业存在双重垄断，很多资源性产品被垄断部门所控制，但对于垄断行业的成本监管缺乏科学手段和制度性规定；过低的资源税费和环保税费、资源性产品价格没有体现资源的全部价值。从价格体系看，企业缺乏进行资源再生、循环利用的动力，因为中国再生资源价格高于初始资源价格，这导致企业不会完善资源再生的相关制度，更谈不上利用了，造成极大的浪费；排污成本低于废弃物处理成本，排污设施建设周期长，且需要资金也多，因而许多企业根本不愿意真正下决心治理污染物，宁愿支付较低的违法排污成本。

（三）生态文明建设监督和参与机制不完善

生态文明建设监督机制不完善。首先，中国环境执法监管制度不完善，使环境行政执法难以作出必要的、及时的回应。加之许多相关信息不公开，媒体不知情，老百姓也不知情，一旦发生事情，企业捂着，政府也帮忙捂着，不对外披露相关信息，公民的知情权没有得到很好的保障，监督也就无从谈起。其次，由于公众普遍缺乏对环境污染的深刻认识，他们的环境维权意识相对薄弱，这使得环境监督更为缺乏。最后，我国社会缺乏独立、自主的非政府组织，社会自治、监督的能力十分薄弱，而政府为发展经济往往选择与企业站在一起，使得有效的监督机制愈发难以建立。监督渠道不畅通，监督成本过高都是制约生态文明建设的重要因素。

公众参与机制尚未建立。建设生态文明应当依靠社会生活中的每一个公民。只有每一个公民都具有了生态环保的意识，并把这种意识自觉地转化为自己的行为，生态文明建设才真正落到了实处。建设美丽中国和优美生态，需要千百万人共同努力。由于中国社会公众参与生态文明建设缺乏相应的制度保障，参与的程序、途径和方式也不明确，导致了社会公众参与生态文明建设还相当滞后，参与的程度不高，参与的领域很窄。很多地方政府未将公众广泛纳入到考核主体中，没有突出体现考评的客观性和公开性原则。对辖区内的干部或地方发展要考核什么、怎么考核、考核结果如何，地方政府往往不公开、不公布，这就不利于群众有效监督。所以在一些项目上马时，即使已经作过环评，周边群众由于不知情，容易产生邻避效应。群体性事件的增多影响了政府的公信力，从而形成恶性循环。同时，由于缺乏相应的制度设计，一些非政府的环保组织不能有效发挥应有的作用。非政府组织发育不够成熟，受资金、参与能力的影响，不能在生态文明建设中很好发挥组织作用。

二、完善生态文明制度建设的路径

党的十八届三中全会作出了《全面深化改革若干重大问题的决定》，在生态文明制度建设上也提出了具体的措施：健全自然资源资产产权制度和用途管制制度；划定生态保护红线；实行资源有偿使用制度和生态补偿制度；改革生态环境保护管理体制。这就从战略上为我国生态文明制度建设描绘了宏伟蓝图，未来我国加强生态文明制度建设，需着力从完善行政体制建设，完善生态环境产权制度，完善监督和参与机制三个方面出发，形成经济发展与资源环境保护的良性互动关系，真正走向可持续发展。

（一）完善生态文明行政体制建设

我国的生态文明建设是政府主导推动的，如果不整合行政制度，那么很难保证生态文明建设的成效。完善生态文明行政体制建设，应从以下几个方面着手：

第一，建立科学的生态文明考评制度。科学的生态文明考评制度主要是确立科学的干部政绩考核指标体系，主要在不同的行业、不同的区域建立各有侧重和各具特色的考核评价标准，从而逐步建立绿色 GDP 为导向的领导干部政绩考核制度。对于领导干部政绩考核要将生态文明建设纳入其中，加强领导干部在节约资源、生态环保方面的工作绩效，并将这个指标体系与干部任免和奖惩结合起来，实行生态文明建设情况与财政支持结合起来，使各个地方政府逐步重视和执行生态文明建设。对不重视生态文明建设的地区和领导干部，还要实行问责制度，可以考虑实行一票否决制度。只有在强大的制度约束下，生态文明建设才能逐步改变过去被轻视的地位，渐渐受到重视。日前，国家已经开始在政绩考核方面作出调整部署，中组部日前发出《关于改进地方党政领导班子和领导干部政绩考核工作的通知》，强调要根据不同地区、不同层级领导班子和领导干部的职责要求，设置各有侧重、各有特色的考核指标，把有质量、有效益、可持续的经济发展和民生改善、社会和谐进步、文化建设、生态文明建设、党的建设等作为考核评价的重要内容。强化约束性指标考核，加大资源消耗、环境保护、消化产能过剩、安全生产等指标的权重。这将极大促进科学考评机制的建立。

绩效考核评价政策体系是主体功能区政策体系中的重要组成部分。做好绩效考评政策制定工作，对促进各级领导干部树立正确的政绩观，落实主体功能区战略具有重要意义。为促进落实主体功能区战略，2010 年年底，国务院印发了《全国主体功能区规划》，各省（自治区、直辖市）的主体功能区规划近年陆续发布实施。党的十八大提出"加快实施主体功能区战略，推动各地区严格按照主体功能定位发展"，十八届三中全会进一步强调要坚定不移实施主体功能区制度。

广西壮族自治区结合国家相关要求和区情，在绩效考评体制机制改革方面进行了探索和尝试，改变了以往"一刀切"的考核方法，将74个县（市）分为重点开发区域、农产品主产区、重点生态功能区三类进行评比，按照发展目标和功能定位设置了对应的指标和权重。三种不同类型的主体功能区，均可从"经济发展"、"社会事业"、"人民生活"和"资源环境"四个方面进行考核评价。

同时，由于重点开发区域、农产品主产区和重点生态功能区的发展目标和功能定位不同，分类设置绩效评价指标。依托基本框架，分别建立三类主体功能区发展绩效考核评价指标。每类主体功能区的评价指标体系均由共性指标和特性指标构成。共性指标是三类主体功能区均要考核的内容，强化各县（区、市）提供公共服务、加强科学管理、增强可持续发展能力等方面的评价内容。此外，根据三类主体功能区功能定位差异，兼顾广西地域特色和发展阶段，分别设计能体现不同类型主体功能区的资源禀赋、经济发展和社会发展水平差异，以及各主体功能区可持续发展导向的特性指标。

一是重点开发区域。实行工业化城镇化水平优先的绩效评价，综合评价经济增长、吸纳人口、质量效益、产业结构、资源消耗、环境保护以及外来人口公共服务覆盖面等。通过评价考核，引导地区充分挖掘工业化、城镇化开发潜力，夯实基础设施，改善投资创业环境，促进产业集群发展。

二是农产品主产区。限制开发的农产品主产区实行农业发展优先的绩效评价，强化对农产品保障能力的评价，弱化对工业化城镇化等相关经济指标的评价，主要考核农业综合生产能力、农民收入、新农村建设、公共服务等指标。通过评价考核，促进农业发展优先，因地制宜地发展资源环境可承载的特色产业，逐步成为提供农产品的重要产区，以达到保护生态环境的目的。

三是重点生态功能区。实行生态保护优先的绩效评价，强化对提供生态产品能力的评价，弱化对工业化城镇化等相关经济指标的评价，主要考核大气和水体质量、水土流失和石漠化治理率、森林覆盖率、生物多样性、公共服务等指标，不考核地区生产总值、工业等指标。通过评价考核，促进生态保护优先，因地制宜地发展资源环境可承载的特色产业，提供生态产品，以达到保护生态环境的目的。

广西构建主体功能区发展绩效考核评价的探索，为促进我国尽快建立符合主体功能区规划要求的绩效评价体系提供了宝贵经验。其他地区可参考这一考核模式建立基于主体功能区的考核指标体系。

一是整合现有考核评价体系。当前迫切需要建立健全符合主体功能区规划要求的绩效评价体系，将这一任务纳入体制机制改革的重点工作范畴，统筹推进本地区各类考核评价体系的整合，充分运用现有考核评价资源能力，改变目前考核评价体系复杂繁多、重复测评等现状。

二是实施差异考核模式。将差异化考核和差别化管理的理念贯彻到考核评价体系之中，在指标设定上取消"一刀切"的方式，针对不同的主体功能区，既设置共性指标又设置差异性指标，在指标权重上体现差异，既松绑又加压，科学设定不同类型主体功能区评价项目和评价内容，既体现考评的指标重点，又立足实际探索具有地方特色、体现发展阶段的考评内容，以差异化的考核破解发展的不平衡，发挥考核评价的导向作用，引导各地在区域发展格局中科学定位，发挥比较优势。如对重点开发区增加经济发展、社会事业、人民生活等指标权重，对限制开发区增加资源指标权重。此外，在设置指标时充分考虑数据的可得性，注重指标数据采集的可行性、运用的可比性、来源的客观性，控制考核指标数量，避免数据的重复性，充分利用现有正式统计数据，避免过多引入定性指标，使各项指标便于量化，易于测算，同时能够在规定的时间内取得各地完整数据，相关部门能对引用数据进行有效的审核把关。

三是完善指标监测分析体系。结合主体功能区绩效考核评价体系的推行情况和本地区统计监测体系建设现状，不断完善评价指标监测分析体系的建设，可由统计部门牵头组织协调有关部门、单位和县（市、区）政府完善考核评价指标统计报表制度，并将考核评价指标的统计调查任务纳入日常统计工作中，保障评价数据可得性。

四是推进考评信息系统建设。差异化绩效考核要求对信息的把握更全面、更准确。为此，相关地区可结合绩效考核推进情况，建立完善的信息系统。逐步整合本地区现有的相关管理信息资源，实现信息共享，高效利用。创新体制、机制，依托和整合各级政府、部门之间的协调联系、重大项目推进以及日常信息台账等制度和平台，适时汇集多种信息，为差异化绩效考核评价奠定基础。

五是健全结果应用机制。强化"以评促建，以用保评"的原则，建立尊重考核评价成果的工作制度，防止考核评价和运用脱节。通过实施主体功能区发展绩效考核评价，为不同类型的县（区、市）经济社会发展和生态环境保护提供指导，促进实现差异化发展、特色化发展、优势化发展。同时，把"考事"和"考人"相结合，把考核结果与对领导班子和领导干部政绩综合考核评价以及公务员业绩考核结合起来，为干部政绩考核提供事前诊断和指导，充分调动各级干部"争先创优"的积极性和创造性。

六是不断创新考核机制和方式。努力推进考核机制创新，实现考核"三结合"：把年终考核与平时考核结合起来，把定量考核与定性考核结合起来，把政府考核与各界参与结合起来。建立多元化的考核评估方式，适时引入第三方评估方式。充分体现公众参与，重视考核的机制、过程和结果的公开，接受媒体及群众的监督。建立适当的考核申诉及监察机制，从而尽量消除考核过程的人为影响，保证考核过程的公开、透明、公正。适时引入第三方独立机构参与绩效考核，保障群众的知情权、参与权、表达权、监督权。

第二，各级政府要建立综合性的决策机制。一是多方参与的政策制定机制。各级政府在制定宏观经济政策时，要有资源、环保、生态部门和其他有关部门共同参与，确保各个层次的经济发展总体战略、规划和政策充分考虑生态环境因素。二是让环境影响评价进入综合决策。规范环境影响评价的内容和程序，完善环境影响评价制度，增强环境影响评估的权威性。保证环境评价单位在环境影响评价中的独立性，确保环境影响评价机构不受非技术因素的干扰。三是建立生态优先的权衡机制。当经济发展与生态环境建设相冲突的时候，要坚持生态环保的优先地位，让经济发展服从于生态环境建设。

第三，健全生态环境保护责任追究制度。健全生态环境保护责任追究制度是克服政府决策只重眼前利益忽视长远利益的重要手段。中共中央总书记习近平在主持中共中央政治局第六次集体学习时指出，要牢固树立生态红线的观念，"要建立责任追究制度，对那些不顾生态环境盲目决策、造成严重后果的人，必须追究其责任，而且应该终身追究"。总书记的这段讲话只是为我们描绘了责任追究制度的轮廓，但仍留有一些具体问题值得我们研究，比如生态红线如何划分，怎么追究责任。后者还包括如下问题：环境责任追究制度的对象范围是什么，最主要对象是哪些群体；"不顾生态环境盲目决策"包括哪些具体情形；"造成严重后果"的判断标准是什么；"终身追究"包括哪些情形；责任追究的程序怎么设计等方面。

为更好地解决这些问题，未来我们应当明确生态环境保护的责任主体。按照生态环境保护权责相统一原则，将生态环境保护责任落实到承担领导和管理责任的政府部门及其官员，承担保护责任的企事业单位和公民个人等。明确承担生态环境保护的责任形式，构建包括政治责任、民事责任、行政责任和刑事责任在内的严密责任体系，让对生态环境造成损害的责任主体承担不利的后果。建立严格的生态环境保护责任追究机制，建立完备的责任台账制度、重大生态环境保护事故责任追踪溯源制度和危险废物污染责任终身追究制度。建立健全包括行政监察部门、司法机关和社会舆论等多点发力的生态环境保护责任追究启动机制，切实将生态环境保护责任追究制度落到实处。

第四，健全环境损害赔偿制度。党的十八大报告明确提出，要加强环境监管，健全生态环境保护责任追究制度和环境损害赔偿制度。十八届三中全会也提出，坚持使用资源付费和谁污染环境、谁破坏生态谁付费原则。以往由于我国环境损害赔偿制度不健全，受害人往往得不到及时、应有的经济赔偿，环境权益得不到保障。健全环境损害赔偿制度，将公众的环境诉求纳入制度化、法制化渠道予以保障，有利于维护环境公平正义，保护公众环境权益，维护社会和谐稳定，保护自然生态环境。健全环境损害赔偿制度，目前最重要的是解决理论问题，具体包括环境赔偿的根本目的、环境损害的界定、赔偿原则、赔偿范围、免赔条件、追溯时限等一些基本理论。此外要建立因果关系的确认、举证责任、赔偿程序、赔偿数额的计算等基本的政策、标准、规范；对无法确定环境侵权人的环境损害如何赔偿、损害后果超过环境侵权人赔偿能力时如何赔偿等无法回避的现实问题制定出能引起共识的操作依据。现在我国环境公共利益损失的索赔还缺乏明确的法律支撑，生态环境服务功能损失以及应急和修复等相关费用尚未纳入赔偿范围。这使得近年来我国发生了一系列重大环境污染事故，如松花江污染事故、大连海岸油污染事故、福建汀江污染事件、广西龙江镉污染事件等，至今均未被追究环境公共利益的损失赔偿。美国的《超级基金法》可以为我们解决这一问题提供借鉴。该法一是严格明确了污染者必须承担污染治理全部费用的责任；二是规定企业经营者及产权拥有者的环境责任将是一种终身责任；三是要求在污染企业发展中所有的曾经获益者，都必须承担共同的连带责任。该法实施后，不仅有一批污染企业倒闭破产，还有一批银行、保险公司因环境损害赔偿而倒闭破产，从而大大强化了法律制度的权威，提高了人们的环境责任意识。

（二）建立和完善生态环境产权制度

建立适应生态文明要求的产权制度，是建设生态文明的关键。党的十八届三中全会提出要对水流、森林、山岭、草原、荒地、滩涂等自然生态空间进行统一确权登记，形成归属清晰、权责明确、监管有效的自然资源资产产权制度。未来我国要完善环境产权制度需着力做以下四个方面的工作。

第一，要建立和完善排污权、碳排放权、节能量交易市场，明晰产权，充分发挥市场在生态文明建设中的作用。市场是商品经济的运行载体和现实表现，也是价值规律发生作用的实现形式，价值规律通过价格、供求、竞争等作用形式转化为经济活动的内在机制。市场机制以价格调节、供求调节、竞争调节等方式，对社会生产、分配、交换、消费的全过程进行自动调节。政府应当将生态文明的理念利用市场机制融入到社会生产、分配、交换、消费的全过程。在污染物排放方面，国家应当尽快建立完善排污权交易制度。

排污权交易（pollution rights trading）是指在一定区域内，在污染物排放总量不超过允许排放量的前提下，内部各污染源之间通过货币交换的方式相互调剂排污量，从而达到减少排污量、保护环境的目的。它的主要思想就是建立合法的污染物排放权利即排污权，并允许这种权利像商品那样被买入和卖出，以此来进行污染物的排放控制。排污权交易作为以市场为基础的经济制度安排，对企业的经济激励在于：排污权的卖出方由于超量减排而使排污权剩余，之后通过出售剩余排污权获得经济回报，这实质上是市场对企业环保行为的补偿。买方由于新增排污权不得不付出代价，其支出的费用实质上是环境污染的代价。可以说排污权交易制度不失为实行总量控制的有效手段。各地区、各主体要因地制宜、量体裁衣，依据其自然资源、产业结构和经济发展状况合理地分配排污指标。明确排污权交易制度的法律地位至关重要，由此才能更好地完善相关制度并修订相关法律法规；各地方政府要自觉转变自身职能，注重排污权交易监管。在节能减排方面，实现经济可持续发展的关键是节能减排，而不断完善制度建设则是节能减排的首要任务。要通过借鉴国外成熟的做法，建立完善的碳排放交易市场；加快国内碳排放市场与国际接轨步伐，建立国际化碳交易所；积极发展和改善碳金融市场。

第二，建立绿色税制体系，适时开征环境税。逐步认识环保费与环境税的关系，适时在某些行业开征环境税作为试点。对一些重点污染的源头，如废气、废水、废渣、工业垃圾等污染物和温室气体实行征税，随着环保认识的逐步深化，在条件成熟时扩大征税范围并向全国推广。同时，以开征环境税为契机，建立绿色税制体系。

第三，完善生态补偿机制。加快生态补偿立法进程，逐步完善相关利益主体间的权利、义务和保障措施；加大中央财政的转移支付，对于生态保护做得好和较好地完成了国家生态环境保护目标的地区要通过财政转移支付进行奖励，同时，经济发展要求各地区实现资源互补，这就要求建立起能源输入地对输出地的横向财政转移支付；多渠道争取生态补偿资金，建立横向和纵向互补的生态补偿机制。

第四，建立统一的国家自然资源管理监测体系。目前，我国在具体行业领域的自然资源监测已经具备一定规模和水平，为建立统一的自然资源监测体系奠定了基础。同时，已经完成了多级基础地理信息数据的全覆盖，并逐步实现了周期性更新。当前正在形成海陆空天地一体化的高精度、网络化、实时化地理信息获取及处理能力。国土部、环保部、林业部、水利部、农业部、海洋局等部委对本行业相关自然资源都有专业的监测队伍和一定的监测能力。

立足于已有基础，着眼于解决问题，有必要对全国自然资源进行统一的监测，主要是：一是查清"资源"的数量、类别、性质、空间分布情况，搞清"有什么，在哪里"；二是在此基础上进行资产评估，算清"有多少，值多少"；三是通过确权登记，分清"谁所有，谁管理"；四是对于"资产"变化情况进行定期或动态的监测，查明"怎么样，变多少"。下一步应着力做好以下几方面的工作：

第一，建立健全自然资源监管制度。建立和完善自然资源调查、登记、管理和监测相关制度，根据登记权、管理权与监督权分开的原则，划定相关部门职能，规范自然资源的统一综合化管理，明确规定自然资源监管的责任主体、监管职责及分工、监管程序等。

第二，设立统一的自然资源监管机构。自然资源监管需要"大体制"，建议在国家层面成立自然资源监管委员会，负责组织、协调和处置自然资源监管重大事务，对自然资源实行统一监测和管理。

第三，在自然资源监管委员会下设自然资源监测中心。鉴于国家测绘地理信息局的职能不涉及任何与自然资源开发利用直接相关的职能和利益关系，并拥有较为完备的技术、业务体系，为避免重复投资和重复建设，提高财政资金使用效率，提高自然资源监测的公信度，建议以国家测绘地理信息局的现有自然资源监测数据为基础，整合分散在各部委的资源调查数据，建立覆盖全国、类别齐全、高精度、高安全性的自然资源数据库；同时以测绘地理信息部门已经形成的监测体系为基础，充分利用分散在国土部、环保部、林业部、水利部、农业部、海洋局等各部委的监测力量，形成部门间合作机制，建立统一的自然资源监测技术规范和标准，采用从实地调查到航天航空遥感在内的多种监测工具和手段，构建统一的自然资源监测网，形成全覆盖的自然资源动态监测体系。

第四，明确自然资源监测体系的监测对象。该体系的监测对象是"大资源"，应涵盖国境内全部自然资源，包括地表（自然生态空间、土壤及水体质量等），地下（矿产资源、地下水资源等），空中（大气质量），海洋等。应对监测对象进行统一的分类分级，在此基础上明确相应的监测分工。建成后的自然资源监测体系应当既能提供某个时间点上国家自然资源分布"海陆空天地全景图"，也能提供某个时间段内各类自然资源的"变化趋势图"，并能对自然资源的未来变化进行一定范围内的预测。

（三）完善生态文明建设监督和参与机制

结合我国国情，要在现有的制度框架内不断完善各种监督机构的功能，疏通监督渠道，建立具有中国特色生态文明建设监督机制。首先要加强人大监督，人大能够给政府以建议和意见，要求政府根据地方实际修改和完善地方生态建设的政策性法规，这有助于在生态文明建设过程中更好地发现和解决问题，在生态文明制度建设中起到一定的监督作用，在落实的过程中具有法律强制性。其次，要加强司法监督，通过现代化的传媒手段，着力宣传环境法治文化，让企业和社会公众有明确的环保意识，根据相关法律规定和"环境影响评价制度"，对破坏环境的违法行为实行问责。此外，要完善我国的环境公益诉讼制度，真正发挥司法在生态文明中的效用。再次，要强化社会监督，积极吸引公众广泛参与到生态文明建设中，让他们明确自身的责任感和使命感，通过新媒体合理有效地监督政府有关部门在环境生态保护中依法行政。

在完善参与机制方面，首先政府应当扩大环境信息公开范围，保障公众的环境知情权、表达权、参与权和监督权。其次，要建立公众表达环境利益诉求的平台和渠道，让公众监督、舆论监督成为规范政府、企业和个人环境行为的重要手段。最后，政府应当引导社会组织包括登记或未登记的社团、民办非企业单位、基金会、社区社会组织等在生态文明建设中发挥作用。要增强对环保社会组织的政治信任，促进社会组织提升自身的管理能力和参与能力，最大程度上、最广泛地调动人民参与生态文明建设的积极性。

生态治理体系中的制度比较研究[*]

贺东航[**]

生态危机与环境灾难所导致的生态治理危机，是任何现代国家必须直面的严肃问题。改革开放以来持续、快速的经济增长依赖的是高投入、低效率的粗放型发展模式，因而带来了环境的巨大压力和生态的明显恶化。生态治理的重要性愈发显现，成为关系社会民生的攻坚任务，也成为各级政府不可推卸的治理责任。从"绿色发展"被明确写入"十二五"规划，到"生态文明"理念的全面阐述，并与经济、政治、文化、社会一并成为五大建设主题，十八届四中全会在依法治国的框架下提出"生态环境法治建设"，生态治理政策的演化和推进表明了政府对生态治理重要性的尊重和维护，也凸显出政府在生态治理具体理念和方式上的探索和实践。在目前全球范围内的生态治理实践中，一般而言存在两种可供选择的治理模式，一是民主主义的，二是统合主义的。两种模式在生态治理中各有优劣势，尤其是自由民主在面对生态议题时因其先天的局限性而力有不逮，使得我们有必要重新客观认识生态治理中的不同制度安排。

---

[*] 本文为国家社科基金重大委托项目《中西方政治制度比较研究》（项目编号：12@ZH003）的阶段性成果。本文原载于《马克思主义与现实》，2014 年第 3 期。此次再发表时有适度增补和修改。

[**] 贺东航，华中师范大学政治学研究院教授。

一、自由民主模式在生态治理中的优势与困境

民主模式安排下的生态治理有着其制度优势,这些制度优势主要体现在以下几个方面。

第一,民主模式下高度发育的公民社会使生态治理有着多元的推动力量。 公民社会与民主政治是一对孪生子。"公民社会是指围绕共同利益、目标和价值的非强制的行动团体"①,公民社会既能表明社会与国家的适当分离状态,又能说明公民对社会政治生活的参与和对国家权力的监督、制约,以保持社会良序发展所必备的公民精神。公民社会为民主制度的运行提供了中坚力量,更能对国家权力实行有效制约,为实现宪政和法治奠定牢固的社会基础。内含于公民社会之中的环保组织能够高效率地实现社会的环境保护动员,直接促进社会的环保意识和环保事业的发展。以美国为例,在环境问题刚刚成为公众话题的20世纪90年代,美国各种各样的非政府环境保护组织已经达到1万多个,有研究认为,美国环境保护组织在环境保护具体事务上起到的作用超越了政府和企业,是环境保护运动的"发动机"②。环境保护主义裹挟着庞大的社会支持率,通过对国会、州议会及行政机构的游说来影响政府的环保政策,成为推动生态治理的关键性力量。③

第二,民主模式下的法制制度保证了生态治理的正义性与连贯性。 民主模式的基石之一就是对法制的尊重。通过法律手段来引导和治理社会,是民主政治的基本要义。事实上,目前较为成功的民主模式基本建立了较为完备的生态治理法律体系。例如美国的联邦环境法律体系从1899年的《河流和港

---

① 来源于伦敦政治经济学院公民社会研究中心对"公民社会"的界定,他们还指出了公民社会所表现出的具体形态:慈善机构、非政府组织、社区组织、妇女组织、宗教团体、专业协会、工会、自助组织、社会运动团体、商业协会、联盟等。What is Civil Society? Centre for Civil Society, London School of Economics, 2004 – 3 – 1。

② Ellis C. Armstrong, Michael Robinson and Suellen Hoy (eds.), *History of Public Works in the United Stated, 1776 – 1976*, Chicago, 1976.

③ 罗健博:《发展、治理与平衡》,复旦大学博士学位论文,2008年,第97页。

口法》到《清洁空气法》、《清洁水法》等等一系列的法律，构成了世界上最为完备的环境保护法律体系，特别是美国的《国家环境政策法》，和《美国宪法》一样是一部保持了长期稳定的法律①。长期稳定的法律建设，赋予了生态治理的正义性，保证了国家生态治理的连贯性。

第三，民主模式下对个人权利的保护使生态治理迅速上升为社会公共议题。民主政体的渊源在于社会契约论，政府是个人权利让渡的产物，是不得不要的恶。民主政府对个人权利的尊重与保护是民主政体区别于其他政体的重要特征之一。伴随着环境问题越来越成为影响公民个人的重要因素，环境权从个人权利束中被分离出来，同自由、平等一样，成为个人权利的重要标签之一②。当生态保护成为保护个人最重要的权利时，生态治理就会成为热议的社会公共话题。选举政府对选票的敏感性决定了政府会把民众最关心的话题纳入政府治理的目标之中③。

不过，人类日益面临着新出现的各种生态危机，如能源、环保、气候变化等生态危机。自由民主制度在应对这些危机的制度回应性和绩效性上存在着力有不逮之处，表现为：

第一，民主模式下的政策"短期行动"。在民选体制下，政府为了满足选民的诉求，一般政策的制定倾向于短视的民众。对长远的战略决策缺乏认识的民众，也不支持政府出台某些战略性政策。执政的领导人，制定的一切计划都围绕着下一次的选举展开。为了胜选，政党在制定战略性政策上软弱无

---

① 王曦：《论美国〈国家环境政策法〉对完善我国环境法制的启示》，载《现代法学》，2009年第4期，第177—186页。该文章认为，美国的《国家环境政策法》之所以保持了长期稳定，得益于其国家环境目标设计的前瞻性：体现了国际社会到1987年才正式提出、到1992年才得到公认的"可持续发展"的思想。美国提出这个国家环境政策的时间是1969年，比国际社会提出类似的思想早了18年。

② 张力刚、沈晓蕾：《公民环境权的宪法学考察》，载《政治与法律》，2002年第1期，第29—34页。

③ 熊彼特：《资本主义、社会主义与民主》，吴良健译，商务印书馆1999年版，第395—396页。熊彼特认为："民主就是为作出政治决定而实行的制度安排，在这种安排中，某些人通过争取人民的选票取得作决定的权力"，即选举政府有着选票冲动。也有研究台湾的学者将这种民主方式称之为"选票民主"。另见王茹：《台湾建构公民社会的"协商民主"之实践状况——以"选票民主"的反思为背景》，载《台湾研究集刊》，2008年第1期，第1—8页。

力，往往制定一些能够给选民带来暂时好处的"民粹化"政策，如环保议题，但最后只是流于选举时的激情承诺，从未将其落实为公共政策。而事实上，环境保护很大程度上依赖于那些关注于捍卫长期性一般利益而不是短期性特定利益的公共利益倡导者，这尤其需要关注公共福祉与利益的社会审议和决策，而不是自我私利者着眼于个体福利与利益的政治谈判①，因而选举政治往往"导致环境政策上的'短期主义'，并被政党和政治领导人的短见所加剧——他们往往依据短暂的选举周期而不是长期的生态稳定需要采取行动"②。

在生态治理中，要注重社会、经济、文化、资源、环境、生活等各方面的可持续发展问题，要求这些方面的各项指标组成的向量的变化呈现单调增态势（强可持续性发展），即既满足当代人的需要，又不损害后代的发展能力。而在民主主义政治过程中，立法周期很短，往往回避了有长远利益的政策，不容易进行长远的发展战略规划，短视行为与短期主义政策频出。因此，需要我们寻找到一种建立在责任伦理基础上的新的制度安排，更加注重"代际正义"，充分关注子孙后代的福祉，并在发展主义与生态主义之间寻找张力的平衡。

第二，自由民主制度在全球合作中的困境。随着全球化进程的展开，国家间的交流越来越频繁，国家间的联系也越来越紧密，全球一体化的趋势日益明显。在这样的背景下，生态危机与环境污染所造成的影响将不再限制在传统民族国家的疆界之内，而会迅速波及其他国家甚至全世界，如全球气候变暖等问题。但由于民主国家基于国内的选票压力，往往对外不愿意承担过多的国际义务和责任，美国单方面退出《京都议定书》就表明了这一点。此外，民主国家在签署国际协约时，通常还要经议院表决或国内全民公投等程序，持续时间长，且大大降低了达成国际承诺的概率。反之，威权主义国家的制度回应性与绩效性就较强，且因不存在与国内各势力（反对党、各类NGO组织）进行反反复复的博弈，威权主义国家一旦对生态议题进行国际承

---

① 罗宾·艾克斯利：《绿色国家：重思民主与主权》，郇庆治译，山东大学出版社2012年版，第82—83页。

② 罗宾·艾克斯利：《绿色国家：重思民主与主权》，郇庆治译，山东大学出版社2012年版，第84页。

诺后，往往就会承担起国际责任，其国家的生态政策表现为严肃性和一致性。

第三，自由民主制度与生态危机的整合能力。当生态危机直接冲击时，社会力量需要进行高效的统合，包括动员社会成员、快速实现对环保议题的整合、创建共同的事业。由于生态环境治理活动所面对的是难以分割的公共资源，这决定了治理活动必然是一种集体行动，但民主制度下往往强调"强社会、弱国家"模式，国家的社会整合能力不强。可见，在生态理念与自由民主制度安排之间，存在着一定的不相融性与紧张关系。

二、生态治理的统合主义模式：中国的表达

面对生态环境灾难，人们日益感觉到生态对日常生活的巨大影响，严重的环境污染与生态危机事件成为当前社会的突出表征。人类应该思考多种治理模式来重新构建和谐的人与自然的友好关系。在应对生态危机与治理中，另有一类制度绩效进入人们的视野，本文把这类制度称为生态治理的统合主义模式。

生态治理的统合主义可以看作是通过国家力量（或政党）来推动的生态治理过程，这一过程强调国家在生态治理过程中的主导作用，对社会组织有着高度整合能力、对民众有着高度动员力。同时，实行政党对军队的绝对领导。这些基本的政治体制保证了在生态危机处理中实现既有统一领导，又能有效沟通与协调的多方协作治理。[①]

生态治理的背后涉及政治体制因素和公共管理体制因素，像中国这类政治体制（统合主义模式）的国家在生态治理中所展现的绩效如何？其有关机理是什么？有关制度局限性何在，如何克服？下面我们来分别讨论。

（一）生态理念所标记的治道变革

在中国，执政党的基本路线直接决定着整个社会的发展方向，其生态意

---

① 彭宗超：《应急管理的中国经验》，未刊稿。

识的觉醒和治理思路的转变直接影响着我国发展的战略导向。笔者认为执政党的生态理念演变可以分为三个阶段：

第一阶段是 1979 年至 1985 年。这一阶段生态议题尚处在政策的边缘。当时中国刚进入改革开放初期，执政党在十二大报告上宣示"坚决保护各种农业资源、保持生态平衡"①；1985 年，执政党在十二届四中全会《关于制定国民经济和社会发展第七个五年计划的建议（草案）》中提出："加速植树造林，搞好水土保持，改善农业生态环境。"在这一阶段当中，生态议题并不是社会发展策略的主要部分，而是侧重于将生态问题放置在与农业发展紧密相关的层面上。在改革开放初期，工业经济尚在起步当中，农业经济是重中之重，因而从农业角度来阐释生态、表明生态议题尚处在政策的边缘。

第二阶段是 1987 年至 1997 年。在执政党的十三大报告中，开始把经济建设与生态环境结合起来，强调经济效益与环境效益的平衡。"在推进经济建设的同时，要大力保护和合理利用各种自然资源，努力开展对环境污染的综合治理，加强生态环境的保护，把经济效益、社会效益和环境效益很好地结合起来。"② 1990 年十三届七中全会《关于制定国民经济和社会发展十年规划和"八五"计划的建议》中强调，"环境保护是一项基本国策"，要"实行经济建设、城乡建设、环境建设同步规划、同步实施、同步发展的方针，使环境保护与国民经济和社会发展相协调"。这是第一次以党中央的文件正式宣示要把环境保护作为基本国策。③ 1995 年，执政党在十四届五中全会报告上进一步提出："要把控制人口、节约资源、保护环境放到重要位置。"④ 之后于 1997 年召开的十五大更是将实现可持续发展作为一个重大战略。这一阶段中，执政党逐渐意识到经济增长与环境保护之间的辩证关系，开始将生态议题提

---

① 《十一届三中全会以来重要文献选读》（上），人民出版社 1987 年版，第 477 页。

② 《十三大以来重要文献选编》（上），人民出版社 1991 年版，第 25 页。

③ 第一次提出"将环境保护确定为基本国策"的是 1983 年的第二次全国环保会议，但以党中央的文件正式宣示则是在 1990 年，参见《十三大以来重要文献选编》（中），人民出版社 1991 年版，第 1402 页。

④ 《十四大以来重要文献选编》（中），人民出版社 1997 年版，第 1463 页。

高至一个相当高的地位。

第三阶段是党的十六大之后。这一阶段，随着中国经济的高速发展，环境突发事故的日益增多，经济发展引发的生态危机与资源匮乏、社会领域的环境群体性事件、旱涝交替的农业生产环境，导致中国进入了"风险社会"，加上全球性的气候变化，执政党从"GDP迷思"中跳脱出来，迈向一个崭新的治道方向。生态议题也因此逐渐由过去边缘的政策议题转变为核心的政策议题。2002年，执政党在十六大报告中指出："生态环境、自然资源和经济社会发展的矛盾日益突出"[①]，强调要"促进人与自然的和谐，推动整个社会走上生产发展、生活富裕、生态良好的文明发展道路"。2003年十六届三中全会提出了"五个统筹"理念，第一次将"统筹人与自然和谐发展"的"科学发展观"视为全面建设小康社会的强有力体制保障之一，"科学发展观"的提出是生态议题进入政策核心的重要标志。[②] 十七大提出"生态文明建设"理念，将生态议题提高到制度建设的层面，并将其与经济文明、精神文明、社会文明放在同等的高度，并将这种理念落实为现实策略。[③] 十八大提出建设"美丽中国"[④]，这成为一个全新的、含义丰富的执政理念。我们可以看出，生态议题在日渐跃升为整体发展策略的重点。将生态主义思维引入执政理念，是经过一场全面的"社会学习过程"与"心理革命""头脑风暴"来实现的，在这一过程中，中国共产党作为一个"学习型"政党灵活地与时俱进。

中国共产党的官方文本用语的演变表明，执政党逐渐认识到人与自然关系的重要性，从凌驾于自然之上变为与自然和谐相处，生态文明逐步成为执政党的高级执政理念。执政党生态意识的觉醒直接决定着整个社会的发展方向，其治理思路的转变也直接影响着中国发展的战略导向。

---

① 《十六大以来重要文献选编》（上），中央文献出版社2005年版，第14页。
② 《十六大以来党和国家重要文献选编》（上一），人民出版社2005年版，第563页。
③ 胡锦涛：《高举中国特色社会主义伟大旗帜，为夺取全面建设小康社会新胜利而奋斗——在中国共产党第十七次全国代表大会上的报告》，人民出版社2007年版，第20页。
④ 胡锦涛：《坚定不移沿着中国特色社会主义道路前进为全面建成小康社会而奋斗——在中国共产党第十八次全国代表大会上的报告》，人民出版社2012年版，第39页。

（二）生态统合主义下的政策窗口的快速开启与政策执行的高位推动

前面梳理了执政党生态理念转变的轨迹，为了更好地分析统合主义下的生态政策是如何被强有力执行的，接下来，我们从统合主义体制下的政策窗口是如何快速开启的，"党的领导小组"是如何运用"高位推动"机制的，来分析生态治理是如何响应、执行和反馈的。

按照约翰·金登提出的议程设置的多源流分析理论，最后落实为公共政策的许多公共问题，之所以能够进入"政策窗口"（政策窗口是政策建议的倡导者提出其最得意的解决办法的机会，或者是他们促使其特殊问题受到关注的机会①），是由"问题溪流"（如社会公共问题的"量化指标"与危机事件的发生）、"政策溪流"（如制定备选方案和政策建议）以及"政治溪流"（如国民情绪、政府的变更、行政机构的人事调整等）三大源流共同作用的结果。就我国公共政策过程本身来理解，由于威权主义政治制度的优势，在中国场域下的"政治溪流"往往是一股很强大的溪流，从而导致公共政策的"窗口"迅速开启。

政策启动后的下一步就是关键的执行问题，而一项重大的生态政策往往具有生态、社会、政治、经济等方面的多属性，承载了多项任务，其成功"落地"要取决于横向上的高位推动和各部门配套政策的出台。但由于条条块块的存在，往往会出现多属性治理的"孤岛现象"。"孤岛现象"是指政府机构间在职能、资源、信息、利益等方面不能满足多元组织主体充分整合、及时交流、高效利用的一种状态。政府相关部门在执行公共政策时常常面临一个部门的目标与其他部门的目标不一致，在执行中出现一个组织在执行某个项目时不愿意与其他组织合作，出现公共政策执行中的合作困境。如何整合各部门，克服单一部门执行的限度而达至合力？这时，一般是启动"中共工

---

① 约翰·W.金登：《议程、备选方案与公共政策》，丁煌、方兴译，中国人民大学出版社2004年版，第52页。

作领导小组"的机制,它在实践中被证明是非常有效的。这种"工作小组"属于任务性小组的编组,一般是为了推动某项重大公共政策而设立。从中国的实践经验来看,这类"中国特色"的"领导小组"在解决公共政策执行中的多属性难题中发挥了重要作用。由于党的行政担当机构的负责人相较于行政机构的负责人,其级别均较高,显示了中国执政党是生态治理政策目标的创制者、决策者、执行者与监督者,以"高位推动"的姿态宣示党的"在场"。①

(三) 统合主义下的国家能力与全民动员

以 2008 年汶川地震后,国家迅速启动了灾区河流治理与生态修复政策为例,当时地震引发的滑坡造成了涪江、嘉陵江、石亭江、清水江、红河、沙金河、茶坪河、绵远河、岷江、湔江等 33 处堰塞湖。这些堰塞湖库容从 10 万方到上亿方不等,随时有溃坝风险,时任国务院总理温家宝在灾区召开会议,决定成立唐家山堰塞湖应急疏通工程前线指挥部,执政党的中央军事委员会立即下令武警水电部队前往,将武警官兵通过直升机投送,迅速降落到唐家山等堰塞湖堤坝上,勘察地形,为在堤坝上开筑导流槽施工作准备。而在自由民主体系下的国家,因为一向对政府的作用深怀恐惧,因此一般来说比较重视强调政府权力的有限性,更重视市场手段的运用及多元社会参与。同时,在政府内部,虽然也有执政党的影子,但通常也都不突出执政党的作用。同时,对于国内事务,自由民主体制下的政府也不重视军事力量的运用。这体现在生态治理的建构方面往往首先强调市场机制运用,更多重视各类 NGO 组织的作用发挥,执政党往往不直接发挥影响力,一般通过总统或国会发挥作用,最多在幕后发挥一定的作用。军队一般也不介入国内应急事务,即便出现特别重大的生态危机事件,军队的介入也需要履行 20 多道申请程序才可以实现。②

---

① 贺东航:《公共政策执行的中国经验》,载《中国社会科学》,2011 年第 5 期,第 77 页。
② 彭宗超:《应急管理的中国经验》,未刊稿。

而统合主义下的中国实行的是执政党对军队的绝对领导制度。这些基本的政治体制在应急管理当中往往体现为坚持党的领导、政府主导、部门负责、社会协同和军队支持等具体的体制安排。这样可以在应急过程中做到既有统一领导，也有有效沟通与协调的多方协作治理，以大大提高应急的及时性、动员的有力性和救灾的有效性等，通过社会动员将社会力量整合起来，通过强制力量惩戒破坏生态契约的行为，调动各种资源投入到这场拯救生态的战役中去。另一方面，中央集权式政府体制也有能力增强对地方政府的约束力度，如在环境方面对地方政府的约束从软约束变成硬约束。

需要说明的是，中国在改革开放的过程中已经大大加强了市场的作用和社会的作用，统合主义的国家已构建了一套公民参与、理性审视、公开讨论基础上的协商制度。在政策过程上，社会也可以通过公开讨论、对话来参与生态决策和治理。

四、基本结论

生态治理与国家的互动关系是热点问题。生态治理对代议民主政治模式提出了挑战。统合主义不是与代议民主制度相对立的，而是表明在面对日益严峻的社会风险形势时，在解决人类集体行动的困境问题上，统合主义模式与民主主义模式的制度安排都有可能成为人类的备选方案，交相登上历史舞台，毕竟通过公共权威的协调或者借助人类的自愿联合都是解决集体行动困境的基本选择。但民主主义策略在兑现政治承诺、促进国际合作、承担政治责任、整合社会力量等方面存在一定的不足，而统合主义体制下也有不少问题，首先，由于权力过于集中，对生态治理的日常建设非常依赖于有关领导是否重视，领导重视，地方的生态治理才能顺利发展，反之则不然；其次，在生态治理中，有时不计成本，导致社会参与不足或存在过度治理的问题；再次，法制性水平还有待提高，要让生态治理法制化。

中国生态文明制度建设的路径分析*
——基于马克思主义生态思想的制度维度

张春华**

为全面建成小康社会，党中央将生态文明纳入中国特色社会主义事业"五位一体"的总体布局，党的十八大报告首次提出了生态文明制度建设的相关要求。这既是把生态文明理念和精髓纳入发展制度体系的必然要求，也是坚定贯彻科学发展观的体现。马克思主义的生态思想是我国生态文明建设的理论基础。基于马克思主义生态思想，反思中国微观具体生态制度缺失，中国需要从政府的生态行政制度建设、生态文明产权制度建设、生态文明监管制度建设和生态文明参与制度建设等四个方面进行生态文明制度建设。

一、马克思主义生态思想的制度维度：生态文明制度建设的理论启示

虽然马克思、恩格斯较早地认识到了生态问题，但是并没有明确提出生

---

* 本文为广东省哲学社科"十二五"规划学科共建项目（项目编号：GD12XZZ02、GD13XZZ03）研究成果。本文原载于《当代世界与社会主义》（双月刊），2013年第2期。

** 张春华，广东金融学院副教授。

态制度的观点。马克思认为："人们对自然界的狭隘的关系制约着他们之间的狭隘的关系，而他们之间的狭隘的关系又制约着他们对自然界的狭隘的关系。"①

马克思主义的生态思想可以概括为人与自然关系的社会制约论、生态危机的社会根源论和生态问题社会化解决的方法论。马克思主义生态思想是健全我国生态文明制度的基础，是中国贯彻科学发展观、加强生态文明建设的行动指南。

（一）人与自然关系的社会制约论

马克思充分揭示了人与自然的有机统一，不过他进一步认为人与自然的关系协调与控制受到人与人之间关系的影响，这是受到社会形态制约的，因而人与自然的关系只是马克思生态思想的次要方面。这就涉及社会制度问题了。马克思说："这里立即可以看出，这种自然宗教或对自然界的这种特定关系，是由社会形式决定的。"② 马克思主义生态思想的一个重要内容就是要把人与自然具体、历史的关系放在社会体制的视角下观照。从马克思的生态思想中可以看出，人与自然关系和谐的关键因素是人。经济社会发展的过程也是人类改造自然的过程，在这个过程中，我们要想实现生态文明的目标，就必须基于一定的社会关系去认识人与自然的关系，要实现自然生态的良性发展必须依赖社会进步，人类自身还要根据对未来的预见去规划和调节其行为。马克思的这一生态思想对中国生态文明制度建设的启示在于：必须把人与自然关系的和谐作为具体生态制度设计的基本价值。

（二）生态危机的社会制度根源论

马克思、恩格斯觉察到了资源、生态及人类本性会受到资本主义制度的

---

① 《马克思恩格斯全集》第3卷，人民出版社1960年版，第35页。
② 《马克思恩格斯选集》第1卷，人民出版社1995年版，第82页。

影响，因而他们将资本主义制度看作是生态危机的社会根源，并对此加以批判。马克思指出："自然力作为劳动过程的因素，只有借助机器才能占有，并且只有机器的主人才能占有。"① 他又指出，只有占有资本——尤其是机器体系上的资本——资本家才能攫取未开发的自然资源和自然力这些"无偿的生产力"。从马克思的论述中可以看出，当前的生态危机，本质上不是简单的价值观危机和科学技术的欠缺，而是以人与自然关系为中介的人与人之间利益关系的危机，实际上是资本家通过自身资本对自然的掌握和控制所带来的恶果，也就是资本与自然关系的恶化。中国实行的是社会主义制度，从这一点上来讲，基本具备了规避生态危机的基本制度前提，在此基础上，按照马克思的生态思想，中国生态文明发展滞后的根本因素是制度，如何发展与制约资本与自然的利益关系是中国生态文明制度建设的重要环节。

（三）生态问题社会化解决的方法论

马克思、恩格斯在《德意志意识形态》中说："实际上，而且对实践的唯物主义者即共产主义者来说，全部问题都在于使现存世界革命化，实际地反对并改变现存的事物……这些东西扰乱了他所假定的感性世界的一切部分的和谐，特别是人与自然界的和谐。"② 这体现了生态制度的理念。他们还进一步强调："人们会重新感觉到，而且也认识到自身和自然界的一致……但是要实行这种调节，单是依靠认识是不够的。这还需要对我们现有的生产方式，以及和这种生产方式连在一起的我们今天的整个社会制度实行完全的变革。"③ 在此，马克思想通过变革社会制度来解决自然生态问题，这就是自然生态问题的社会化解决。他认为，只有共产主义制度才能从根本上消除人与自然的对抗，走向人与自然的和谐。马克思的这一思想为中国生态文明制度建设带

---

① 马克思：《机器、自然力和科学的应用》，人民出版社1978年版，第205页。
② 《马克思恩格斯选集》第1卷，人民出版社1995年版，第75页。
③ 《马克思恩格斯全集》第24卷，人民出版社1972年版，第519页。

来的反思在于：中国需要逐步发展与完善促进可持续发展、保障生态文明成果的生态制度体系。

二、微观具体生态制度缺失：中国生态文明制度建设的现实反思

生态文明建设是全球化趋势的必然选择，是中国保持经济社会又好又快发展的必由之路。在中国生态文明制度建设中，主要问题表现为宏观发展全局中微观具体生态制度的缺失。

（一）政府生态行政制度不科学

首先，领导干部考评轻生态环保机制。科学发展观提出和实践以来，在中国当前领导干部的考核体系中，仍然存在着过分重视经济发展的现象，许多地方政府仍然没有从根本上改变过去片面追求 GDP 高速增长的发展模式，这种高投入、高消耗的粗放型经济发展方式，对环境污染较为严重，阻碍了中国建设资源友好型、环境节约型社会，制约了中国生态文明建设。更有甚者，有的地方政府过分强调地方经济的发展，制定一些违反环境保护法律法规的"土政策"、"土规定"，还有的甚至干扰和限制环境执法。

其次，行政管理职能和监管分散。第一，由于中国资源管理和环境保护隶属于不同的管理部门，生态保护职能分散在许多部门，资源、环境和生态之间又需要各部门之间通力合作，这种不合理的资源、环境和生态管理部门职能分工，造就了中国分散的管理模式，其弊端不少。第二，由于现行的绩效考评主要还是以经济为主，地方政府往往会优先考虑经济。同时，地方政府又是地方环保部门的衣食父母，掌握着它们的人事安排和财政权力，这样一来，地方环保部门的工作开展必然受制于地方政府，从而导致中央政府难以落实对地方的环境保护责任制。第三，区域、流域环境管理体制亟待改革。

中国跨区域的环境合作刚开始起步，由于地区之间的合作缺乏法制依据，也缺乏有效的议事程序和争端解决办法，致使解决跨区域环境问题困难重重，尤其体现在流域水污染防治方面。

（二）环境保护产权制度不明晰

首先，排污权、碳排放权交易制度刚起步。中国还没有真正建立起完善的排污权交易市场机制，碳排放权交易刚开始起步，在实践中存在如下问题：一是相关法律制度尚未确立，使得交易的合法性成为问题，即交易后合法的排污量难以界定。二是总量控制指标难以确定。三是指标的原始分配难以做到公平。四是排污权交易信息平台和交易市场不完善，排污权交易市场需要有成熟的买卖双方和中介机构。

其次，尚未开征专门的环境税。虽然中国税收中已经包含了与环境资源相关的税种，涉及交通燃油、供暖及加工燃料、机动车辆、自然资源、废弃物管理和污染排放等领域，但由于这些税种在制定之初并不是以环境保护为目的，各种税收之间缺乏协调性，因而并未充分发挥促进污染减排的作用。

再次，生态补偿机制不完善。由于环境产权界定不清，利益主体不明，再加上支持资金严重不足、补偿标准低且缺乏可持续性，中国生态补偿机制尚不完善。一是生态补偿主体单一，因为它的资金主要依靠政府的转移支付和专项基金两种方式，政府的转移支付还是以中央对地方的转移支付为主，还没有建立起跨行政区域的横向转移支付，除此之外，也没有其他的融资渠道。二是生态补偿是以部门为主导，由于分工不明确，众多部门权责交叉，导致了生态补偿的资金投入和项目整治上无法形成合力。三是生态补偿标准低、领域窄。四是生态补偿是以"项目工程"为主，这一方式很难保证可持续性。

最后，生态环境保护的价格体系尚未形成。一是资源性产品价格市场改革不彻底，由于中国资源产权市场化程度较低，运营也不规范，使资源无偿划拨到有偿使用的改革不到位；由于中国资源行业存在双重垄断，资源性产品很多被垄断部门所控制，而对于垄断行业的成本监管缺乏科学手段和制度性规定；过低的资源税费和环保税费，资源性产品价格没有体现资源的全部价值。二是从价格体系看，企业缺乏进行资源再生、循环利用的动力，因为中国再生资源价格高于初始资源价格，这导致了企业不会完善资源再生的相关制度，更谈不上利用了，造成极大的浪费；排污成本低于废弃物处理成本，排污设施建设周期长，且需要资金也多，因而许多企业根本不愿意真正下决心治理污染物，宁愿支付较低的违法排污成本。

（三）环境监管法律制度不完善

首先，排污收费标准偏低，对超标排污行为的惩罚过低。环境经济学原理是"排污费标准应当高于治理成本"，而中国刚好相反，其排污收费标准普遍低于治理成本。对超标排污行为中国采取的是罚款，但是数额较少。许多企业宁愿缴纳排污费，取得合法的排污权，也不愿意投资建处理设施，甚至部分企业建了处理设施也不运行。

其次，环境法规规定的行政处罚方式以罚款为主，而且数额过低。如对超标排污行为规定罚款最高限额 10 万元，对违反环评擅自开工建设行为规定罚款最高限额 20 万元，对水污染严重超标的违法行为最高罚款限额为 100 万元。对于企业而言，抢得生产时间是关键，接受这样的处罚相对于耽误生产来说，微不足道。这样较少的罚款远远低于他们给社会带来的危害，也远远低于他们通过违法获得的利益。[1]

再次，环境执法不严、监管不力。中国环境突发事件很多、环境污染严重的主要原因在于有法不依、执法不严、违法不究。为了促进地方经济发展，很多地方政府甚至甘当企业环境破坏的保护伞，使环境监管流于

---

[1] 齐树洁、郑贤宇：《环境诉讼的当事人适格问题》，载《南京师大学报（社会科学版）》，2009年第 3 期。

形式。

最后,生态文明建设监督机制不完善。中国环境监管制度不完善,使环境行政执法难以作出必要的、及时的回应。由于公众普遍缺乏对环境污染的深刻认识,他们的环境维权意识相对薄弱,这使得环境监督更为缺乏。

(四) 社会公众参与制度不健全

首先,环境与发展综合决策机制不完善。在中国经济社会发展实践中,一直以来存在着重经济轻环保的现象,经济发展方式粗放,很多地方经济的发展依靠高投入、高消耗,以牺牲资源环境为代价,经济发展与环境保护一直都是"两张皮",经济部门与环保部门相互合作与制约机制不强。在经济社会发展的决策过程中不能有效地对环境政策加以设计、执行和实施,这就无法从根本上解决重经济发展轻环境保护的矛盾,不恰当的经济政策引发了许多的环境问题。

其次,公众参与生态文明建设的机制尚未建立。由于中国社会公众参与生态文明建设缺乏相应的制度保障,参与的程序、途径和方式也不明确,导致社会公众参与生态文明建设还相当滞后,参与的程度不高,参与的领域很窄。同时,由于缺乏相应的制度设计,一些非政府的环保组织不能有效发挥应有的作用。在中国,一些环保组织在某种程度上由于在资金来源上依赖政府,从而无法独立于政府以外,在意见的表达上不能过分尖锐,不能有完全的话语权,进而在制约政府权力方面受到影响。[①]

这些问题的存在印证了一个命题:马克思所揭示的人与自然之间关系的生态问题,在本质上确实是人与人之间的社会关系。从中国经济发展历程看,一直未能根本转变经济增长方式的关键原因在于制度缺失。中国生态环境的恶化、资源的逐步枯竭,正是由于生态环境的产权制度和环境监管法律制度等一系列建设滞后所引起的。所以,党的十八大首次在报告中提出了生态文

---

① 张瑞、秦书生:《我国生态文明的制度建构探析》,载《自然辩证法研究》,2010年第8期。

明制度建设的重要内容。

三、自然生态问题的社会化解决思路：中国生态文明制度建设的理性选择

马克思主义生态思想启示我们：在中国生态文明实践进程中，为保障生态文明建设成果，制度是关键，这就需要我们不断探索和完善新的制度，加强生态文明制度建设，建立环境与发展综合决策机制、参与机制、监督机制、考评机制，理顺行政管理体制，形成经济发展与资源环境保护的良性互动关系，真正走向可持续发展。

（一）加强政府的生态行政制度建设

首先，建立科学的生态文明考评制度。科学的生态文明考评制度主要是确立科学的干部政绩考核指标体系，主要在不同的行业、不同的区域建立各有侧重和各具特色的考核评价标准，从而逐步建立绿色 GDP 为导向的领导干部政绩考核制度。对于领导干部政绩考核要将生态文明建设纳入其中，加强领导干部在节约资源、生态环保方面的工作绩效，并将这个指标体系与干部任免和奖惩结合起来，实行生态文明建设情况与财政支持结合起来，使各个地方政府逐步重视和执行生态文明建设。对不重视生态文明建设的地区和领导干部，还要实行问责制度，并实行一票否决制度，在强大的制度约束下，生态文明建设逐步改变过去被轻视的地位，渐渐变成"硬杠杆"。

其次，建设良性的生态文明行政管理制度。（1）建立跨部门协调机构，进一步明确部门职责分工。设立生态文明建设领导小组，主要是协调各个部委的环境保护和生态建设工作，制定环境保护与经济发展相协调的环境政策，促进可持续发展中各个部门的协同作用。由于中国还处于工业化中期，防止资源对我国工业化进程的约束与环境保护同样重要，将资源部门撤销或弱化在目前是不现实的。因此，应分步进行资源环境管理体制改革。强化和完善

环境保护部的现有职能，明确各部门的职责分工，成立综合性的环境部或环境资源部，其主要职能应包括污染防治、生态保护、核安全监管、气候变化应对。(2) 合理划分中央与地方环境保护职权。在地方环境管理事务上，中央政府负有监督和指导职责。地方政府也要根据本地的实际灵活地选择适合自己的环境管理体制，中国目前的乡镇基层政府没有环保部门的延伸机构，有条件的地方可以在乡镇设置这一机构。(3) 强化跨区域环境管理。强化华东、西北、东北、华南和西南环境保护督察中心的职能，真正发挥其环境监管作用。首先，要保障环保督查中心机构的能力建设和经费支持，扩大人员编制，增加人力财力投入，逐步健全中心机构设置；其次，要明确区域环保督查中心的职能，清晰界定环保督查中心与地方环保主管部门之间的环境事权；其三，要建立健全信息公开报送系统，保证督查中心与基层环保主管部门之间信息通畅，促进环保督查中心充分发挥其职能，提高行政效率。

(二) 加强明晰的生态文明产权制度建设

首先，建立和完善排污权、碳排放权、节能量交易市场。(1) 实现经济可持续发展的关键是节能减排，因此不断完善其制度建设成为首要任务。各地区、各主体要因地制宜、量体裁衣，依据其自然资源、产业结构和经济发展状况合理地分配节能减排指标。(2) 明确排污权交易制度的法律地位至关重要，由此才能更好地完善相关制度并修订相关法律法规；各地方政府要自觉转变自身职能，注重排污权交易监管。(3) 通过借鉴国内成熟的做法，建立完善的碳排放交易市场；加快国内碳排放市场与国际接轨步伐，建立国际化碳交易所；积极发展和改善碳金融市场。

其次，适时开征环境税，建立绿色税制体系。逐步认识环保费与环境税的关系，适时建立开征环境税试点。对一些重点污染的源头，如废气、废水、废渣、工业垃圾等污染物和温室气体实行征税，随着环保认识的逐步深化，在条件成熟时，扩大征税范围并向全国推广。同时，以开征环境税为契机，建立绿色税制体系。

再次，完善生态补偿机制。加快生态补偿立法进程，逐步完善相关利益主体间的权利、义务和保障措施；加大中央财政的转移支付，对于生态保护做得好和较好地完成了国家生态环境保护目标的地区要通过财政转移支付进行奖励，同时，经济发展要求各地区实现资源互补，这就要求建立起能源输入地对输出地的横向财政转移支付；多渠道争取生态补偿资金，一方面开征环境税，另一方面鼓励社会资本参与生态环境建设和修复。

最后，完善资源产权制度，理顺资源性产品价格形成机制。资源性产品产权市场化改革，当然首要的是价格改革，要以市场为导向，根据资源的稀缺程度建立起有利于资源节约和环境保护的价格体系。建立资源有偿使用制度，完善资源产权制度；重构资源税费和环境税费体系；在市场改革的同时，注重政府对资源性产品价格调节机制的适当干预；建立起有利于资源节约使用、废弃物循环利用的价格体系。

（三）加强合理的生态文明监管制度建设

首先，建立环境违法的惩罚制度，提高环境违法成本。（1）对不正常使用污染治理设施、偷排等违法排污行为按照法律规定环保罚款额度的上限进行处罚，同时还将征收数倍的排污费。（2）大力创新环境违法行为的惩罚手段，如一些企业没有经过环评就开工的，没有进行环保验收就投产的，一律责令停工或者停产，并对开工和生成过程中的超标排污、偷排污等一系列违法行为加重处罚，可以采取"按日计罚"，且不封顶。（3）对环境破坏严重的行为应予以追责，完善环境污染各项制度建设：环境污染追究制度、环境污染损害赔偿制度和环境公益诉讼制度。

其次，逐步加强环境执法能力建设。环境执法部门没有延伸到乡镇基层，乡镇环境污染排放自如，这就要求国家不断健全环境执法机构，实现省、县、乡（镇）三级环境垂直管理；加大对环境执法建设的投入，不断提高执法装备水平；通过对执法队伍人员的培训，让他们思想意识上不流于形式，真正认识到环境执法的重要性，使他们不断提高执法专业水平和能力；为确保环境执法的公正性和效率，须建立环境案件审核和执法公开等制度，完善环境执法制度。

最后，加大对生态文明建设的监督力度。(1) 加强人大监督，人大能够给政府以建议和意见，要求政府根据地方实际修改和完善地方生态建设的政策性法规，这有助于在生态文明建设过程中更好地发现和解决问题，在生态文明制度建设中起到一定的监督作用，在落实的过程中具有法律强制性。(2) 加强司法监督，通过现代化的传媒手段，着力宣传环境法治文化，让企业和社会公众有明确的环保意识，对破坏环境的违法行为，根据相关法律规定和"环境影响评价制度"，实行问责。(3) 强化社会监督，积极吸引公众广泛参与到生态文明建设中，让他们明确自身的责任感和使命感，通过新媒体合理有效地监督政府有关部门在环境生态保护中依法行政。

(四) 加强合法的生态文明参与制度建设

首先，建立多方参与的政策制定机制，必要时实行生态环保"一票否决制"。多方参与的环境与发展政策制定机制要求中央在制定宏观经济政策时，一要在宏观上大力贯彻科学发展观要求，充分考虑到环境生态指标；二要充分考虑地方政府的合理利益诉求，并广泛听取利益相关者和公众的意见；三要组建跨学科的环境经济政策研究队伍，成为政策制定背后强有力的智囊团。为了更全面地照顾到各方利益，可以考虑对没有通过环境影响评价的政策、规划实行一票否决制；对生态环保工作不达标的地区，暂停相关新项目的审批。

其次，建立促进生态文明建设的公众参与机制。(1) 生态文明建设要依赖广大社会成员通过制度化的方式和途径广泛参与到生态文明建设中。政府积极吸纳各种社会力量参与到生态文明建设中，在共同进行环境治理的过程中，逐步放权，这样当发生生态危机时，社会可以和政府一起承担责任，以缓解所产生的连锁反应。(2) 在生态法律法规和制度的制定与执行过程中，要以一定的利益为驱动发挥社会公众的表达和监督作用。通过这种方式，可以改变过去环境保护和监管由政府一手操办的盲目性；通过环保理念、法制和现实的宣传教育，使更多的人认识到经济社会发展既要考虑当代人的利益，也要注重后代人的利益，积极参与到环保事业中。（3）积极引导全社会的绿色消费，引导公众购买环保耐用产品，建立权威的绿色标识制度，增强社会绿色消费的自觉性和主动性。

环境议题的政治建构与中国环境政治中的集权—分权悖论[*]

冉冉[**]

一、生态环境问题的政治建构

自 2012 年中国共产党第十八次全国代表大会正式将"生态文明"建设作为共产党追求的一项政策目标以来，中央政府的政策制定者们在很多不同的语境下表达了对生态环境问题的认识和解读。其中最显著的变化之一是将生态环境问题上升到体制、制度、机制这样的政治层面来认识。

习近平总书记在发给"生态文明贵阳国际论坛"2013 年年会的信中，将生态文明与"中国梦"结合起来。他说："走向生态文明新时代，建设美丽中国，是实现中华民族伟大复兴的中国梦的重要内容。中国将按照尊重自然、

---

[*] 本文得到教育部留学归国人员科研启动基金项目"地方政府在生态文明建构中的角色：中国、德国和美国的比较视角"（项目编号：2013010022）的资助。本文原载于《马克思主义与现实》，2014 年第 4 期。此次重新发表时有个别补充和修改。

[**] 冉冉，德国杜伊斯堡-埃森大学政治学博士，美国南加州大学博士后研究人员，中国人民大学国际关系学院讲师。

顺应自然、保护自然的理念，贯彻节约资源和保护环境的基本国策，更加自觉地推动绿色发展、循环发展、低碳发展，把生态文明建设融入经济建设、政治建设、文化建设、社会建设各方面和全过程，形成节约资源、保护环境的空间格局、产业结构、生产方式、生活方式，为子孙后代留下天蓝、地绿、水清的生产生活环境。"[1]

中国共产党十八届三中全会中提出，要"紧紧围绕建设美丽中国深化生态文明体制改革，加快建立生态文明制度……生态文明保护的体制机制"[2]。环保部长周生贤在《人民日报》发表题为"改革生态环境保护管理体制"的文章，不断强调改革现有生态环境保护管理体制的迫切性。文中写道："保护环境是我国的一项基本国策。进入新世纪以来，党中央、国务院把保护环境摆在更加重要的位置，积极探索环境保护新路，大力推进生态文明建设，环境保护取得了很大成绩。但是，我国环境形势依然严峻，老的环境问题尚未得到解决，新的环境问题又不断出现，呈现明显的结构型、压缩型、复合型特征，环境质量与人民群众期待还有不小差距。这迫切要求改革生态环境保护管理体制，充分发挥体制的活力和效率，为解决生态环境领域的深层次矛盾和问题提供体制保障。"[3]

"深化生态文明体制改革"，"建设生态文明制度"，"改革生态环境保护管理体制"等提法显示了政府改善环境治理能力的政治态度和政治决心的不断提升，这是对中国不断加剧的生态破坏和环境污染状况，以及民众不断提升的环境诉求的一种回应。中国被认为是世界上污染最严重的国家之一，在"全球环境绩效指数"（EPI）2006、2008、2010 和 2012 年的 4 次排名中不断下降，低于同等收入国家的平均水平，分别为 94 名（133 个国家）、105 名（149 个国家）、121 名（163 个国家）和 116 名（132 个国家）。一些工业国

---

[1] 具体新闻报道内容见 http://news.xinhuanet.com/politics/2013-07/20/c_116619686.htm（访问日期：2013 年 7 月 20 日）。

[2] 《中国共产党第十八届中央委员会第三次全体会议公报》，见 http://news.xinhuanet.com/politics/2013-11/12/c_118113455.htm（访问日期：2014 年 2 月 28 日）。

[3] 周生贤：《改革生态环境保护管理体制》，载《人民日报》，2014 年 2 月 7 日，第 7 版。

家过去 200 多年工业化发展和现代消费主义模式所导致的环境问题，在中国目前短短 30 多年的时间里集中爆发出来。① 全球污染最严重的 10 个城市中，中国占了一半。每五个城市中就有一个存在严重的大气污染；约有 2/3 的城市面临缺水危机；七大江河水系中劣五类水质占 41%；城市河段 90% 以上遭受严重污染；全国有 3.6 亿农村人口喝不上符合卫生标准的饮用水。1/3 的土地面积受到酸雨影响；1/3 的土地面积存在水土流失和沙漠化问题；90% 以上的天然草场退化；水土流失面积占国土面积的 37%。②

环境污染的数据令人震惊，但是，比数据更无奈的是人们每天对于环境问题的深切感知和切肤之痛。尽管自然环境不能以人类的方式"说话"或者反抗，但环境污染本身通常会跨越自然和物种的边界影响人的生存和生活。每年有超过 70 万中国人因为环境污染而失去生命。③

近两年，"PM2.5"指数和"雾霾"成为民众生活的关键词。环境问题，特别是空气质量成为以微博为载体的社会新媒体讨论的主要话题之一。根据原国家环保总局在 2008 年的数据，自 2002 年以来，环境保护主管部门接待的环境信访案年均增长 30%，因环境问题而引发的群体性事件年均增长 29%。从 2007 年厦门民众"散步"抗议"PX"项目开始，到 2012 年宁波的反"PX"运动，以环境污染为议题的各种社会抗争成为政府"维稳"的对象之一。

以上可见，无论是从民众的环境诉求来看，还是从政策制定者的官方表

---

① 环境绩效指数（Environmental Performance Index）由美国耶鲁大学环境法律与政策中心和哥伦比亚大学国际地球科学信息中心共同发布，旨在评估一个国家的环境政策、环境卫生、自然资源和生态活跃性。评价范围包括气候变化、农业、渔业、森林、水源、空气污染及环境负担等 10 项领域共 22 项环境指标。详见 2012 年中国环境绩效指数报告，"Towards a China Environmental Performance Index"，见 http://environment.yale.edu/envirocenter/files/China - EPI - Report.pdf（访问日期：2013 年 7 月 20 日）。

② 杨东平主编：《2009 中国环境发展报告》，社会科学文献出版社 2009 年版。

③ World Bank & SEPA, Cost of Pollution in China: Economic Estimates of Physical Damages, 见 http://siteresources.worldbank.org/INTEAPREGTOPENVIRONMENT/Resources/China_Cost_of_Pollution.pdf（访问日期：2012 年 12 月 7 日）。

述来看，人们的一个普遍共识是，环境问题已经不仅仅停留在经济、社会、科学技术等层面，而是被建构成为一种"政治议题"。这在日常生活中常常被表述为"环境问题也是一种体制问题"的流行说法。正如中国环保事业的奠基人曲格平先生在媒体大声疾呼的："不消除环境污染，也要亡党亡国。"①

那么，将环境问题与政治结合起来是一种"中国特色"的现象吗？在中国现有的政治框架下，究竟有哪些"体制性"困境与中国目前的生态环境问题相关？与此同时，生态和环境问题又可能影响或衍生哪些宏观的"体制性"问题？"深化生态文明体制改革"，"建设生态文明制度"，"改革生态环境保护管理体制"具体应该如何操作？

环境政治学的和中国环境政治研究可以为回答以上问题提供理论资源和分析视角。本文第二部分梳理了环境政治学的两个研究路径，认为目前在中国进行的环境与政治问题的讨论并不是在中国独有的现象，这在环境政治学的两种研究路径中都有明显体现。文章的第三部分从三个层面考察了中国环境政治中的集权—分权悖论。

二、环境政治学与中国环境政治研究

（一）环境政治学的两种研究路径

环境污染涉及人的自由、权利、健康、生存、发展、安全、公平和正义诸多复杂的问题。因此，环境研究是一个"大杂烩"式的综合学科。与关注经济发展、产业结构、人口变迁、国际贸易分工和全球化等对环境治理的影响的研究路径不同的是，环境政治学研究的是人类政治活动对自然环境造成的影响，以及自然环境在人类政治活动中的作用和位置。环境政治学的研究路径可以分为两类：一类是把环境污染作为因变量，一类是把环境污染作为自变量。

---

① 见 http://www.guancha.cn/society/2013_06_07_149944.shtml（访问日期：2013 年 8 月 8 日）。

一部分将中国的环境污染视作"体制"问题的观点认为，中国的政治体制是造成环境污染的原因之一。这种观点就代表了环境政治学的第一类研究路径：不同政权类型与环境治理绩效相关性的研究。① 这种研究路径是将环境污染作为因变量，将国家、政府、政党、官僚机构、政治精英、利益集团、公民社会、公众参与、公共政策等政治学研究的传统对象作为自变量，分析后者对前者的影响。

例如，一些研究结果表明民主政体有利于环境治理，一方面是因为民主政体能够从制度上保障民众获得信息的权利，从而有利于环境治理中的公众参与；另一方面是因为法治原则能够保障公民的环境诉讼权利。但有的研究却发现民主制度成为有效环境治理的障碍之一，不可能为人类应对气候变化为代表的环境问题提供帮助。②

同时，有一些比较政治研究的学者提出了"环境威权主义"的概念，认为威权国家的政治制度在环境治理特别是环境危机应对方面比以利益集团政治为核心的民主政治系统表现出了更好的绩效，因为威权国家的中央政府建立了一套强大的干部管控机制，能够让地方的政策执行者忠实地执行中央政府的政策。与此同时，环境的恶化及其治理还很有可能不断加强威权政府的巩固程度，因为在环境问题面前非常脆弱的个体需要一个更为集权、高效、强势的政府以应对危机。③按照邓小平的说法就是"集中力量办大事"。

事实上，当人们相信环境污染是"体制"问题的时候，并不仅仅是在讨论究竟有哪些"体制性"的问题造成了中国今天的环境污染状况；也是在同时讨论环境污染又可能影响或衍生哪些"体制性"问题。后一种关切正是对环境政

---

① 代表性研究参见 William M. Lafferty & James Meadowcroft (eds.), *Democracy and the Environment: Problems and Prospects*, Cheltenham: Edward Elgar, 1996; Manus I. Midlarsky, "Democracy and the Environment: An Empirical Assessment", *Journal of Peace Research*, 35 (3), 1998, pp. 341 – 361; Meilanie Buitenzorgy and Arthur P. J. Mol, "Does Democracy Lead to a Better Environment? Deforestation and the Democratic Transition Peak", *Environmental & Resource Economics*, 48 (1), 2010, pp. 59 – 70。

② 参见 David Shearman and Joseph W. Smith, *The Climate Change Challenge and the Failure of Democracy*, Westport, CT: Praeger Publishers, 2007。

③ 俞可平主编：《中国治理评论》第 2 辑，中央编译出版社 2012 年版，第 151—173 页。

治学第二种研究思路的体现。环境政治学的另外一种研究路径则是反过来将环境污染当作自变量,讨论环境污染对国家能力、政府间关系、国家—社会关系、政府—企业关系、公众对政府的信任程度以及政治转型可能产生的影响。

代表性的研究包括:前东欧国家和台湾地区的环境运动对民主转型的影响。[1]例如,一些研究结果显示,因为环境污染恶化引发民众不满带来的环境运动是前苏联民主转型的重要推动力量。环保组织通过揭露环境和生态破坏的现实,帮助民众不断意识到身边的环境问题,并采取行动改变恶化的环境。在这个过程中,环保组织获得了民众极大的尊重、认可和信任。同时,反对派人物也通过关注环境议题提升自己的公众形象,获得更多的民意支持。比如,叶利钦曾经在 1990 年 8 月去西伯利亚和远东地区专门针对环境污染问题进行了三周的考察。[2]

(二) 中国环境政治研究

环境政治的研究大概开始于 20 世纪 70 年代,但是直到 1992 年才有严格意义上的中国环境政治研究发表。[3]较早在海外进行中国环境政治研究的吴逢时教授通过梳理 1976—2008 年间的 301 篇中英文文献,将中国的环境政治研究分为三个主题:(1) 自上而下的由国家和政府主导的环境治理;(2) 自下而上的公民环境意识和环境社会行动主义(social activism);(3) 环境外交。[4]中国环境政治研究的主题大体上体现了环境政治学的两个典型研究路径,一方面从环境政治学科寻找理论资源,另一方面从中国研究的圈子里发掘问题

---

[1] 参见 Shui - Yan Tang, Ching - Ping Tang, "Democratization and Environmental Politics in Taiwan", *Asian Survey*, Vol. 37, No. 3, 1997, pp. 281 - 294。

[2] Barbara Jancar-Webster, "The East European Environmental Movement and the Transition of East European Society", in Barbara Jancar - Webster (ed.), *Environmental Action in Eastern Europe: Responses to Crisis*, Armonk, NY: M. E. Sharpe, 1993.

[3] 参见郇庆治:《环境政治学研究在中国》,载《鄱阳湖学刊》,2010 年第 2 期,第 45—56 页。

[4] Fengshi Wu, "Environmental Politics in China: An Issue Area in Review", *Journal of Chinese Political Science*, Vol. 14, 2009, pp. 383 - 406.

意识，提出研究假设。前者体现了上文讲到的第一种研究路径，后者体现了第二种研究路径。

前者的首要关切是环境政治理论，是用中国的案例来检验环境政治学中的理论、模型和概念在不同政体背景下的适用性。例如，荷兰瓦宁根大学 Arthur Mol 教授研究在西方工业化国家的背景下提出的"生态现代化"概念在中国的应用和发展。[1]这种思路有利于从比较环境政治学的角度审视不同政体类型与环境治理的关系，在验证环境政治学的概念、模型和理论的同时，为环境政治学的研究积累来自中国的经验和知识。

后者的首要关切是中国研究，研究希望以环境治理为例来讨论中国崛起中威权体制所面临的困境和挑战。以美国外交关系委员会亚洲事务高级研究员易明（Elizabeth Economy）为代表的研究者，从治理结构，官僚系统的层级和条块关系，中央—地方关系，政治精英的态度和激励模式等角度切入，讨论中国政府如何回应国内的环境、能源、可持续发展以及全球性的气候变化问题。[2]此外，一些研究以自下而上社会主导的方式，关注环境非政府组织的生存状况和战略，环境抗争的机制和方式，公民环境意识塑造和测量，媒体和网络在中国环境运动兴起中的作用等。[3]

通过以上对环境政治学和中国环境政治研究的梳理，可见"环境污染是

---

[1] Arthur P. J. Mol, "Environment and Modernity in Transitional China: Frontiers of Ecological Modernization", *Development and Change*, 37 (1), 2006, pp. 29 – 56.

[2] 代表性研究参见 Kenneth Lieberthal, "China's Governing System and Its Impact on Environmental Policy Implementation", *China Environmental Series*, Vol. 1, 1997, pp. 3 – 8; Elizabeth Economy, *The River Runs Black: The Environmental Challenge to China's Future*, Ithaca: Cornell University Press, 2004; 齐晔等：《中国环境监管体制研究》，上海三联书店 2008 年版；Ran Ran, "Perverse Incentive Structure and Policy Implementation Gap in China's Local Environmental Politics", *Journal of Environmental Policy & Planning*, 15 (1), 2013, pp. 17 – 39。

[3] 代表性研究参见 Guobin Yang, "Environmental NGOs and Institutional Dynamics in China", *The China Quarterly*, Vol. 181, 2005; Thomas Johnson, "Environmentalism and NIMBYism in China: Promoting a Rules – Based Approach to Public Participation", *Environmental Politics*, 19 (3), 2010, pp. 430 – 448; Yanhua Deng and Guobin Yang, "Pollution and Protest in China: Environmental Mobilization in Context", *The China Quarterly*, Vol. 214, 2013, pp. 321 – 336。

体制问题"的日常流行说法有其丰富的理论支撑。环境与政治问题的结合在任何政治系统中都存在,并不是一个"中国特色"的现象。然而,环境与政治之间的互动关系在不同的政治系统中表现出了不同的特征。进一步讨论如何"深化生态文明体制改革","建设生态文明制度","改革生态环境保护管理体制",需要仔细考察中国环境政治中的集权—分权悖论,这是本文第三部分的工作。

三、中国环境政治中的集权—分权悖论

1972 年在斯德哥尔摩召开的联合国人类环境会议达成的《人类环境宣言》首次确定了国家对环境保护的责任。当时的中国还处在"文革"时期的封闭状态,污染被视为资本主义的产物,中文的字典中还没有"环境保护"这个词。但还是"奇迹般地"派出了大型代表团。虽然当时中国政府参会的目的更多的是和美国进行政治斗争,但正是这次会议让政府开始意识到环境问题的重要性,并公开承认国内的环境问题。[①] 一年以后,就在北京召开了第一次全国环境保护会议,并制定了第一部关于环境保护的法规性文件——《关于保护和改善环境的若干规定》,这标志着环境保护正式进入了中央政府的决策议程。经过近 40 年的时间,构建了功能、结构相对完整的环境政治系统。

本文将与环境议题相关的政治话语、政治制度安排和组织结构视为中国政治系统的一个子系统,称为中国环境政治系统。这个系统的功能主要是政策的制定、实施和规制。根据功能划分的不同,形成了党、立法、行政部门之间,中央政府和地方政府之间的双重等级结构。从横向等级结构看,党是环境政治话语的塑造者;立法机关负责环境法律的制定和修改;行政部门负责制定具体的行政法规和政策工具。从纵向等级结构看,中央政府的角色是

---

① 关于这次会议对中国环境保护工作的影响,详见《中国"环保之父"曲格平》,http://www.china.com.cn/chinese/2002/Feb/107765.htm(访问日期:2013 年 8 月 9 日)。

政策制定者，主要功能在于提供宏观层次的环境政治话语、价值、理念、法律法规和政策工具；而地方政府的角色是政策执行者，负责政策的实施，将中央政府的政治话语、法律和政策转化为具体的环境效果。

接下来的篇幅将从三个层面考察中国环境政治系统中的集权—分权悖论：（1）党在环境政治系统决策过程中的绝对权威地位；（2）环境行政过程中权力与职能的碎片化；（3）环境政治地方分权的困境。

（一）党在环境政治决策过程中的绝对权威地位

在中央层面，中国环境政治系统中的决策者包括党中央、全国人大、国务院及其10多个部委。作为环境政治话语的塑造者，党中央负责制定宏观而抽象的理念、话语、目标、战略和方针，全国人大和国务院相关部委负责通过一定的程序把党的抽象意志转化为具体的法律法规和政策。绝大多数具体的政策都是由国务院及其相关的部委制定的，但理论上要受到人大的监督。党始终以威权主义的模式控制着与环境保护相关的话语制定、传播权以及人事权，这是一种高度集权的体现。

1. 党：环境政治话语的塑造者

中国共产党塑造环境政治话语的演化过程可以通过可持续发展、科学发展观、生态文明三个概念的变化来考察。虽然这三个概念的提出和贯彻带有明显的领导人代际更替特征，但是，这种政治话语的主导性释放了强烈的政治信号：即，环境问题对中国领导人执政能力的挑战日益明显；同时，环境问题在领导人议程设置中的重要性不断上升；中央政府努力应对这种挑战的政治决心也在不断增强。

1997年的"十五大"报告确立了"可持续发展战略"，这是中国共产党首次在环境保护方面提出的政治话语。提出要正确处理经济发展同人口、资源、环境之间的关系，实现经济发展与环境保护相协调。"十六大"修改并通过的党章中加入了可持续发展战略的内容，这是党章中第一次出现和环境保护相关的内容。江泽民在"十六大"报告中总结执政 13 年经验时，将实施可持续发展战略视为"十分宝贵的经验"之一。

"科学发展观"是胡锦涛在十六届三中全会中提出来的，"十七大"中被确定为"发展中国特色社会主义必须坚持和贯彻的重大战略思想"，是"胡温"十年的根本执政理念。"科学发展观"的官方解释是："科学发展观，第一要义是发展，核心是以人为本，基本要求是全面协调可持续，根本方法是统筹兼顾。"① 与"可持续发展"战略不同，"科学发展观"不是中共针对环境问题提出的专门理念，而是体现了对以往以环境和资源为代价的粗放型工业发展模式的一种全面反思和校正。"生态文明"的概念也是在这个背景下产生的。

2007 年"十七大"以后，"生态文明"已经由学者们讨论的概念上升为了中国共产党在环境保护上最核心的政治话语。② 这一方面体现了中国共产党对智库成果的吸纳性，更重要的是，试图通过这一政治话语的概念的实践，来系统性、全面性地应对环境问题对执政能力的挑战。"十八大"报告强调，"建设生态文明，是关系人民福祉、关乎民族未来的长远大计。面对资源约束趋紧、环境污染严重、生态系统退化的严峻形势，必须树立尊重自然、顺应自然、保护自然的生态文明理念，把生态文明建设放在突出地位，融入经济建设、政治建设、文化建设、社会建设各方面和全过程，努力建设美丽中国，实现中华民族永续发展。"③

---

① 《胡锦涛在中国共产党第十八次全国代表大会上的报告》，http://news.xinhuanet.com/newscenter/2007-10/24/content_6938568.htm（访问日期：2013 年 8 月 10 日）。

② 学术界虽未对生态文明的定义形成统一的观点，但基本上都将生态文明看做是高级的文明形态，看做是社会进步的标志。例如，俞可平教授认为，生态文明是"人类在改造自然以造福自身的过程中为实现人与自然之间的和谐所做的全部努力和所取得的全部成果，它表征着人与自然相互关系的进步状态。生态文明既包含人类保护自然环境和生态安全的意识、法律、制度、政策，也包括维护生态平衡和可持续发展的科学技术、组织机构和实际行动。如果从原始文明、农业文明、工业文明这一视角来观察人类文明形态的演变发展，那么可以说，生态文明作为一种后工业文明，是人类社会一种新的文明形态，是人类迄今最高的文明形态。"详见俞可平：《科学发展观与生态文明》，载《马克思主义与现实》，2005 年第 4 期。

③ 《胡锦涛在中国共产党第十八次全国代表大会上的报告》，http://cpc.people.com.cn/n/2012/1118/c64094-19612151-1.html（访问日期：2013 年 8 月 10 日）。

从可持续发展到科学发展观再到生态文明，中国共产党始终掌握着环境保护领域的主导性政治话语的提出、制定和传播权。这些宏观政治性话语的演变在很大程度上体现了其执政理念的"绿化"，但是，发展（特别是经济发展）的优先性仍然远远高于环境保护。也正是在中国经济优先的发展理念的指导下，全国人大和国务院制定了一系列环境法律、法规和政策。

2. 立法机关：环境法律的制定和修改

作为中国政治系统中的最高立法机关，全国人大及其常委会负责通过一定的程序把党在环境保护方面的执政理念和政治话语转化为具体的全国性法律。1993 年，全国人大成立了环境与资源管理委员会，其职责是在全国人大及其常委会的领导下，专门负责研究、审议和拟定与环境相关的议案。目前的第十二届全国人大环资委共有组成人员 32 人，比上一届增加了 4 人。这在一定程度上体现了全国人大对环境立法工作的加强。从 1979 年全国人大常委会原则通过《中华人民共和国环境保护法（试行）》开始，全国人大及其常委会共通过了 20 多项与环境相关的专门法律。

历经 4 次审议，最终于 2014 年 4 月经十二届全国人大常委会第八次会议表决通过的《环境保护法》的修订过程体现了立法机关、党、行政部门三者的互动。新的环保法将于 2015 年开始实施。此前的《环境保护法》是 1989 年通过的，已经严重滞后于中国经济社会的变迁和环境治理的需要，被认为是执行效果最差的法律。20 多年来，要求修改《环境保护法》的呼声不断，终于在 2011 年被纳入十一届全国人大常委会的立法工作计划。新修订的环保法将"推进生态文明建设，促进经济社会可持续发展"这些由党提出的环境政治话语作为立法目的，充分表明了中国共产党在中国环境政策制定系统中的核心地位。此外，环保部极为罕见地在自己网站上公开提出了对《环境保护法》一审稿的 34 条修改意见，体现了环境行政主管部门与立法机关在环境立法过程中的博弈。①

3. 行政部门：行政法规和政策工具

国务院及其下属的十几个部委共同负责通过一定的行政法规和政策工具，将党的抽象环境政治话语和全国人大制定的法律具体化、可操作化（具体职能分工见下面的篇幅）。国务院颁布的与环境相关的行政法规大概有 50 多部。由国务院各部门制定的部门行政法规或法规性文件性质的环境规章、政策、标准的数量极为分散和庞杂，没有具体的统计数据。除了行政法规之外，国务院及其与环境事务相关的各部委还制定了一系列具体的政策工具和规制措施，以便于政策的实施。这些具体的环境政策工具包括：环境影响评价制度、环保目标责任制、城市环境综合整治定量考核制度、创建国家环保模范城市、总量控制、区域/流域限批制度、节能减排工程等。

近几年来，被认为最有力的一个行政措施是将环境和资源指标纳入国民经济和社会发展"五年计划"之中，并作为具有法律效力的约束性"硬指标"对地方政府及其官员进行考核。② 表面上看，这是一项由行政部门主导的行政政策工具，但是由于"党管干部"的原则规定中国的官员考核指标的制定和实施都是由党的组织部门负责的，因此，这项行政政策工具的有效性在事实上进一步强化了党在中国环境政治系统中的绝对权威地位。

（二）环境行政过程中权力与职能的碎片化

中国目前的环境政治系统中，环境行政管理的权力和职能分散在国务院不同的部委之间，共涉及 10 多个部委，彼此缺乏明确的分工和有效的合作，造成了环境行政过程中的碎片化，是一种过度分权的体现。环保法规定，国

---

① 关于中国环保法修订的最新系统研究，请参考 Guizhen He, Lei Zhang, Arthur P. J. Mol, Yonglong Lu, Jianguo Liu, "Revising China's Environmental Law", *Science*, Vol. 341, July 2013。
② 冉冉：《"压力型体制"下的政治激励与地方环境治理》，载《经济社会体制比较》，2013 年第 3 期。

务院环境保护行政主管部门（即国家环保部），对全国环境保护工作实施统一的监督管理。但同时规定，国家海洋行政主管部门、港务监督、渔政、渔港监督、军队环境保护部门和各级公安、交通、铁道、民航管理部门，依照有关法律的规定对环境污染防治实施监督管理。事实上，除了环保法规定的上述部门之外，主要负责能源、产业结构转型和气候变化的国家改革与发展委员会，负责农村和农业环境与生态保护的农业部，负责森林与自然资源保护的国家林业总局和国土资源部，负责水利资源开发和管理的水利部都在环境行政过程中占有重要的权力和职能。

按照环保法的规定，环保部是国务院环境保护行政主管部门。换句话说，环保部应该是中国环境行政管理系统中的核心。但是，环保部门的"弱势"形象早已深入人心。改革开放以后，中国开始设立环境保护行政主管部门。30 多年来，环境保护行政主管部门在名称、机构设置、人员编制、职能和法律地位等方面经历了数次调整和变革。2008 年，国家环保总局由原来的国务院直属机构升格为国务院组成部门，更名为环保部。但是，"升格"并没有实质性地增加环保行政主管部门的职能和权限；与环保有关的职能，如海洋、森林、农业、渔业等方面的环境和生态保护，没能划入环保部统一管理。2013 年最新一轮的"大部制"改革中，环保"大部制"的设想仍然没有实现。

环境行政过程中权力与职能的碎片化导致行政部门间的职能交叉、权责不清、政出多门现象严重。一个环境问题通常由很多不同的政府部门负责，彼此缺乏清晰的分工和必要的合作，导致政策在部门间互相推诿。此外，一些环境保护的行政权力和职责被分配给了传统的、以发展为导向的部门，造成部门内部职责的冲突和矛盾，以及对环境职能的忽视。当环境保护的职责和其原本的职责发生冲突的时候，完成这些本部门的主要职能是其部门利益所在（表 1）。例如，水利部门不但应该负责水资源保护，而且负责水资源的开发和利用。水资源开发和利用是部门利益所在。长江三峡工程和怒江水电站工程等都是水利部门在其部门利益驱动下力主建设的。① 在职能冲突的状况下,一些部门会根据各自的部门利益制定行政法规,造成"国家利益行政化,行政利益部门化,部门利益法制化"的问题,导致环境法律法规之间互相冲突、矛盾的现象较为普遍。

表1 环境政策执行机构的环境行政职能、非环境职能与优先性部门利益

	环境职能	非环境职能	优先性部门利益
环保部门	污染控制监管 环境质量监测 生态资源保护		环境保护
发展与 改革部门	能效监测与监管气候变化 低碳经济与低碳城市建设 环境与生态建设工程的规划 与审批	宏观经济调控 市场价格规制 社会经济发展规划 财政、金融、工业、 土地和社会事业等政 策的制定和执行	市场规制 工业发展和投资 基础设施规划与建设
城建部门 (公用事业与园林)	城市垃圾收集与处理 自来水供应污水处理 城市景观绿化与美化城市园 林管理 建筑与住宅节能	房地产行业调控与 规制 基础设施规划与建设	房地产发展 基础设施建设
农业 (林业)部门	农村与农业污染 农药与化肥监管 林业与野生动物资源保护 绿色有机食品监管	提高农业产量 促进农村乡镇企业经 济发展 扶贫与提高农民收入	农业与农村乡镇企业 发展
水利部门	水资源保护	水库、大坝等水利设 施建设 防洪抗旱 水力资源开发	发展水利水电工程
国土 资源部门	国土资源、矿产和海洋资源 保护	土地买卖 农村征地 城市拆迁	土地和矿产资源开发 和收费

资料来源:根据田野研究资料整理而成。

---

① Andrew C. Mertha, *China's Water Warriors: Citizen Action and Policy Change*, Ithaca, NY: Cornell University Press, 2008.

（三）环境政治中地方分权的困境

从政府间关系来看，目前中国环境政治还受制于传统单一制国家中央—地方关系中"一收就死，一放就乱"的刻板观念，没有跳出中央集权与地方分权二元对立的范式。中央政府的角色是政策制定者，主要功能在于提供宏观层次的环境政治话语、价值、理念、法律法规和政策工具；而地方政府的角色是政策执行者，负责政策的实施，将中央政府的政治话语、法律和政策转化为具体的环境效果。但是，中国环境政治中却存在着严重的"政令不出中南海"的问题。一方面，中央政府批评地方在环境问题上的"地方保护主义"倾向；另一方面，地方政府抱怨在环境保护上的责权倒置。

按照环保法的规定，地方政府对本地的环境保护负总责，这体现了中国环境政治系统的某些地方分权化特征。地方环保部门受地方政府的领导，与环保部只存在业务上的指导关系。一些学者认为中央向地方分权过大，缺乏有效监督，导致地方政府为了片面的经济发展，而忽视环境保护的政府职责。据此，建议加强中央集权，如对环保部门实行统一的中央垂直管理等。环保局直接领导的华东、华南等跨区域环境保护监督中心的设立是这种思路的尝试。[1]

但是，也有一些学者质疑中国环境政治系统是否存在严格法律意义上的"地方分权"。环保法只笼统地规定地方政府对本地的环境保护负总责，至于中央与地方之间的权力、责任和义务的分工则没有明确的法律规定。[2]在现实操作中，地方政府的自主权受限，中央政府可以随时收回地方的某些权力。与中央政府讨价还价能力的高低成为地方获取权力和资源的重要方式。地方环保局在执法过程中的困难很大程度上来自于权力、责任和资源的分裂和不

---

[1] Qingzhi Huan, "Regional Supervision Centers for Environmental Protection in China: Functions and Limitations", *Journal of Current Chinese Affairs*, Vol. 40, No. 3, 2011.

[2] 曹正汉：《中国上下分治的治理体制及其稳定机制》，载《社会学研究》，2011年第1期。

对等。在很多情况下，地方环保部门没有足够的权限去规范地方企业的污染行为，特别是那些由国资委直接领导的大型国有企业。"税收交给了中央，污染留在了地方"的现象常常被地方民众所诟病。此外，中央政府在要求地方政府执行其环境政策时，不一定给予相应的权力和财政资源的支持，也就是地方政府官员俗称的"中央请客，地方买单"问题。面对"只给政策不给钱"的情况，出现了中央—地方关系中跑"部"钱进的现象。中国环境政治中的这种"地方分权化"带来的集权与分权之间的困境，可以在一定程度上解释环境政策在地方层面遭遇的执行障碍。

四、结论

环境污染的不断恶化及其引发的各种公共健康、社会经济问题已经成为中国民众和政府的主要关切之一。在讨论环境污染的原因及其治理之道的时候，中央政府的政策制定者们不断强调要改革"生态文明体制"，改革"生态环境保护管理体制"，"建设生态文明制度"。日常生活中也流行着"环境问题也是一种体制问题"的说法，但是对此缺乏理论资源的挖掘和研究性的分析。本文通过梳理环境政治学和中国环境政治研究，为其提供了理论支撑，并在此基础上从三个层面考察了中国环境政治中的集权—分权悖论。本文的主要发现是：

第一，环境与政治问题的结合不是一个"中国特色"的现象，体现了环境政治学的两种不同研究路径。认为中国的政治体制是造成环境污染的原因之一的观点体现了环境政治学的第一类研究路径：将环境污染作为因变量，将国家、政府、政党、官僚机构、政治精英、利益集团、公民社会、公众参与、公共政策等政治学研究传统对象作为自变量，分析后者对前者的影响。同时，讨论环境污染可能影响或衍生哪些"体制性"问题的关切体现了环境政治学的第二种研究路径：将环境污染当作自变量，讨论环境污染对国家能力、政府间关系、国家—社会关系、政府—企业关系、公众对政府的信任程度以及政治转型可能产生的影响。

第二，改革"生态环境保护管理体制"，需要克服中国环境政治中的集权—分权悖论。这种悖论体现在两个方面：第一，虽然党以威权主义的方式控制着抽象环境政治话语制定和传播，但是将这些政治话语转换为具体政策的行政权力都碎片化地分散在国务院的十几个部委之中，彼此之间缺乏明确的责任分工和必要的部门沟通与协调，常常为了本部门的利益而出台互相冲突的法律法规。第二，虽然中央政府向地方下放了环境保护的责任，但是地方政府仍然不具备有效执行这些责任所必须的权力、资源和激励机制，环境政策执行偏差巨大。

环境作为一种典型的公共物品，其严重的"外部性"决定了政府在环境保护方面负有不可推卸的责任。政府有义务为每个公民提供符合人类健康标准的大气、水等环境公共物品，作为公民个人的基本生存权利的保障。同时，公民的环境权利应该得到宪法、司法和其他基本政治制度设计上的保障。"环境问题也是一种体制问题"的说法，体现了民众对改善目前环境政治系统，提升其治理能力的诉求。能否成功地克服中国环境政治系统中的集权—分权悖论，改革"生态环境管理体制"，"建立生态文明制度"是表现政府有效回应性、提升公信力的关键。

环境执法困境与生态文明法治建设

侯佳儒　王　倩[*]

十八届四中全会报告提出，"用严格的法律制度保护生态环境"，加快建立"生态文明法律制度"。这是将生态文明建设与法治建设联系起来，强调生态文明建设必须纳入法治化的轨道，"生态文明"必须是"法治文明"。全会报告进一步指出，"法律的生命力在于实施，法律的权威也在于实施"，就生态文明建设领域而论，这一论断直击要害，指出了目前我国生态文明法治建设面临的最大挑战——环境法律执行难问题。要看到，自改革开放以来，我国环境法治建设发展迅速，但却因为在执法环节无法可依、有法不依、执法不严、违法不究的现象普遍存在，导致环境法治总体效果不尽如人意。在新形势下，应积极响应十八届四中全会的号召，按照"中共中央关于全面推进依法治国若干重大问题的决定"（下文简称"决定"）指明的路线，尽快解决环境执法难问题，积极推进我国生态文明法律制度建设。

---

[*] 侯佳儒，中国政法大学副教授；王倩，清华大学法学院博士研究生。

一、环境执法难问题的主要原因

（一）因政府职能转变不到位，一些地方政府仍然热衷增长轻视环保，进而导致实践中地方保护和行政干预问题突出，这是环境执法难的根本原因

影响地方环境执法的主要因素仍然是地方政府过热的"发展观"和"政绩观"。地方政府为发展经济，要求各职能部门的管理职能向服务方向转变，这种做法本无可厚非，但许多地方政府却只要"环境服务"，不要环境管理，不要环境保护，更不要环境执法。探究近年来全国有影响的环境违法案件或环境群体性事件，几乎背后都或多或少地隐藏着地方政府的身影。

这种现象之所以产生，与我国目前政府职能转变不到位的现状密切相关。政府职能转变要求政府避免直接干预微观经济活动，要求政府应着力提高宏观调控能力、公共服务能力和维护社会公平正义的能力。但在我国目前的财税体制下，地方政府利益诉求主要表现为短期内的地方经济发展，地方GDP增长率成为地方政府绩效考核的最重要的指标，地方GDP增长率的实现情况决定了地方政府及其官员政治收益的大小，"这种全国性的政治和经济潜规则造成了戏剧性的后果"，"它给每一个地方的主要官员提供了巨大的激励，使他们变成了企业家——为促使所辖地域经济增长最大化寻找机会"，结果导致"环境政策的执行必然难逃此劫。"[①]

[①] 李侃如：《中国的政府管理体制及其对环境政策执行的影响》，载《经济社会体制比较》，2011年第2期，第144页。

（二）"关系"考验"权力"、"人情"较量"法理"、法治要比拼人治、执法要抵挡"托请"，环境执法难有其文化根源

要保障环境执法公正，执法者必须严格以事实为依据，以法律为准绳，独立开展执法活动。但在现实执法过程中，执法者很难置身事外，要承受来自方方面面的干扰，这其中有来自亲朋好友的、家庭的，甚至还有来至上层领导的，使执法者的压力不断增强，进而产生畏难情绪、畏惧心理。尤其是对于基层的环境执法，因乡土社会中"熟人关系"的存在而严重影响执法效果的情况更是十分普遍。因此，要想严明环境执法，执法者的执法"权力"经常要面对各种"关系"托请的考验，"法理"经常面对"人情"的挑战。

环境执法难，其实还有深刻的文化根源。中国的人治传统历史久远，目前社会处于转型时期，法律价值和法治权威仍未完全确立，法治之路仍然是任重道远。中国传统伦理中的人情，是由亲情延伸出来的诸如恩情、交情、情谊、情面、情分等世情，人情是传统社会中维系人际关系的主要纽带，是人与社会互动的基础。这种"人情"、"关系"、"人治"内化于中国的文化基因，影响中国人的人心处世，作为一种隐性的文化规则，其实是中国法治、自然包括中国的环境法治最大的障碍。

（三）社会转型时期的阶段性矛盾突出，环境执法难在当下有其社会根源

目前我国正处于由传统社会向现代化社会过渡的社会转型时期。这种社会形态下，传统与现代存在交接、断裂、冲突的多重关系。在法律领域，集中表现在人治文化与法治文化的碰撞、冲突和此消彼长。对于这种环境下的环境执法而言，无论是执法主体、相对人还是社会公众，对于环境法治的认知和体察都需要一个过程。但在这个过程当中的环境执法，因执法主体、相对人和社会公众都可能存在这样那样的法治意识淡薄，这必然导致环境执法阻碍重重。

比如，在执法主体方面，一些执法者仍然放不下"官架子"，粗暴执法、长官作风，不具备专业知识，不懂环保法律、法规，有些人甚至不知如何执法、违法执法、吃拿卡要，严重影响了环境执法者的形象，致使环境执法的公信力丧失，执法难的问题更为突出与明显。在环境执法相对人方面，随着人民群众法律意识的明显增强，依法维权的意识和能力也明显提高，越来越多的普通民众开始向执法者说"不"、表达异议。由于我国专制社会历史时间过长，民众对专制政府的不信任、不满意已经成为一种文化心理，尤其是在社会转型时期，由于转型时期的政府容易出现政策失误、决策失败以及行政侵权等现象，民众对政府的不信任、不满意会直接导致对环境执法行为的抵触、阻挡甚至抗拒。在社会转型时期，公众的环保意识也有待加强。虽然目前人们的环保意识有所提高，但是还没有达到应有的高度，公众对环境执法缺乏了解，要么完全依赖政府，要么同情排污者，这也给环境执法带来很大的压力。

（四）环境法律法规不健全，环境执法面临无法可依、有法难依之难

环境执法必须是依"法"执法，依"法"执法的前提首先是有"法"可依。自改革开放以来，我国环境法治建设发展迅速，目前已经初步形成了以《环境保护法》为基础，以污染防治法和生态保护法为两大支柱的环境保护法律体系。然而在环境执法过程中，仍然存在立法规定空白、立法规定不全、立法规定不细、立法规定缺乏可操作性等问题，常常导致环境执法无法无据。比如在污染防治领域，目前电磁辐射污染防治、生活垃圾污染防治、农村垃圾处理等问题尚无专门法律对其进行规制，实践中出现了相应问题，便会无法可依，这种法律存有空白的情形在生态保护领域更为明显。环境法律的可操作性低也是环境执法有法难依的重要原因，我国环境立法长期存在"宜粗不宜细"的倾向，大量法律条文都是原则性规定，这无疑加剧了环境执法的难度。

（五）环境职能监管体制不顺，环境执法往往面临多头执法、无人执法之难

在环境职能监管方面，我国实行的是"统管"、"分管"结合的监管模式。环保部门是"统管"部门，"对环境保护工作实施统一监督管理"，而"分管"部门，包括国家海洋行政主管部门，港务监督和各级土地、矿产、林业、农业、水利行政主管部门等，则依法分管某一类污染源防治或某一类自然资源的保护监管工作。统管部门与分管部门之间执法地位平等，不存在行政上的隶属关系，没有领导与被领导、监督与被监督的关系。这种体制安排的后果，使环境管理依赖于各个部门之间的协调和合作。但在环境监管实践中，由于对统管部门、分管部门权限配置的立法规定过于笼统、模糊和不完善，这导致众多环境管理部门的行政执法出现异化现象，职权行使偏离了环境行政目标和行政法治原则，各部门往往把本机构的行政权行使同国家行政总权割裂开来，从自己部门的狭隘利益出发，对其他行政部门行使职权采取不合作、不支持、不协助的消极对策，实践中部门保护主义、条条主义盛行。

（六）环境执法队伍、执法能力建设不足

在我国现行的政治体制下，无论是在中央还是地方层次，环境保护部门都是一个弱势部门，在人力、财力、技术和执法能力诸方面都存在不足，无法满足环境保护需要。尤其是财力方面，亟待加强财力支持。由于不是由国家统一拨款，基层环保机构的规模与力量往往受到当地的经济状况和当地政府的制约，因此基层环保机构的发展很不平衡，许多贫穷地方的环保执法力量相当薄弱，存在环境执法装备差、监控手段落后、环保人员少而且素质参差不齐、经费难以保障、环境执法手段简单等问题。

二、解决环境执法难问题的建议

（一）将环境保护纳入地方政府政绩考核体系，建立一票否决制度

在思想观念层面，应加大地方政府对十八大精神，尤其是包含了生态文明建设的"五位一体"新格局的学习力度，并继续深化对科学发展观的认识。要转变传统的以经济发展为主的发展观和政绩观。在制度建设层面，各级政府对本地区环境质量负责，把污染物总量控制、环境质量改善等主要环保指标纳入地方各级政府的政绩考核体系，建立、健全"环保一票否决"制度，引导地方各级人民政府把环境保护放在全局工作的突出位置，及时研究解决本地区环境保护的重大问题。

（二）弘扬法治精神，树立法治信仰，将环境治理纳入法治轨道

为改善环境执法难的现状，需对症下药。针对环境执法难问题产生的文化根源，首先就要弘扬法治精神，树立法治信仰，保障法律权威，抵制各种"人情"、"关系"、"请托"。但这是一项长期而艰巨的任务，并非为环境法治所独有。

"决定"提出，要"增强全民法治观念"，"弘扬社会主义法治精神，建设社会主义法治文化，增强全社会厉行法治的积极性和主动性，形成守法光荣、违法可耻的社会氛围，使全体人民都成为社会主义法治的忠实崇尚者、自觉遵守者、坚定捍卫者"。这些论述，实际上也阐明了我国环境治理纳入法治轨道的根本途径和依靠力量。总之，缺乏法治文化和法治信仰的支撑，所谓执法、环境执法都是缺乏根基的。

(三) 确保环境执法高效、廉洁、文明，制定《环境教育法》，推动国民环境教育

我国环境纠纷已经进入高发期，近年来环境事故和环境群体性事件频频发生。环境执法者面对的执法环境日益复杂、任务日益艰巨。在此背景下，环境执法队伍必须遵纪守法、以身作则，树立良好的职业形象。应切实做到公正执法、责任执法和文明执法，惟其如此，执法者才能树立威信，执法中才能有威慑力。环境执法过程中要注意执法方法，坚持依法行政和合理行政的统一，环境执法需体现以人为本、执法为民，注重行政效率。我国应尽快出台《环境教育法》，推动环境教育的规范化、经常化、法治化，这是确保公众提高环境意识和自觉采取行动的根本性措施，也是化解环境纠纷、推动环境执法的必要环节。

(四) 要建立、健全环境法律法规，使环境执法有法可依

环境行政执法，"有法可依"是基础和前提，为了突破我国目前环境执法难的现状，首要任务就是加快立法步伐。在这方面，"决定"提出，"加快建立有效约束开发行为和促进绿色发展、循环发展、低碳发展的生态文明法律制度，强化生产者环境保护的法律责任，大幅度提高违法成本"，提出"建立健全自然资源产权法律制度，完善国土空间开发保护方面的法律制度，制定完善生态补偿和土壤、水、大气污染防治及海洋生态环境保护等法律法规，促进生态文明建设"，这为下一步环境立法工作明确了任务。

(五) 通过法律明确规定统管、分管部门地位及职责权限，理顺环境职能监管体制

在事权方面，应当在政府的环境管理部门设置中，将那些职能相近和业务范围雷同的事项相对集中，由一个部门统一进行管理，最大限度地避免政

府职能的交叉、政出多头、多头管理，从而达到提高行政效率，降低行政成本的目的，改变目前的混乱现状。在统管部门和分管部门关系方面，应该将环境保护综合部门的功能定位为"综合协调"，其职能实际上包含了协调、指导、监督和服务四个方面的内容。为使分管部门真正负起有关环境保护监督管理的责任，在立法时就必须明确指明负责的部门及其相应的职能，从而在职责权限上作出明确的划分。在管理性质上，应明确环境行政主管部门统一监管，具有行政执法监督的性质，而各部门分工监管，主要是自我监督本部门承担的环境保护工作，而不同于环境保护行政主管部门的行政执法性监督。

（六）加强环境执法队伍建设，保障财力、人力、技术和执法手段支持

应该提高执法人员的政策业务素质、执法操作能力。要加大对环境执法的人员投入、设备投入和技术投入，改善环境执法手段和条件，增加环境执法机构的执法资源。在执法硬件方面，国家及地方政府应当加大对基层环保部门的预算投入，更新和完善环境执法和宣教设备，确保其拥有先进的设备和仪器，推进执法手段的科学化、现代化，提高执法队伍的快速反应能力，保证执法的准确性、时效性和科学性。要强化环保部门的执法权力，应赋予环境执法机构特定情况下强制执行或关停企业的决定权，以钳制在重大恶劣环境污染或破坏事件中可能出现的政府干预或地方保护主义。

三、结束语

正如十八大报告所指出，要"把生态文明建设放在突出地位，融入经济建设、政治建设、文化建设、社会建设各方面和全过程，努力建设美丽中国"，因此，"美丽中国"这一目标的实现，不仅仅依赖于环境保护，它还需要经济、政治、文化和社会诸多领域的制度建设作支撑。十八届四中全会报告提出，要"用严格的法律制度保护生态环境"，加快建立"生态文明法律制

度",这实际上是将生态文明建设融入法治建设当中,这是点睛之笔,如此一来,生态文明建设才有了依赖渠道和完整内涵,生态文明建设需融入"经济建设"、"政治建设"、"文化建设"、"社会建设"和"法治建设"中,其目标是建设"美丽中国"。

回到环境执法难问题上来,能否有效解决这一问题,是衡量我国生态文明法治建设成效的重要试金石。但这一问题的有效解决,其实也与我国的政治、经济、文化和社会诸领域法治发展状况、程度密切相关。当前中央提出全面推进依法治国,只有在这种大背景下,才有可能从根本上解决我国环境保护法律领域的执法难问题。生态文明建设必须纳入法治建设的轨道,同样,经济发展、政治昌明、文化繁荣、社会和谐这些目标的实现,也必然要纳入法治发展的轨道当中——十八大报告提出要建设"美丽中国",美丽中国必然是法治中国,"美丽中国"用法律人的语言重新表述,那就是权利至上、权力制约、依法行政、协商民主、天人和谐,这样的中国,才是中国人的梦想国度,才是中国人最终的"诗意栖居之所"。

气候治理

应对气候变化问题的多中心治理体制[*]

埃莉诺·奥斯特罗姆 著 谢来辉 译[**]

一、导　言

  许多被界定为"全球问题"的问题，都是个人、家庭、小集团、私营企业以及本地、区域和各国政府的行动产生的累积性结果。当今世界面临的一个迫切的全球问题就是削减温室气体排放，后者产生于全世界的个人与组织的行为，其累积效应增加了气候变化的威胁。解决这一问题需要集体行动。为了规避这一全球威胁，不同层面的众多行为体都需要采取代价高昂的减排决策。与此同时，任何一个人即使不作任何贡献都会从减排中获益。正如优秀的政策分析家们所分析的那样，降低这一威胁需要一个可实施的全球协议。[①]

---

  [*] 原题为"应对集体行动与全球环境变化问题的多中心体制"，发表于《全球环境变化》，第20卷第4期。本文原载于《国外理论动态》，2013年第3期。

  [**] 埃莉诺·奥斯特罗姆（Elinor Ostrom），美国著名政治经济学家，2009年诺贝尔经济学奖获得者；谢来辉，中国社会科学院亚太与全球战略研究院副研究员。

  [①] Carraro, C., *Governing the Global Environment*, Edward Elgar, Cheltenham, UK, 2003; Nordhaus, W. D., *Managing the Global Commons: The Economics of Climate Change*, MIT Press, Cambridge, MA, 1994; Wiener, J. B., "Think Globally, Act Globally: The Limits of Local Climate Policies", *University of Pennsylvania Law Review*, Vol. 155, 2007, pp. 1961 – 1979.

在与气候变化有关的政策文献中,主要争论都是围绕一些关键议题展开的,而这些关键议题对于在全球层面产生公平有效的机制都必不可少。问题之一涉及发达国家对于目前及不远的将来大气中温室气体浓度的责任问题。这涉及应该由谁来承担解决问题的主要负担,以及发展中国家是否可以拒绝承担与发达国家(他们首先制造了这种威胁)同等水平的责任。其他争论涉及那些降低碳存储的多种"疗法"是否有助于解决其他的环境问题。一个难题在于确定毁林对气候变化的影响:它究竟导致多少二氧化碳直接被排放到大气中?或者土地植被、土壤水分蒸发及云层覆盖的改变也是同样重要,所以后面这些因素在规划再造林时也应该得以考虑?

这些都是难以回答的问题。达成一个涵盖主要排放大国的可实施的国际协议,需要花费很长时间。在缺乏一个可实施的国际减排协议的情况下,如果仅仅等待而无所作为,就会减少我们及时采取实质性拯救方案以防止重大灾难的机会。

除了长期等待的问题之外,一个"全球性方案"如果缺乏各国、地区和本地层面的行动,就无法确保会得到很好的实施。虽然大气中温室气体的浓度在较大范围内可能都是相对均匀分布的,可是气候变化对于不同地区的影响程度不一,这要取决于人们所处的地理区位、生态及经济条件、对极端天气事件的预先准备以及之前的投资,等等。

进一步来看,尽管气候变化的诸多影响都是全球性的,但是,造成气候变化的原因皆源于各种规模更小的行为体。著名的口号"全球思考,本地行动"正好点出了所有世界居民所面临的困境。为了解决气候变化问题,个人、家庭、企业、社区和各级政府的日常活动必须有实质性的转变。即便如此,许多人仍旧没有认识到改变自身行为方式的必要性。他们要等到一个全球层面的协议才会行动。不过,这种局面正在逐渐改变,因为越来越多的行为体已经在学习如何不断降低减排的成本。

不过,从集体行动的传统理论看,没有人会自愿转变行为方式,以减少能源消费和温室气体排放。换言之,必须有一个外部权威强制施行一系列可实施的规则，以改变每个人所面临的激励。① 因此，分析人士呼吁建立新的全球层面的制度，以改变与能源消费及排放相关的激励。解决具有全球效应的集体行动问题的一个前提就是，必须首先通过一个具有全球权威的法律。因此，分析家们进行下一步的气候变化研究时必须处理好以下几个问题：

（1）集体行动的传统理论是分析如何减少大规模气候变化威胁的最好理论吗？如果不是，应该作何种改变？

（2）减少温室气体排放的行动仅会产生全球层面的利益吗？是否会在多重维度上产生更多收益？

（3）与仅仅依赖全球性方案的气候政策分析相比，多中心的分析进路是否会更为有益？

（4）在全球层面之下的其他层面，是否存在减少温室气体排放的行动？这些行动的累加效应能否减少严重的气候变化威胁？

（5）当各级政府及其他组织都参与减排时，是否会导致严重的泄漏（leakages）、政策不一致、认证不足（inadequate certification）、制度投机（gaming the system）以及搭便车行为等问题？

二、集体行动的传统理论

"集体行动"的概念是指这样一种情景：有关行动的决策是由个人分别独立作出的，但是最终的结果却会影响到所涉及的每一个人。如果独立的决策者们都仅追求短期的物质利益，他们就无法获得可为所有人所分享的、可行的更高回报，而无论他们是否投入成本作出贡献。一般认为，享有最大化短期物质利益、并作出独立决策的参与者们将无法获得这种（更高回报的）结果。按照集体行动的传统理论，在全球范围内如果没有外部施加的规制，将不会有任何行为体会自发选择减排。

---

① Brennan, G., "Climate Change: A Rational Choice Politics View", *The Australian Journal of Agricultural and Resource Economics*, Vol. 53, 2009, pp. 309–326.

这种传统理论的适用性，在许多学者看来是如此之明显，以至于没有人质疑它能否为那些旨在降低气候变化威胁的行动提供最佳的理论基础。① 不过，有两个理由来怀疑唯一依赖这种传统的集体行动理论是否就是最佳的科学战略。首先，对于与中小型环境问题以及社会困境相关的集体行动传统理论，经验支持较为薄弱。其次，除了各种学术及政策性文献中主要关注的、全球层面的减排收益以外，在其他大、中、小型规模的维度内也还存在多重性的收益。

（一）传统集体行动理论缺乏经验支持

最近有一本专著评述了与环境问题有关的集体行动理论的经验支持。② 他们考察的内容包括：深入的案例分析、案例的元分析、大规模的比较性田野研究、实验室研究以及代理人模型等产生的证据。虽然在一系列的经验研究中也都发现了许多搭便车的情况，但奇怪的是：大量本应面临集体行动困境的中小型群体却选择了合作。因此，在分析与气候变化威胁相关的减排行动之前，有必要更新集体行动理论，以使未来的政策不会建立在这样一个看似明显、可其关于全球性无合作的预测却未获得支持的理论之上。

（二）更新有关气候变化的集体行动理论

未来如果要分析个人如何与各种自然资源相联系，一种更新的集体行动理论必须建立在人类行动的行为理论基础之上，并认识到具体情境在影响这些参与者之间的信任和互惠水平中的重要性。而且，该理论在气候问题上的

---

① 除了以下两个文献是例外：Morgan, M. G., "Managing Carbon from the Bottom Up", *Science*, Vol. 289, 2000, p. 2285; Victor, D. G., et al., "A Madisonian Approach to Climate Policy", *Science*, Vol. 309, 2005, pp. 1820 – 1821。

② Poteete, A., et al., *Working Together: Collective Action, the Commons, and Multiple Methods in Practice*, Princeton University Press, Princeton, NJ, 2010.

应用，也需要考察在个人和企业的能源使用中是否存在小规模的外部性。这将构成一种对未来行动的完全不同的认识基础。

既然在社会的两难困境中的行为因个人和情境而异，更新的理论努力取决于个人的行为理论，也取决于影响自愿合作可能性或者履行正式规则的、相对高水平的具体困境的结构性特征。一种关于个体的行为理论将假设个人不再拥有完全信息，但是在具体情境下互动时，他们能够学习。个人是有限理性的，而且寻求自我的利益，但是在顾及他人的偏好，以及关于在特定情境下他们应该采取何种适当行动的规范方面，却存在千差万别。

于是，参与者具有获得声誉的能力，即让人信赖、让人愿意参与合作的能力，就成为维持中高等合作情形的核心特征。为了实现这一目标，任何试图提高集体行动水平以克服社会困境的政策，都必须增强参与者的信任度，他们要信任其他人正在实施这些政策。关键的因素在于，一个结构性特征的组合使得许多有关的人们相互信任，并愿意采取一致的、会增加短期成本的行动，因为他们确实看到对自身以及他人的长期性收益，而且相信许多人也会这样做。

当政府制定政策以解决某个外部性问题时，集体行动的问题并不会消失。即使是政府的政策在很大程度上也还取决于公民合作的意愿。如果公民们同意政府的某项政策并认为大家会执行，而且同时也认为该项政策是有效的并将公平实施，那么实施成本就会比在公民们试图逃避这项政策时要低得多。对于一项政策的运作而言，人们信任政府官员是客观、有效和公平的，相比于依赖权力来实施，要重要得多。

三、我们从减排中仅获得全球层面的收益吗？

温室气体排放是一种在多重维度上由极大数量的行动导致的结果。在一个家庭内部，使用何种交通方式、购买何种轿车，以及在家里消费何种能源等决策，影响的不仅仅是家庭预算，还有向大气中排放的温室气体数量。类似的，商业企业内部的决策也不仅影响它们的预算，还会产生排放。

那种建有智能电网可以使各家各户都投资于太阳能以满足家庭能源需要，或者在不需要时售给更大电网的社区，既可以降低能源成本，也能降低温室气体排放。投资建立更好的废物处理设施也能产生本地收益，还有助于减少全球排放。在大都市地区，降低污染水平的行动同时关注总体能源消费以及颗粒物的排放，因此也能够给城市还有全世界带来收益。既然许多产生排放的活动都是在多重维度，那么在多重维度上组织的活动也会给所有参与者都带来收益，从本地层面的家庭、农场和城市，到地区层面的州、国家、跨越国家边界的区域，以至全球。

四、一种多中心的进路

在过去的半个世纪里，我与印第安纳大学政治理论与政策分析工作组联系的同事们，为分析与多样公共物品及服务的提供有关的集体行动问题，开发了多中心体系的概念。如前所述，由于在多重维度上减排的行动会产生多重收益，多中心性（polycentricity）对于理解和改进减少气候变化威胁的努力，是一种有用的分析路径。

在 20 世纪 50 年代，针对美国和欧洲大都市地区的治理安排，存在大量的批评，因为在同样的都市地区同时有大量的大、中、小规模的政府单位在运行。许多学者认为，如此多数量的政府机构为一个地区服务是混乱的体系。为了理解这样一批形式多样的公私机构为都市区域提供公共服务究竟是混乱无序，还是一种有潜在生产力的安排，我们在研究工作中提出了"多中心性"的概念："多中心的"意味着许多个决策中心，它们形式上相互独立……它们在竞争性关系中将彼此考虑在内，进入各种契约性及合作性的任务，或求助于中心的机制以解决冲突，在一个大都市地区的各种政治管辖机构可能以一种内在一致的方式，以相互协调和可预测的互动行为模式发挥作用。就这方面来看，如果真是如此，它们可谓是作为一个"体系"在运作。①

多中心体系的特征在于在不同维度上的多重治理权威，而非单一中心的单位。一个多中心体系内的每一个单位都在特定的领域内展现制定规范和规则的相当独立性。一个多中心体系中的参与者有使用本地知识的优势，并从其他也参与试错（trial-and-error）学习过程的人们身上学习。随着更大型单位的介入，与无贡献者、当地"暴君"以及不适当的歧视相关的问题就可能得到解决，在新的科学知识和创新方面就可进行投资。没有哪种治理体系是完美的，但是多中心体制有可观的优势，因为它们有相互监测、学习和随着时间适应更佳战略的机制。

在集体物品的提供与生产方面，尽管没有制度安排能够在整体上消除机会主义，多中心体系趋向于加强创新、学习、适应、可信赖性、参与者合作的程度，以及在多重维度获得更加有效、公平和可持续的结果。② 增强公民的能力使其形成小规模的集体消费单位，会鼓励面对面的讨论，并获得共同的理解。创造更大的集体消费单位，会减少富人的战略性行为——他们会试图逃至避税港，从而搭上其他纳税人的"便车"。而且，创造与气候变化相关的多中心制度有助于实现国际法中的"配比原则"：即涉及多重层面（例如全球、国家、地区和更小的规模）的问题时，每一个层面都应该有所贡献。③

有人可能会问，多中心分析路径与全球公共物品有什么关系？多中心路径的初步联系在于：之前认为只有大规模治理才与都市地区公共物品的提供及生产相适应，于是当下一些学者就认为只有在全球维度下才能提出与全球公共物品相关的政策，这两种假设之间存在着类推关系。但是，大量的经验研究发现，虽然大规模的治理单位是大都市地区有效治理的一部分，可是中、

---

① Ostrom, V., et al., "The Organization of Government in Metropolitan Areas: A Theoretical Inquiry", *American Political Science Review*, Vol. 55, 1961, pp. 831 – 832.

② Toonen, T., "Resilience in Public Administration: The Work of Elinor and Vincent Ostrom from a Public Administration Perspective", *Public Administration Review*, Vol. 70, 2010, pp. 193 – 202.

③ Adler, J. H., "Jurisdictional Mismatch in Environmental Federalism", *New York University Environmental Law Journal*, Vol. 14, 2005, pp. 130 – 135.

小型治理部门也是必要的补充。一个重要的教训就是，仅推荐单一的治理单位来解决全球集体行动问题的做法需要认真的反省。

正如前面所讨论的，相比于仅在全球层面获得的减排收益，在多重维度上的多元化行动创造了多重的收益。在家庭层面也产生了潜在的收益。选择骑车而非驾车上班的家庭成员有更好的健康。如果投资于房屋的更佳设计、现有房屋的再建、安装太阳能电池板，以及其他家庭及私人企业可以实施有长期回报的措施，用于取暖和供电的家庭开支可以降低。随着关于这些小规模的、但是可以累加的各种有益的信息越来越多，人们可以预期会有更多可以采取的行动，而它们不断累积就会明显减少排放。

五、在次全球层面有哪些减排行动在实施？

如果多中心路径适用于减少灾难性气候变化的威胁，那就有必要了解在各种维度上已经采取了哪些减少温室气体排放的努力。本文不可能将全世界各个维度的正在进行的项目全面记载下来。我这里所能做的是，关注美国一些州和地方政府组织的项目，并讨论欧洲一些实质性的减排行动。

（一）本地层面的行动与减少本地外部性的联盟

本地层面的减排行动涉及购买节能轿车、使用其他交通方式、使用太阳能和风能的设备，以及在城区实现建筑隔热。"在美国，建筑占用一次能源供应的40%，以及电力的超过70%，主要用于供暖、冷气和照明。"[1] 研究人员识别了17种可以在家庭或者商业设施内采用的、可以最终对碳排放产生重要影响的行动。[2] 改建房屋以增加隔热功能、太阳能电池板以及更有效率的供暖

---

[1] Gershenfeld, N., et al., "Intelligent Infrastructure for Energy Efficiency", *Science*, Vol. 327, 2010, p. 1086.

[2] Dietz, T., et al., "Household Actions Can Provide a Behavioral Wedge to Rapidly Reduce US Carbon Emissions", *Proceedings of the National Academy of Sciences of the United States of America*, Vol. 106, 2009, pp. 18452 – 18456.

系统是可以在本地层面采取的重要战略，而且使这些既节省了能源开支又减少了排放的家庭或企业，在长期可以产生储蓄。

开发可靠的城市一级的温室气体排放清单的方法已经形成，并得到了测试。① 它们正在许多承诺在《京都议定书》的规定下减排的各国城市中得以应用。仅在美国，1026 个城市的市长参与了"美国气候保护协议市长大会"，承诺要在 1990 年的基础上至少减排 5%。②

各城市和电力企业已经开始启动各种"绿色"行动。美国的一些公共事业公司正在积极地通过开发本地监测系统，并报告到消费者收到的账单中去，以探索减少能耗的途径。利用消费者和集团之间的各种形式的竞争，并展示谁在节能方面做得最好，这是一种也被大学校园采纳的减排战略。比如欧柏林学院，在尝试各种动员住校生的方法。在一个对这种行动进行严格评估的研究中，研究人员发现"通过引入反馈、教育和激励等措施，最后减少了32%的电力消费"。③

（二）美国各州层面的项目

加利福尼亚是美国各州中第一批通过重要气候立法的州之一，它在 2006 年通过了《全球变暖解决方案法案》（Global Warming Solutions Act）。该法案要求包括石油、天然气冶炼、运输在内的主要产业进行大幅减排。科罗拉多州立法机构通过了《州议会法案08—1350 号》（State House Bill 08 – 1350），

---

① Hillman, T., Ramaswami, A., "Greenhouse Gas Emission Footprints and Energy Use Benchmarks for Eight U. S. Cities", *Environmental Science and Technology*, Vol. 44, 2010, pp. 1902 – 1910; Ramaswami, A., et al., "A Demand-Centered, Hybrid Life-Cycle Methodology for City-Scale Greenhouse Gas Inventories", *Environmental Science & Technology*, Vol. 42, 2008, pp. 6455 – 6461.

② U. S. Mayors Climate Protection Agreement, 2010. http://www.usmayors.org/climateprotection/documents/mcpAgreement. pdf（accessed May 1,2010）.

③ Petersen, J. E., et al., "Dormitory Residents Reduce Electricity Consumption When Exposed to Real-time Visual Feedback and Incentives", *International Journal of Sustainability in Higher Education*, Vol. 8, 2007, p. 16.

并在 2008 年签署生效,使该州各市能为已批准的住房改造及其业主们融资,从而通过 20 年的延期还款来支付能够减排的供暖和电力设备资本投资。2007 年 7 月,佛罗里达州州长查利·克里斯特(Charlie Crist)签署多个行政命令设立了减排目标,并修改建筑法规以在新建筑中要求增加能效。

东部一些州也正在采取行动建立碳市场。① "区域温室气体倡议"(RGGI)共有东北和临大西洋中部的 10 个州参与,计划在 2018 年之前从电力行业中减排二氧化碳 10%。而且,"区域温室气体倡议"是美国首批基于市场的限额与贸易机制之一,这种机制通过拍卖排放信用额,以及投资于发展各种形式的清洁能源技术从而在各州减少排放,并创造绿色就业。第八次拍卖发生于 2010 年 6 月 9 日。这一实验项目,在所有 10 个州均产生了关于拍卖策略的效率及其减排效果的实用信息。

(三)欧盟的努力

在欧洲,各种创造性的政策正在将本地、各国乃至欧盟各个层面联系起来。② 这种合作性的规划为发展一种新的多中心系统提供了必要的背景。这项研究提供了一个能够增加电力却不增加排放的多中心系统的极佳案例。

在区域层面,现在已经建立了欧盟排放贸易体系(EU ETS),可以在 2012 年之前实现欧盟在《京都议定书》中承诺的 8% 减排目标,并降低经济成本。欧洲的电力、钢铁、玻璃、制砖和陶器等部门的大约 12000 个大型工业企业被纳入其中,只有交通部门除外。这些企业的经营者获得一年期的排放配额。如果经核实配额未充分用完,未用完的配额部分可以出售给其他没有完成既定目标的企业。

---

① Rabe, B. G., *Statehouse and Greenhouse: The Emerging Politics of American Climate Change Policy*, The Brookings Institution, Washington, D. C., 2004; Rabe, B. G., "Beyond Kyoto: Climate Change Policy in Multilevel Governance Systems", *Governance*, 20, 2007, pp. 423 – 444.

② Bulkeley, H., Kern, K., "Local Government and the Governing of Climate Change in Germany and the UK", *Urban Studies*, Vol. 43, 2006, pp. 2237 – 2259.

（四）多重主体的行动累积起来可以降低气候变化的威胁吗？

虽然目前已有的行动尚未能在全球范围内产生重要的减排，但是这些行动正在慢慢累积。而且，所涉及的大部分单位都是重要的排放者，可望随着时间的推移不断增加贡献。比如，欧盟排放贸易体系已经使欧盟内部产生了实质性的减排。2006 年，欧洲环境局（EEA）发布的官方数据显示，签署《京都议定书》的欧盟成员国能够在 2005 年实现相比于 1990 年减排 2% 的目标。预计温室气体排放在 2010 年相比 2004 年的水平将进一步降低。

除了前述欧盟的 EU-ETS 和美国的 RGGI 之外，另外还有 3 个排放贸易体系建立起来了。清洁发展机制（CDM）在英国得到进一步的发展，吸引了大量的企业。世界银行创立了"原型碳基金"（the Prototype Carbon Fund），这与清洁发展机制的形式很相似，主要投资于发展中国家的减排项目。芝加哥气候交易所（CCX）也建立起来，使企业可以基于自愿减排进行交易。

加州不仅仅是世界上第十二大温室气体排放源，也是领先采纳气候政策的政府之一。[1] 加利福尼亚在 2006 年实施的《全球变暖解决方案法》的目标是到 2020 年减排 25%，具体通过从油气加工及运输部门在内的主要部门进行大幅减排。加州空气资源委员会受命建立一个基于市场的限额贸易项目以实施这一政策。[2] 该项目本质上是 CDM 的一个本地化版本。

如前所述，超过 1000 个美国城市的市长承诺要在 1990 年水平上减排至少 5%，这也是本地化行动正在积累的一个信号，并不是仅仅有很少的本地或区域组织正在采取积极的减排行动。媒体所关注的美国个别城市和各州的初

---

[1] Engel, K. H., "State and Local Climate Change Initiatives: What is Motivating State and Local Governments to Address a Global Problem and What Does this Say about Federalism and Environmental Law?", *Arizona Legal Studies Discussion Paper*, No. 6 – 36, University of Arizona, James E. Rogers College of Law, Tucson, 2006. URL: http://papers.ssrn.com/sol3/papers.cfm?abstract_id = 933712## (accessed July 8, 2010).

[2] Goulder, L. H., "California's Bold New Climate Policy", *The Economists' Voice*, Vol. 4, No. 3, 2007, article 5. URL: http://www.bepress.com/ev/vol4/iss3/art5/ (accessed July 7, 2010).

步行动，以及欧盟的行动，已经在引领很多其他组织，包括非营利性组织，去探索减少排放的同时也获得一些本地性收益的途径。

除了最近取得的实际减排效果，从多元化的机制应用过程中也获得了可观的经验。所有这些自愿行动都涉及了那些在全球性减排协议下必然要参与行动的组织。虽然全球协议要由各国政府来签订，各国都要开发出涵盖政府部门、产业和公民的国内政策，以采取能够累积产生协议减排目标所需的行动。

六、在气候问题上行动主体的数量会产生不利影响吗？

对当前减排行动提出的批评之一就是，在多重维度上存在太多的项目和活动，却没有一个全球协议的有效支持。考察一些被认为是困扰减排行动的关键问题，就显得尤为重要。承认这些问题对于开始寻找解决问题的方法是必要的一步。常被指出的问题包括：泄漏、政策不一致、认证不足、制度投机以及搭便车等。

（一）泄漏问题

在次国家层面的减排项目中常被发现的问题之一就是泄漏。在低于全球层面下采取的政策会发生两种类型的泄漏：不同地域间的泄漏与市场泄漏。① 本来应该发生于 X 地区的活动，因为在 X 地区的一个气候变化项目，转移到了 Y 地区，这就发生了所谓"地域间的泄漏"。欧盟排放贸易体系和美国"区域温室气体倡议"的减排活动，在某些情况下就使得一些本来会在欧洲或美国发生的排放，转移到了一个排放政策较为宽松或者根本没有政策的发展中国家。例如，欧盟排放贸易体系导致生产转移到可以免费排放从而生产成

---

① Ebeling, J., "Risks and Criticisms of Forestry-Based Climate Change Mitigation and Carbon Trading", in Streck, C., et al. (eds.), *Climate Change and Forests: Emerging Policy and Market Opportunities*, Chatham House, London, 2008, pp. 49–51.

本更低的国家，但是在生产化学品以及向欧洲运输这些化学品的过程中还是排放了碳。类似的，因为植树项目被迫迁移的农民可能直接就跑到一个新的地方并在那里砍树，除非他们必须作出会受到严格核查的承诺。

市场泄漏是指因为政策限制而可能发生的价格结构的变化。比如一个政策降低了某地木材及其他林木产品的供应量，这会导致这些产品价格的提高。如果一切运行良好的话，更高的价格会鼓励其他地区加强农业及林业生产，而不会刺激更多的毁林。"在更糟的情景下，特别是在土地规制政策实施很糟时，更高的价格会在其他地区产生毁林的额外信号，因此降低了气候减缓项目的净效益。"[1]

（二）政策不一致

与泄漏问题密切相关的是政策不一致的问题。正在努力开发减排新技术的工业企业会发现，如果在地区之间政策差异很大，研发的代价就很大。新技术的潜在市场限于那些技术适用于减排政策的地区，而这些地区可能没有大到足以产生可以保障新技术投资的市场规模。

（三）认证不充分

对于在各个维度上采取旨在为减排项目提供各种报偿的政策，都需要训练有素的人员来认证，以确认该项目在一定的时间范围内确实产生了某个数量的温室气体减排量。一个叫作"全球咨询"（global consultants）的非常活跃的新产业已经在形成发展中。虽然很多咨询师并没有经过很好的科学训练，对于认证的迅速增加的需要为一些不合格的从业者在这场新的认证博弈中提

---

[1] Ebeling, J., "Risks and Criticisms of Forestry-Based Climate Change Mitigation and Carbon Trading", in Streck, C., et al. (eds.), *Climate Change and Forests: Emerging Policy and Market Opportunities*, Chatham House, London, 2008, p. 50.

供了发财的机遇。有学者评估了 93 个随机选择的 CDM 项目，发现在大多数情况下，被聘雇于确认 CDM 产生的已验证的减排信用额（CERs）的咨询师都没有具备所需的知识，普遍存在过度工作、未遵循指导、评估一个项目只花很少时间等问题。①

（四）制度投机

一些行为体在现实中采用了利用现有碳信用交易体系（包括 CDM）不足以谋取私利的策略。美国研究人员考察了 CDM 项目的分布情况，发现仅有三分之一的减排是有关降低二氧化碳和能源利用的。相反，"大量的减排信用额，几乎整个市场的 30%，都来源于捕获和销毁氟代甲烷（HFC-23）"这种制冷设备的副产品。② 排放这种气体的厂商，因为出售这种气体用于制冷又参与 CDM，可以获得两倍收益。因此，一些企业似乎开始生产这种气体，以获得信用额出售给碳市场作为主要目的，而非削减温室气体。

（五）搭便车

无论何时有某些个人或组织采取了有利于更大规模集团的行动，都会存在搭便车的风险，一些人会根本不作贡献或者没有贡献适当的份额。当前，也有很多政府及私人部门在各种层级都在大幅增加温室气体排放，尤其在发展中国家，却没有采取在未来削减排放的任何政策。这是一个重要问题。而且，谁造成了大气中温室气体大幅增加的状况，谁因此要在未来为此作出补偿？这些问题都非常有必要进行辩论。

---

① Sovacool, B. K., Brown, M. A., "Scaling the Policy Response to Climate Change", *Policy and Society*, Vol. 27, 2009, pp. 317-328.

② Wara, M., "Is the Global Carbon Market Working?", *Nature*, Vol. 445, 2007, p. 595.

七、总结性评论

本文的目的在于解释当前的一个重要趋势：应对全球气候变化的一个多中心体系正在形成，而且在未来可能会扩展下去。现实中这一进展与集体行动的传统理论并不一致，后者预测：除非存在外部强制实施的一系列规则，否则不可能发生各种为降低集体风险而采取的行动。结果，许多分析家都预设一个强制实施的全球协议是解决气候变化威胁的"唯一"途径。毫无疑问，一个全球协议是非常重要的步骤，只要各国领导人能就诸多与过去和未来排放责任、最为有效的减排规则有关的问题达成一致，就应该尽快达成。但是，相比于仅仅关注这一至关重要却仍旧缺失的一步，同样重要的是要认识到正在形成中的多中心体制，包括其优点以及不足。

至于传统的集体行动理论，在不同背景下参与者所采取的有效行动获得了大量集体收益，这在经验性研究文献中已经有所记载。然而，我们对世界各地的公共事务的研究一再地挑战传统的理论预测：即那些直接受影响的人们孤立无助，自己不可能采取行动解决集体行动问题。我们从大量研究中学到的是：当个人对其面临的问题以及问题所涉及的其他人掌握了全面的信息，并且能够建构出可以产生、增强并长期维持信任和互惠关系的情景时，就会经常发生代价昂贵但有积极意义的行动，而无需等待外界的权威来施加规则、监测实施以及考虑惩罚。

虽然全球公地远远要大于许多已经研究过的本地公地，但是家庭内部或者一个社区内部与邻居们关于减少温室气体排放的本地行动的讨论，都是能导致积极变化的可能性的重要因素。本地的讨论和会议产生关于个人、家庭以及商业活动未被认识到的成本的信息，并且可能导致相关个人偏好的变化，以及其他人预期行为的变化。作为这种沟通的结果，一些行为体对其自身的碳足迹产生了一种伦理责任感。通过这些讨论以及阅读多种行为体减排的行动事迹，个人可能认识到：他们会因为与其他人一起采取有代价的行动，在降低共同面临的威胁的同时也在个体层面受益。即使没有在国家层面对能源征收重大税负，那些家庭如果决定投资于更好的隔热设备和更有效率的炉子等电器，并在任何适宜的时候都参与拼车及其他节能行动，在长期确实都会降低家庭预算。他们会面临较高的先期投资以获得其中这些收益，但是在家庭层面未来存在潜在的收益。类似的，市长们与本地、州和地区的其他政治领导人之间的讨论，会增强对他们可能采取的政策、相互联系何以能增加收益以及他们行动的影响等方面的知识，自我组织的、多中心的体制并不是万灵药！不过，对于全球变暖这样一个复杂问题也并不存在万灵药。除了多中心体制能产生的一般收益之外，也存在如前面所简述的威胁。其中一些威胁也会存在于任何从全球协议发展出来的全球性体制之中。正如所期望的那样，搭便车对一个缺乏可实施协议的体制将是一个重要威胁。不过，人们也可能预期，即使一项全球协议已经成功谈判达成，那些对减少碳排放仍未信服的行为体将会试图搭便车。

由于应对气候变化相关问题的复杂性和变化的本质，大幅削减排放的"最优"方案仅是一个梦想。不过，大幅削减排放确实是必要的。多中心路径的优势在于，它鼓励多种行为体的实验，鼓励发展各种评估某一情境下所采取具体战略之成本与收益的方法，并将其与在其他情境下的结果相比较。探索各种方式的、减少个人排放的有力承诺，是应对气候变化的重要任务。建立这样一种承诺，并且信任其他人也会承担责任，可以在中小规模的单位内通过多元化的信息网络更加有效地得以实现。

我们需要认识到，除非达成全球协议，否则就无所事事的做法，其实是将涉及所有人的风险最大化。与仅有一种全球行动相比，更好的方式是自觉地采取多中心路径来解决气候变化问题，以在多种维度上获得收益，并鼓励实验和从多种维度上实施的多元化政策中学习。

气候变化的制度丛集

罗伯特·基欧汉　戴维·维克托　著　刘昌义　译*

一、导　言

近 20 年来，各国政府一直在努力构建一个强有力、综合而又全面的管理气候变化的规制体系。不过它们的努力所产生的却是一组形式各异、范围更窄的规制制度（regulatory regime），我们称之为"气候变化的制度丛集"（regime complex for climate change）。这一制度丛集的诸要素或紧密或松散地联系在一起，有时相互冲突，但通常都是相辅相成的。

本文探索了国际规制制度这一个连续统的两端：一端是全面的国际规制制度，通常聚焦于一个单一的、综合性的法律工具；另一端则是高度分散的制度安排。在两端之间，是嵌套制度（nested regimes）和制度丛集，二者都是特定制度松散连接而成的制度集。我们提出一个分析框架来解释：为何在不同议题领域的规制努力会产生沿着制度谱系广泛分散的不同结果。我们认为，就气候变化而言，当代世界政治内在的结构多样性和利益多样性趋于导

---

* 罗伯特·基欧汉（Robert O. Keohane），普林斯顿大学公共与国际事务教授；戴维·维克托（David G. Victor），加州大学圣地亚哥分校政治学教授；刘昌义，中国气象局国家气候中心助理研究员。

致形成制度丛集,而非一种全面性、综合性的制度。对那些热衷于更有效的国际规制的决策者而言,注重管理制度丛集的战略,或许要比投入大量的政治和外交资源构建一种全面的制度更能有效地管理气候变化。近些年数次大规模的全球峰会,例如哥本哈根会议,都围绕着一个目标:签订一个单一的、全球性的条约,但根据我们的分析,目标更集中、权力更分散化的活动能产生更大的影响。在高度不确定性和政策不断变动的背景下,制度丛集不仅在政治上更为现实,而且在灵活性和适应性上也有显著的优势。

我们首先描述气候变化的制度丛集,这一制度丛集并不是经过全面设计的,而是来自于不同国家及其外交机构在不同时期和不同的具体问题上的众多选择的结果。这些制度安排如教科书般地构成和展示了制度丛集,并为构建更具一般性的理论提供了一个很好的例证。

然后我们尝试解释为何这些规制气候变化的努力产生了这样的制度丛集。我们认为气候变化实际上是许多不同的合作问题,不同的合作问题意味着不同的任务和结构。可以用三种力量来解释制度结果从综合到分解的变化:利益分配、连接(linkage)的收益以及对不确定性的管理。这些力量为政府和非国家参与者构建一组广泛分布而非单一的等级式(hierarchy)制度的努力提供了激励。这组制度包括一些紧密连接的制度,尤其是那些用来转移诸如资金、技术和创意的制度要素之间的连接;但其中绝大多数制度要素都是分散的,其特征是连接松散,缺乏层次性。

接下来我们探索了各种能促进更有效的政策行动的方法,以解决当今日益紧迫的气候变化挑战。尽管坎昆会议在哥本哈根签订的协议制度化方面取得了部分成功,但是创建一个综合而全面的制度却几乎是不可能成功的。原本可以集中在解决特定气候变化问题、更窄的规制制度上的政治和经济资源,可能因为这些努力而被转向别处。大量更窄的、部分连接的努力都将强化业已出现的制度丛集。这一政策战略能产生更具灵活性和适应性的制度,关于这点我们可以列举众多的例子,例如国际排放贸易、森林管理战略的创新、边境调节税的调解、技术政策的合作等等。尽管这一聚焦在松散连接要素的战略大有前途,但它也并不必然就是更优的。为了比追求不切实际的全面制度有所改进，一个制度丛集必须满足如下标准：一致性、责任、确定性、可持续性、认知质量和公平性等。

构建一个全面而综合的气候制度之各种努力的失败，反映了发达国家（如美国）对成本高昂的政策的抵制，发展中国家也是如此。这也反映出那些将外交努力放在试图塑造综合的、国际性的、具有法律效力的制度上的政策选择是多么的不明智。这些努力失败的来源可谓根深蒂固，而主流文献对这种政策选择也并不乐观。尽管我们并不反对这种悲观前景，但我们并不认为一个不可行、但是全面而综合的制度就成为我们绝望的理由，我们可以采取很多行动缓解这一问题，并加强在气候变化问题上的全球合作。

二、国际合作与气候变化的制度丛集

这里用于思考气候变化制度丛集的方法，与《权力与相互依赖》一书所发展的分析框架是一致的。各种具有法律约束力规则的国际制度都是由那些代表国家利益（精英们所理解的国家利益）的精英们正式创建的。这些精英们面临着国内和国际的各种政治压力，这些压力又决定了他们如何计算利益并代表国家做出决策。尽管国家始终位于国际法律形成和执行过程的中心，许多其他非国家参与者也扮演着重要的角色，包括非政府组织（NGOs）、商业企业和媒体。这些群体有时独立行动；他们也是选民，影响精英们的任期和决策，从而影响精英们对国家利益的计算。这些选民们的利益多种多样，因为行动的成本和收益对每个人来说都是不一样的，而且会随时间而变化，因此选民之间的利益常常发生冲突。国际结果（如国际条约的设计和内容）取决于国家利益之间的权衡，后者又取决于相关各国所能获取的、与特定议题领域相关的权力资源。权力体现为两个方面：（1）本国决策对他国的影响（主要取决于国家大小和经济实力）；（2）于己更为有利的不对称的相互依赖，此时即使出现默认结果（即未达成协议），本国也处于更有利的地位。

这些选民们进行组织以及理解自身利益的方式是随时间而变化的，因为选民们所感知的利益又受不断变化的信息和信念的影响。也就是说，思想总是起作用的。

各国为了增进自身的利益,构建了各种国际制度——"体制"(regime)——来帮助他们获得来自合作的收益。这类制度有助于各国通过降低交易成本来实现各自的目标,提供焦点,增加信息及可信性,监测履约情况,并协助惩罚违约行为。

当国家将资源投入到规制体制的建设中时,结果可能大相径庭。在一个极端,是完全综合的,通过全面的、科层式的规则来实施规制的制度。而另一个极端则是高度分散的制度集合体,没有可辨识的核心,不同的体制元素之间只有很弱的联系或根本没有联系。在二者之间的很大一片区间内,包括具有可辨识的核心的嵌套(半科层式)制度,以及非科层式的、松散连接的制度体系。我们所称的"制度丛集",正是指位于这一区间的中间、各种松散连接的制度安排。制度丛集的特点是各种特定的、相对窄的制度相互之间构成联系,但又缺乏构架全局的整体性结构或层级。尽管"制度丛集"这一术语并无新意,但是目前仍缺乏一套理论来解释:为何这种形式的制度在某些领域大行其道,而在其他领域却并未出现?

有三种力量可以用来解释为何一个制度出现在这个区间。第一种力量是利益分配,利益分配又取决于权力的大小。当所有关键的、强大的(国家或非国家)参与者在一个较为广阔的问题领域上的利益都足够相似时,他们会"需要"一个单一的国际制度,因为这是获得合作收益的最好的方法,那么此时我们预期会出现一个综合性的制度。这些参与者所拥有的关于哪种制度形式符合他们利益的信息和信念,或许能促使各方的利益围绕一个单一的规制体制趋同。所有的关键参与者围绕一个共同的目标都有强烈的需求,那么在没有其他可行的制度来竞争时将产生一个综合的制度。保护臭氧层问题的相关协议就是以这么一种方式出现的,既有主流的观点来支持联合国倡导的全球性条约,又有来自最强有力的国家、企业和非政府组织对这唯一的条约投入资源的强烈需求。

当然,国际制度通常并不是来自某次国际会议上深思熟虑的决定,而是"通过期望趋同或心照不宣的讨价还价,对随时间而逐渐演变的非正式权利和规则进行法律化编撰"的结果。也就是说，它们的出现是路径依赖的、由历史所形成的。对路径依赖重要性的全面阐述超过了本文的范围，但路径依赖能够解释为何国家和非国家参与者都一样会鼓励（或容忍）大量不同的规制制度，尤其是在他们的利益出现背离、不存在唯一均衡点时依然如此。多样化的规制制度为挑选和转换不同的制度平台提供了机会。一旦许多不同的制度固定下来，而至少对某些重要的国家来说挑选制度平台的收益又很明显时，那么这些制度很难避免发生一定程度的分散。

第二种力量是不确定性。当许多国家尝试在有着大量其他参与者、同时又高度复杂的问题上进行合作时，它们或许会对它们所能获得的收益以及规制对它们造成的风险暴露程度高度地不确定。随着合作的深化，政府在它们将愿意和能够做什么这个问题上，日益无法作出可靠的、严格的承诺，因为如果想要大幅改变国内的政策，不仅要求必须有具备高超能力的公共管理体系，而且要求这种政策改变出其不意地影响国家层面的重要的利益群体。在这样的背景下，小团体国家通常组成"俱乐部"，因为俱乐部团体很小，所以方便管理。俱乐部允许成员保留来自其国内的收益而不必与其他成员分享，也允许成员搭便车的行为。因此，即便合作问题的结构看上去需要一个大而广的规制制度，但不确定性也会导致出现更小的、成员资格迥异的合作结构。

第三种力量是连接。许多议题领域通过彼此之间的连接来扩大缔约的范围，而这又会鼓励整合。事实上，许多制度就是设计出来鼓励连接以增加合作收益和强化遵约激励的。例如，关贸总协定（GATT）和世贸组织（WTO）的发展过程中就一直鼓励（直到约 10 年前）投资于一个单一的综合性制度，因为这一制度内的国家和主要跨国参与者（如跨国企业）的私人收益都很高，而且很容易通过最惠国待遇和互惠条款延伸到所有的成员国。这些条款使得国家间很容易就与贸易相关的问题连接起来，而且贸易的互惠性质也鼓励这种联系。而在其他背景下，例如当不同的规制安排在管理上很难产生连接时，制度设计很可能更青睐于持续的分散化。

连接有助于确定问题领域的边界。连接可以深化合作，从而扩大议题领域的范围，正如 GATT/WTO 制度，这一制度最初只集中于削减关税，而现在则包括一系列广泛的与贸易相关的措施，例如补贴、政府采购和食品安全标准。在贸易领域，不仅在新协议形成时会产生连接，而且通过 WTO 的贸易责任执行体系也会产生连接。当合作所在的问题领域无法产生整合性的连接时，结果可能形成宽泛而无实质影响的制度，或形成许多单个的制度，每个制度只集中于某个可能产生合作的领域。"生物多样性"的问题领域就是以这样的形式出现的，有一个宽泛的、影响很小的条约（《生物多样性公约》）和许多"窄"的协定（许多协定都早于这一公约），这些"窄"的协定只关注特定的要素，例如管理濒危物种的贸易、对荒野区域保护的协调、促进对生物多样性相关创新的知识产权的保护，等等。弱连接会模糊议题领域的边界，例如《生物多样性公约》，就是法律协议的一个极端，这一公约涉及如此众多不同的国际潜在合作领域，以至于这一协议根本无法在任何问题上取得实际的政策效果。

我们已经辨识出导致综合或分散的三种力量：利益分配、不确定性和连接。这些力量在不同的议题领域可能表现出不同的程度。接下来我们以气候变化为例，考察这些力量如何相互作用。气候变化的制度丛集是一个松散连接的制度体系，没有明确的层级或核心，许多元素都以互补的方式相连接。它不属于任何一个极端，相反，这一制度丛集的元素相互之间松散地连接在一起，从而介于完全综合与完全分散之间。

三、气候变化的制度丛集

创建气候制度的最明显的努力都围绕着《联合国气候变化框架公约》（UNFCCC，以下简称《公约》）。《公约》的成员资格被设计成几乎是完全一样的。它产生了《京都议定书》，以发生在臭氧层问题上的制度演化为模型——臭氧层协议就是联合国倡导的一个单一的条约体系，表现为一个唯一的、综合性的规制体系——目标是将《京都议定书》发展为一个不断强化的（thickening）、综合性的制度。而实际上，由于《京都议定书》没有给发展中国家规定减排任务，而且美国没有批准这一协议，因此其影响范围有限、程度很浅,在世界大部分地方最终都只是象征性而已。目前在公约的支持下,有许多尝试正试图重新谈判并延续《京都议定书》。此外,也有其他一些制度簇正在形成之中,但它们都没有组织成等级。图 1 展示了这些制度安排。

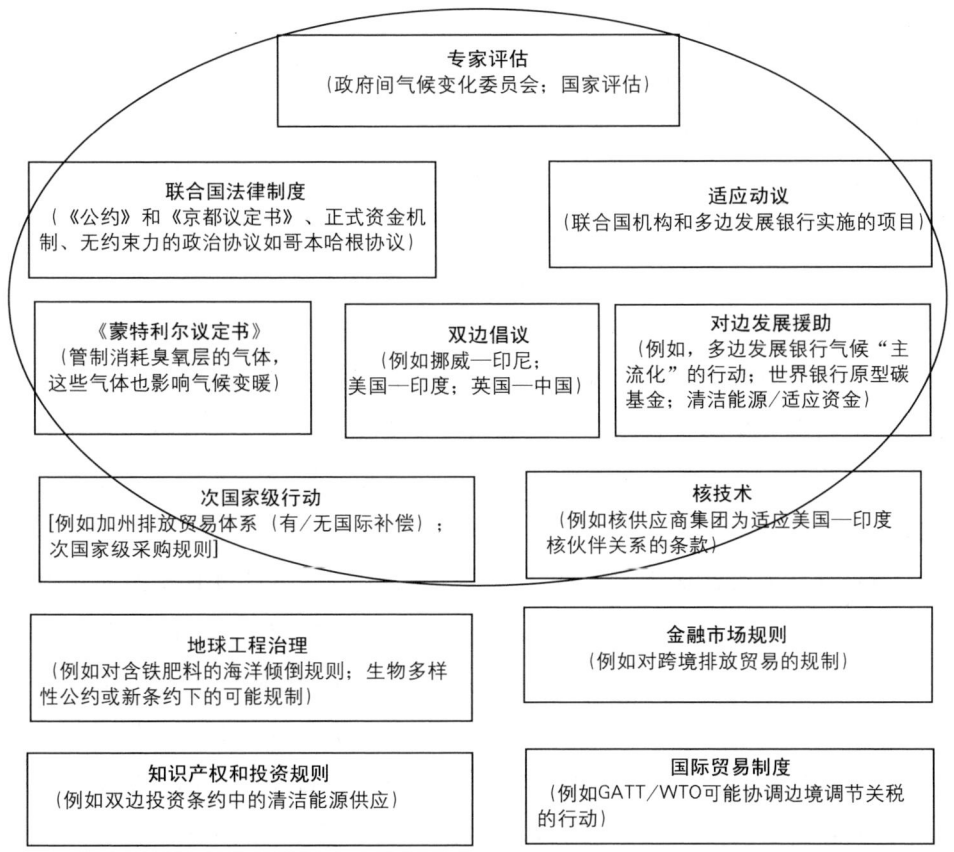

图 1　管理气候变化的制度丛集

注：框中所示为气候变化制度丛集所包含的主要制度元素和动议。椭圆形中的元素,表示这些领域已有大量的努力在进行规则制定,这些努力集中在一个或多个任务上,以满足对气候变化领域内多种合作问题进行管理的需要。椭圆形之外的区域则表示还需要额外的规则来支持气候规则制定。

在联合国倡导的全球谈判陷入僵局的局面下,一些政府试图创立更小的俱乐部,只包含那些能在气候变化议题上进行合作的关键国家。这些再次努力要求俱乐部的领导承担起组织成本。而其他努力则建立在已有的制度基础上，其优点是交易成本很低，但缺点是其成员和预期大都业已形成。我们已识别出四种处于初期的组建俱乐部的努力。我们并不期望气候变化议题成为所有这些俱乐部的最重要的元素，但每个俱乐部都有规制和合作性的动议，这些动议能吸引资源并引入未来路径依赖所需的种种努力。

第一个俱乐部是由前美国总统乔治·W. 布什所创建的"亚太清洁发展与气候新伙伴关系"（APP），作为对美国抛弃《京都议定书》之批评的回应。2005 年，六个亚太地区的国家同意在低碳技术研究和部署上加强合作。（第七个国家加拿大于 2007 年加入）。这一动议的本意是谋划替代京都进程的路径（只有日本强烈倡导京都式排放管理），并打造特别的合作关系以促成可能的低碳技术的商业化部署——即便不通过这一合作伙伴关系，也会通过其他平台完成。这一合作伙伴关系试图在如何引入主要的发展中国家这点上提供一个模板，因为 APP 成员包括了中国和印度。美国并没有完全发挥该俱乐部的潜力，部分是由于布什政府班子对向气候变化投入任何实质性的资源始终抱有敌意。

2007 年，布什政府看到 APP 这一俱乐部太小，而且没有什么实质性成果，于是创建"主要经济体能源安全和气候变化会议"（Major Economics Meetings on Energy Security and Climate Change，简称 MEM）。该俱乐部包括 16 个国家以及欧盟，并在巴厘岛大会前碰头，希望能设立一套属于俱乐部的规则，推行更具灵活性的减排战略。这一会议形式保留至今，不过重新微调了定位，并重新命名为"主要经济体能源和气候论坛"（Major Economies Forum on Energy and Climate，简称 MEF）。与此同时，八国集团（G8）俱乐部也拾起气候议题，这相对容易一些，因为八国集团在此之前就已存在，而且一直在寻找新的议题。在过去六年，每次八国集团会议都含有涉及气候变化的重要声明。自 2005 年以来，数次八国集团会议都包括一个分会，八国集团的领导人与最关键的五位发展中国家的领导人在该分会上碰头商议（即所谓的"G8 + 5"），而气候变化问题总是位列此分会的议程之上。在各种政府间机构中，八国集团和欧盟最早也最明确地声明：全球温升目标需限制在不超过工业革命前 2℃ 的水平。

由于对八国集团（及不相关的"G8＋5"）规模过小失望，这一压力最终导致形成一个更大的 20 国集团（G20），即来自 20 个最重要的工业化国家和发展中国家的领导人都会参加的一个常规会议。G20 的前身是加拿大和美国所创立的，由 20 个财政部长和央行官员团体组成，用以协调亚洲金融危机期间各国财政部长的行动。自 2008 年后，G20 的国家领导人形成了固定的会面及发表公报的机制。由于 G20 比其他俱乐部（如 MEF、APP）能更快地将财政和工业部门的官员组织起来，因此它成为能够实现低成本减排的重要平台。例如，在 2009 年 9 月 G20 匹兹堡峰会上，由于日程上议题众多，而能源只是 17 个议题中的一个，而且还有更为紧迫的问题如金融市场监管，因此按说像管理温室气体这样宽泛的议题很难有足够的吸引力，但是最终还是形成了一个要求减少化石燃料补贴的协议。

除了上述这些俱乐部以外，几乎所有担忧气候问题的工业化大国都创建了各种形式的双边协定。英国与中国建立了双边伙伴关系，以试验先进的燃煤燃烧技术。其他国家，包括澳大利亚、法国和美国，还有一些私有企业，也和中国的政府和机构（例如大型电力设施机构）就煤炭和核能展开双边合作。美国则和印度结成合作伙伴，从而使印度有机会获取裂变材料和技术。这些安排能大幅减少印度的排放，其减排幅度远远超过人们的预期水平；同时这些安排反过来要求 45 个核供应集团成员签订新的双边条约，同时这也面临着美国和印度国内的艰难谈判。自 2007 年开始，联合国就启动了加强森林管理，以及所谓的"减少来自毁林和土壤退化的排放"（REDD）外交进程。这些努力产生了新的协议，但直到一些主要的具有丰富森林资源的政府（特别是巴西和印度尼西亚）和热衷于森林保护投资的政府（如挪威、美国及其他国家）开始关注具有实效的森林保护措施，这些新协议才在森林上产生实际收益。挪威和印尼在 2010 年签订的双边条约是第一个在 REDD 相关问题上达成的重要投资条约。许多其他相似的双边和"俱乐部"式的在森林问题上的安排正在形成之中，其中一些就借鉴了挪威和印尼的模式。

尽管大多数为排放设定目标的努力都集中在《公约》上，其实其他的规制条约对减排有更大的影响。事实上，一些研究总结发现，关于臭氧层的《蒙特利尔议定书》实际上比《京都议定书》对变暖的影响更大，因为最主要的消耗臭氧层的气体同时也是升温潜力极强的气体。一些政府对公约体系缺乏进展感到失望，进而试图探索如何更加全面地利用《蒙特利尔议定书》来削减某些工业气体——这些气体被发明用来取代臭氧消耗物质，但它们本身就有很强的温室效应。一些区域性的空气污染制度最终也可能在应对气候变化中起到重要的作用。这些制度所管制的某些污染物能减少变暖，尤其是二氧化硫（二氧化硫造成酸雨，因此被管制，但它也能形成硫颗粒，使云层更加明亮，因此减缓变暖）；而针对海洋往来船只燃烧燃料所产生的含硫物质所制定的国际规则很可能减少上述这种减缓效应。目前对颗粒污染的关注与日俱增，当前对这种颗粒污染进行管制是因为它造成本地空气污染；同时大量的证据表明这种煤烟颗粒污染（也称"炭黑"）也是气候变化的罪魁祸首。一些区域性机构（比如在亚洲和北极地区）正在想办法协调对炭黑的管理，因为这些颗粒不仅造成变暖，而且产生区域性影响，例如冰层和冰川的消融。

　　现有的多边机构，例如世界银行，也是建设气候制度的重要平台。例如，世界银行在20世纪90年代后期发起的原型碳基金（Prototype Carbon Fund，简称PCF），目的是引导早期投资投向《京都议定书》的清洁发展机制（CDM）。来自原型碳基金项目的经验反过来又加速了CDM规则的制定，并很可能提高了随后的CDM项目的质量。世界银行与其他多边机构一道，通过全球环境基金（GEF），同时管理着正式的资金机制，并通过这一机制对公约和京都条约下的发展中国家的参与行动提供金融支持。除了上述属于公约下的正式制度的努力外，世界银行还管理着其他几个不同的正式基金。它组织了一个大型基金投资于减少毁林项目；还创建了一支特别基金来帮助一些国家适应气候变化。或许最为重要的是，世界银行广泛支持将气候变化问题纳入其借贷和赠款项目，因此撬动更多的资金进入农业、发电厂、基础设施和其他引起气候变化或为气候变化所影响的投资项目。

　　除这些正式的国际协调努力之外，还有许多旨在鼓励改变在其他管辖区内的行为的单边行动。例如，由于对美国联邦立法进展缓慢的失望，美国国内至少有两个次级单元对自己的排放实施了限制：加州以及建立了"区域温室气体倡议"（RGGI）的东北部各州。这两个次国家级减排体系都包括排放贸易体系，而且还制定了与国际排放贸易进行"链接"的规定，这就允许各州设立的规则创造出有价值的私人物品（排放配额），而且使得企业在别的国家也能创造出排放配额。除了这些政府的单边行动之外，民间社会组织主导的规制努力也正在出现。非政府组织引起了社会对气候变化的关注，并开始关注控制排放的实际解决方案。许多企业也开始实施它们自己的规制方案，其中一个例子是由企业和非政府组织组成的"美国气候行动合作伙伴关系"（US-CAP）。

以上我们关注的都是对排放规制进行协调的种种努力，除此之外，适应气候变化也日益引起人们的关注。适应资金的来源，一部分来自于对 CDM 交易征收的小额税收；主要还是来自于政府预算。建立更大的适应资金在目前很难实现，部分原因是很难将这一资金需求与一个大型的、有可靠来源的资源相连接。各国政府在 2009 年 12 月哥本哈根会议上承诺大幅增加适应资金，并在一年后的坎昆会议上再次承诺。那些极端贫穷和脆弱的国家也日益变得更有组织起来，要求提供适应援助，因为他们将气候变化视为不可避免的。

此外，还有一类很小但持续增长的技术投资，即人们所知的"地球工程"。一旦气候变化开始以灾难性方式出现，地球工程技术便可大幅抵消变暖。许多国际机构目前正在考虑是否和应该如何管理地球工程。一旦这类技术涉及对海洋进行处理时，就会牵涉到《伦敦公约》；一旦地球工程技术影响到生物多样性时，《生物多样性公约》就会影响规制的选择（包括 2010 年 11 月的一项旨在反对地球工程研究的正式决议）；一旦地球工程技术影响到臭氧层时，保护臭氧层的《蒙特利尔议定书》或许就会起作用。或许未来在这些领域会诞生全新的国际协议也未可知。

国际合作也关注一些其他的任务，例如增进分享气候变化的科学知识。最显著的努力莫过于气候变化专门委员会（IPCC）所支持的全面科学评估。IPCC 还受理来自其他机构——例如与其若即若离的《公约》——的请求，提供相关的技术信息，例如排放清单的报告程序。与 IPCC 多边进程相伴随的，还有一些政府所承担的自我评估任务，它们不仅评估气候变化对国内的影响，还评估对世界其他地区的影响。

气候变化的国际合作已有数十年，而迄今气候变化规制安排却仍没有一个核心。相反，我们所观察到的都是局部的、等级制式组织起来的规制元素组合。其中一些规制元素与现有的窄而深的制度相联系，例如使印度更容易地获得裂变材料的双边协议，以及在世界银行现有的稳定的体系中，通过贷款和赠款将气候变化问题纳入主流的种种努力，等等。一些初创的制度，如新出现的碳补偿和贸易市场，其中有一些还未摆脱最初的孱弱（如美国的RGGI市场），而另一些则迅速深化（如欧盟排放贸易体系 EU ETS）。这些努力有如寒武纪生命大爆发，大量各式各样的制度形式纷纷出现，然后通过挑选和偶然性作用，最后只有少数制度被选中。这些努力的结果并不处于制度连续集的两极，它们既不是完全综合的，也不是完全分散的。相反，松散连接的制度安排以各种方式相连接——而其中最为重要的是《公约》进程，但它也不是没有竞争敌手的——并一起形成了制度丛集。接下来，我们将解释这一结果。

四、阐释气候变化的制度丛集

上述讨论的三种一般性的力量都可以用来解释国际制度的整合或分散差异。（1）利益分配解释了为何没有出现单一的制度。刚开始的时候，欧盟和美国之间的差异可以在很大程度上解释对京都体系的分歧。而今主要发展中国家也有了它们自己对规制制度的想法，导致制度偏好更加分散。（2）不确定性使得大多数政府对承诺一项代价高昂的全球制度非常谨慎，因为它们不确定收益如何，也不确定其他国家是否会作出具有可比性的减排承诺并遵守承诺。而且，（3）在绝大多数气候变化合作问题上，各国政府还在试图寻找有效的连接，虽然在一些领域连接已经很紧密且是深层次的，例如排放贸易体系和补偿之间的连接。

三种一般性的力量又与气候变化问题的两个特殊属性相互联系。第一个导致分散的制度结果的原因是问题的多样性:"气候变化"挑战所固有的具体合作问题都是大相径庭的。气候变化实际上是许多截然不同的问题,每个问题又有自身独特的属性,它们各自面临着不同的管理上的挑战,有着不同的政治选民。反过来,问题的多样性又与许多平行的、多样化的利益、权力、信息和信念模式相联系。我们看到在"气候变化"这一宽泛的主题下,至少存在有四种截然不同的合作问题:

第一,最难也是最核心的问题:协调排放规则。

第二,补偿问题:对那些不愿意或不能够采取减排措施的国家所进行的补偿,例如资金转移。举例来说,在缺乏支付机制时(如 CDM),《京都议定书》谈判时所有发展中国家本质上都不愿同意限制排放的措施。

第三,协调应对气候变化的努力——这原则上是通过适应、但也可能通过地球工程来实现。地球工程只需一个或数个行为体的行动即可实现,这个方案看似非常有吸引力,却与控制排放的集体行动背道而驰,因此需要予以阻止。也就是说,地球工程的挑战在于如何使其变得更难实施,而非使其更容易实施。

第四,最后一个合作问题是如何协调共同的科学评估知识,以增进公众对作为公共物品的气候变化的原因和结果等知识的共享程度。(国际合作也要求促进和协调对新技术的投资,这些新技术也具有公共物品属性。绝大多数与碳相关的技术都在全球市场上进行交易,然而,众所周知的市场失灵却导致对技术的研发投入不足,而这种市场失灵在全球范围内也正迅速蔓延。)

换句话说,没有单一的"气候变化"问题,"气候变化"问题是许多不同的合作问题的组合,每个合作问题自身都有搭便车的激励。单个合作问题之间都在不同的程度上相互连接。

第二个导致努力分散的原因则根植于严峻的政治挑战,这是国际合作的第一个也是最重要的领域,是任何严肃的控制排放计划都必须面对的难题。深度减排最终必然要求全球合作,因为控制主要的升温污染物成本高昂,而且会影响经济竞争力。深度减排要求政府采取规制措施来影响成千上万的企业和家庭的行为,而这对那些弱势的、分散化的甚或腐败的公共管理体系而言，更是难上加难。而且这些减排行动的收益遥远而不确定，而成本却近在眼前。

我们现在可以尝试解释：为什么在气候变化的问题上既无法产生一个综合而全面的制度，也无法产生一个完全分散的制度。

从功能的观点来看，管理气候变化牵涉的具体的国际合作问题是如此多样，以至于任何一个单一的制度都很难以组织起来并持续下去。实际上，问题的多样性往往伴随着利益、权力、信息和信念的多样性。当这些单个的合作问题同时与其他制度安排相联系时，在事前将所有连接组成一个单一而全面的制度就太过复杂，且不可能实现。没有一个国家有如此权力能要求所有其他国家同意某个解决方案。

气候问题不仅是多样的，而且还具有巨大的不确定性。利益、权力、信息和信念都变化得非常快。例如，中国和印度作为排放大国迅速崛起；大众和科学家所谈论的对气候变化危险性的认识也在不断发生改变，这些都是明显的证据。这些快速的变化改变着重要国家赞同且愿意接受的制度形式。正如我们上述的一般性观点，这些不确定性使得各国政府不愿意加入全面的、需要大量政策性努力的协议。

连接决策中的战略考虑也促使结果变得分散化，尽管结果中仍包括许多松散的连接。另一方面，利益的多样化也使结果倾向于分散化。具体的制度通常建立在向少数的参与者供给的私人物品上，这些少数参与者的利益彼此相似，但又有别于其他的参与者。这些利益也是相互依赖的，因为，比如说，规制决策会影响经济竞争力。这一"俱乐部"成员将试图维持那些对自己有利的安排。而一个全面的制度所带来的收益似乎并不足以满足所需的讨价还价和让步的成本。另一方面，一个完全分散化的制度很可能也无法满足主要领导国家的利益，这些领导型国家在制度建设上的投入最大，因此它们希望获得先行优势。它们将寻求层级式的制度——如果不行，转而寻求议题连接——以产生制度上可持续的、与它们利益相一致的安排。因此，应对气候变化问题的最终结果，将是一系列以各种方式相连接的俱乐部。

下面的一些例子可以表明连接是如何在不同的规制元素中产生，以及如何导致制度丛集而非完全分散的制度集的。那些准备深度减排的国家必须找到办法来补偿那些更不愿意减排的国家，而后者同时又是强大的经济竞争对手。补偿所需的资源的规模更是远远超出了绝大多数捐赠国所愿意接受的水平——例如《哥本哈根协议》就号召，到 2020 年工业化国家每年向发展中国家新增 1000 亿美元的转移支付资金，这一数字大约与全部官方对外援助的总额相当。在政府间进行如此大规模的、新的和直接的资金转移是不可能实现的，面对这一现实，那些极其希望形成有效的气候制度的政府正在尝试将补偿机制与创造碳市场的排放控制规定连接起来。连接所采用的机制，包括 CDM，而且将很可能包括多种其他的补偿方案，包括关注森林和土地利用的新的补偿机制。试图促进低排放技术创新的努力也可以通过与碳市场连接而从中获益，因为连接给排放创造了价格和资金来源。类似的，在提供气候灾害信息的系统与排放控制努力之间的重要连接现在也已经出现了。例如，《巴厘路线图》就明确根据 IPCC 关于"安全的"温室气体水平的结论，为各个国家描绘出参与控制排放所必须付出的努力。

分散的并根据权力进行调整的利益分配、不确定性和连接，这三种力量可以用来解释气候变化制度丛集松散连接的属性。

在其他国际关系领域，多样化的合作问题并不一定导致分散化的制度或制度丛集，例如，贸易问题领域就在统一的 GATT/WTO 法律框架下形成一组高度多样化的国际合作形式组合。但是贸易产生的制度结果反映出两点现实：贸易谈判范围最初只集中于更窄的问题（主要是关税），以及贸易的性质决定了容易产生很强的连接。今天所谈到的"贸易"的问题领域，从关税扩展到一系列广泛多样的贸易壁垒，差不多用了近半个世纪。相反，气候变化外交在一开始就包括了广泛的议题，而且仍处于制度演化初期，因为第一次正式的气候变化外交谈判仅仅是在 20 年以前。气候变化问题的多样性放大了上述三种力量在导致分散化过程中的作用：它不仅导致更为复杂和变化的利益分配，而且增加不确定性，还使得形成可靠的连接变得更加困难。

路径依赖和组织上的实践也强化了这一模式。不同的国家和部门会在不同的时期对严肃的气候变化行动产生兴趣。由于这一行动的时间会变化，领导者为满足它们的目的和利益而构建的制度只能是局部的制度。一旦它们如此做了，它们就会对可能根本性地改变这些安排的行为产生抵制，因为改变组织结构的成本相当高昂，只要制度丛集能够使必要的功能发挥作用，即便其表现差强人意，领导型国家也会满足于维持现状。

例如，相比绝大多数其他工业化国家（包括美国），欧洲就更多致力于京都进程。欧盟已经投入资源来构建各种气候变化的国际规制制度，包括有法律约束力的目标、时间表和国际排放贸易。反过来，欧盟也构建了自己的国内政策，以便和国际进程保持一致。对欧盟而言，其他不同的方法现在变得更难以设想和实施，即便其他国家发现它们更为青睐那些不带有约束力的目标和时间表的规制体系。因此，构建平行的、以俱乐部为导向的制度，并以此作为制度丛集的一部分，或许比试图重开谈判以达成一个全面而综合的制度要来得更为容易。事实上，在哥本哈根会议上最终达成的妥协明确地创造了法律上的灵活性，一些国家继续实施正式的有法律约束力的机制，以延续《京都议定书》；而其他国家（尤其是美国，很可能包括中国，以及其他一些大的发展中国家）则采取不同的方法。这种差异很可能持续下去，因为更多的国家有不同的利益和能力，尤其是发展中国家开始更为认真地参与规制，而且是以不同的方式、在不同的时点参与进来。

五、对政策的启示

气候变化制度以制度丛集而非一个统一而全面的制度出现，并不必然就令人绝望。相反，那些试图有效地限制气候变化程度的决策者能够利用制度丛集的优势。气候制度很可能以松散连接的结果出现，这表明那些坚定地致力于阻止全球变暖的国家应该对迄今为止一直主导它们大部分努力的战略——即坚定不移地投资于一个宏大的、综合性的法律工具，以及举办像哥本哈根会议这样的全球峰会——进行反思。

制度丛集的一个潜在优势是能够弥补和避免综合性的规制体系所具有的漏洞，这种漏洞在公约和《京都议定书》中已经很明显了。目前在气候变化问题上的现实是：存在多种合作问题，其利益分配不仅宽泛而且时刻变化，各国政府愿意和能够采取何种措施面临着巨大的不确定性，甚至如何塑造可行的连接都模糊不清，在这样的背景下，是很难设计出有效的规制体系的。当外交官们试图打造综合性的、能覆盖上述所有问题的协议时，其结果很可能由于这一协议过于庞大而难以实行。而一旦这样的协议得以建立，当面临如此众多而又不同的合作问题、利益、不确定性和连接时，再谈判将是极其困难的，这使得参与者只能继续现存的制度，从而使这套制度具有了垄断色彩。巨大的努力都放在垄断性的制度建设上；那些即便可能是更有效的与之相竞争的制度，也会被视为离经叛道。例如在临近哥本哈根会议前期组成的"G77+中国"，就是发展中国家组成的一个广泛的联盟，而这一联盟被斥为在公约进程之外搞小团体，尽管大量的证据表明这种全球参与的谈判几乎不可能取得任何进展。

　　公约的垄断所导致的功能性障碍在两个地方尤为明显。第一，或许《京都议定书》最重要的方面在于这一体系鼓励发展中国家的低排放投资——即清洁发展机制（CDM）。从长期来看，发展中国家的参与是必不可少的，因为如果没有这些国家的参与，从数量角度来看是不可能实现全球深度减排的。吸引发展中国家参与减排的最主要的补偿机制，则通过CDM将其与排放配额市场相连接。尽管有研究表明，由于管理不善，签发的CDM配额有很大一部分——或许一半甚至更多——并不能代表真实的减排，尽管人们已认识到存在这样的问题，但由于基于联合国的管理体系和京都议定书的决策过程非常复杂且高度政治化，因此完善CDM也变得异常困难。而且即便是那些最有能力改变CDM管理机制的政府，也会发现它所面临的问题不是提高配额的质量，而是面临着更强大的压力以确保会有更多的配额供给，使其更容易完成京都目标。CDM的垄断地位有效地排除了一些领域的补偿（例如碳储存与核电），却可能有利于某些低成本效率的领域的补偿，例如一些农村小的可再生能源项目。因为规则会导致路径依赖，这些补偿规则很可能被转移到新的全面制度中，结果在碳等价物领域也出现"劣币驱除良币法则"（Gresham's law）。但如果补偿制度不是垄断的，各国政府能够创建别的不同种类的补偿体系，那么它们就能学到更多，从而知道哪个体系是最优的。如果设计合理，那么不同补偿制度之间的竞争就能够改变 CDM 中泛滥的逆向选择问题。

第二，连接各国排放贸易体系的公约/京都安排也面临着问题。京都框架预见到了各国的排放控制体系将会连接到一起并形成一个国际贸易体系。而在实践中，"对接"规则被证明缺乏灵活性，而且无法鼓励各国政府付出更多额外的努力。更具灵活性的对接规则应该允许各个国家向已建立的碳市场出售配额——条件是其设定全国范围或部门的排放总量，并因此扩大碳贸易体系的范围。但在公约/京都体系下，各国却很难改变它们的现状以扩大有效排放控制的范围。为了更全面地参与碳市场获利，哈萨克斯坦十多年以来一直试图获得《京都议定书》的附件 I 国家身份，却一直未得到批准。在这样的背景下，一项可能有助于实现《京都议定书》目标的自愿行动，却会为这项协议内置的程序性障碍和否决点（veto-points）所禁止。

不仅垄断制度有功能性障碍，制度丛集也可能有太过分散的毛病。制度丛集的各个组成部分可能互相冲突而导致掣肘而不是创新；特定制度之间由于缺乏层级也会创造出关键的否决点；通过"挑选法院"（forum shopping），原则上也可能导致"向底线赛跑"（race to the bottom）。我们并不认为制度丛集就绝对比其他制度形式要好。我们只是认为真正的国际合作不可能是综合的和全面的。一个综合性的制度或许会像大多数具有法律效力的制度形式一样具有吸引力，但塑造这样的制度却面临着巨大的政治和组织障碍。正如气候变化中所发生的，将资源向这样的一个体系倾斜的结果，将导致出现僵局，而且只会产生微不足道的具有实质性的承诺。因此，不可避免地会产生一个更为松散连接的制度体系。

如果政府和非国家参与者希望更有效地从战略上对气候变化进行管理，那么它们可以充分发挥分散型制度的优势。具体而言，制度丛集——即松散连接的特定制度的集合——具备两方面的显著优势：跨议题的灵活性，以及及时的适应性。

（1）跨议题的灵活性。如果不要求将所有的规则都绑定在一个共同的制度下，那么就可能根据不同问题的不同条件，或不同的参与者联合对规则进行改进。不同的国家可以签订不同的协议集，它们更可能遵守这样的一些温室气体排放约束。作为这种灵活方法的一个变体，包括在为准备哥本哈根会议的谈判中提出来的一些方案——这些方案曾受到澳大利亚、美国和少数其他国家的政府（包括关键的发展中国家）的欢迎——就建议各国根据它们所计划的气候变化行动而构建各自的"计划表"，而不是达成一项具有共同目标和时间表的协议集。这种方法类似于大国政府为加入世贸组织时在复杂谈判中所用的灵活性，每个国家的准入条款都会随其不同的环境而改变。在气候进程的早期这一方法曾被试用，即"承诺和评估"方法，但这一想法最终被抛弃，因为没有哪个国家愿意完善这一概念并将其应用到实际操作中去，那时以欧盟政府和非政府组织为代表的政府和利益团体最为关心的是控制排放，它们更青睐简单的"减排目标和时间表"模式。在哥本哈根会议上，当各国政府无法达成一个全面的规制体系时，唯一剩下的能获得同意的制度形式就是这种更具灵活性的计划体系。截至目前，大约已有 60 个国家提出了它们的政策计划；相关的谈判也在进行之中，试图找到那些政策承诺能导致更有效的国际合作的领域。严肃认真的国际合作正以"自底向上"的方式出现，因为"由顶至下"的综合制度太难形成了。

（2）及时的适应性。制度丛集也可能具有更高的及时适应能力。不同的问题领域，或者不同国家的国内政治，都会以不同的速率发生变化。各国政府在国际谈判中所作的政策协调承诺可能在国内遭遇到意想不到的困难，甚至完全无法实施；随着一国调整其国家行动，其他国家的政府也可能会随之而变。与综合性的、紧密连接的垄断制度不同，制度丛集能更快地适应变化，尤其是当这种适应需要改变的规范和行为很复杂时，制度丛集的适应性优势就更明显。当制度适应的最优策略还不清晰时，更需要尝试许多各式各样的行动，并通过实践筛选出更有效的制度，此时松散连接的制度往往更有优势。应用到气候变化上，这种优势在吸引发展中国家参与时尤为重要，因为发展中国家担心减排责任会过快降临到它们头上并且会过于沉重，尤其是这种担忧会随每个国家及其环境而变化。

这些更大的灵活性和适应性优势，部分来源于决策结构。例如像联合国这样的全球性的合法机构,往往通过全体投票规则进行决策,但这一规则往往也会导致不作为。公约从未实施正式的投票程序,因为实施这些正式投票程序的决议需要一致同意,而石油出口国家(憎恨减少含碳燃料消费政策的一群国家)一定会拒绝投赞成票。(而今,在公约正式实施 15 年后,这套临时性的程序规则依然在起作用,所有重大决策依然采用一致同意的规则。)领导者们必须承担起组织费用,以有效应对公共池塘资源管理问题;但是那些少数既有意愿又有能力承诺投入资源的领导者,如果无法获得大部分的收益,它们也会拒绝投入这些资源。如果是采用私人决策机制的俱乐部形式,而不是全球参与,那么领导者就必须吸引许多其他有着不同利益的国家点头同意,从而有助于领导者避免既孱弱又无雄心的制度结果。

六、结　论

规制与气候变化相关的问题的那些国际制度,在成员资格和内容上各不相同。国际制度在不同的时间、由不同的国家群体所创建;而创建它们时又面临着不同的利益、高度的不确定性和不断变化的各种连接。这些国际制度并不是综合的、全面的,也没有一个清晰的层级;它们构成的不是一个单一的国际制度,而是一个松散连接的制度丛集。

由于气候变化无法形成一个强有力的、全面的制度,因此如何管理气候变化也成为一个国际性难题。如果世界各国的国内政治体系都有强烈的采取行动的要求,而且如果这些行动又是能相互协调的,事情也就好办得多。事实上,对全球能否及时减排以避免气候变化灾难这个问题,我们有理由保持悲观态度。我们认为应该充分利用这种制度丛集形式,而不是继续追求一个不切实际的、全面而综合的制度目标,这一目标既无法实现,又会使决策者无法形成更有效的战略。我们认为制度丛集比全面而综合的制度更具优势。制度丛集不是完美无缺的,它们只是在现实中各种政治、组织和信息约束下产生的结果。制度丛集比全面而综合的制度更具灵活性和适应性。事实上,清洁发展机制和京都"对接"规则都表明,全面的制度通常所具有的刻板往往会得到事与愿违的结果。

这种松散连接的气候制度未来是否比单一的综合性制度更为有效,部分取决于它们能在多大程度上满足我们所提的六个标准:一致性、责任、确定性、可持续性、认知质量和公平性。更一般的,有效的气候制度丛集能够产生积极反馈,具有"向顶点赛跑"的激励。在精心设计的制度丛集中,一个国家所采取的更有力的行动,往往会为其他国家所模仿,而不会导致对别国减排承诺的"搭便车"行动。尽管无法实现一个全面的全球性的贸易体系,但还是能通过对国家和区域贸易体系的连接来实现大量的减排;在这些贸易体系中,补偿往往能激励落后者提高它们的标准以从资金流中获益。一个松散连接的制度丛集还允许对土地利用和森林的补偿进行试验性创新,目前那些为减少毁林的动议正是这种创新。它还允许在特定的制度中使用边境调节税,并将其与WTO成员资格这种更广泛的利益相联系。最后,技术创新俱乐部能够使用私人激励撬动研发投入,使减排更为可行、成本更低。

在这样一个制度丛集中,公约能够继续起到"雨伞"的作用,并提供许多必需的功能所依赖的框架,包括提供法律支撑、提供信息、构建谈判平台,等等。随着时间推移,如果政策偏好能够集中,并出现大量的强化的连接,那时公约可能会演变为一个综合的、全面的政策制度。但在目前这个关头,政治现实以及灵活性、多样性的需要都表明:一个松散连接且有效的气候变化制度丛集更为可取。

中国在国际应对气候变化谈判中的战略重点*

乔安娜·路易斯 著 李姗姗 译**

中国在国际气候变化问题解决方案中的作用不可被过分夸大。如今中国很可能是世界上最大的温室气体排放国,随着气候变化问题成为一个越来越重要的全球性问题,中国已经成为公众审视的焦点。国际上对气候变化问题越来越多的关注也反映在中国的国家政策层面,主要体现为中国在气候相关政策活动中以改善政府协调能力为目标的制度性重构。今年中国发布了第一个应对气候变化的国家方案,该方案包括了在整个经济领域应当采取的措施,这些措施将有助于减缓中国温室气体的排放。

然而,中国在减缓其日益增长的温室气体排放的过程中面临着严峻的挑战,与已经取得的成就相比,这需要付出更高水平的努力。在中国语境下理解这些挑战的性质,将有助于明确中国在各种国际论坛中的谈判立场,并为国际社会如何更好地推动中国参与全球应对气候变化带来启迪。[①]

---

* 本文原载于《华盛顿季刊》,2007年第33卷第1期,第155—174页。

** 乔安娜·路易斯(Joanna I. Lewis),皮尤全球气候变化中心高级国际研究院和乔治敦大学沃尔什外交服务学院副教授;李姗姗,天津商业大学法学院讲师。

① 参见乔安娜·I. 路易斯、米歇尔·卡明斯、杰弗里洛根:《理解中国面对的气候变化挑战》,见史蒂文·施耐德、阿明·罗森克兰兹、迈克尔·马斯特兰德主编:《气候变化科学与政策》,待出版;乔安娜·I. 路易斯:《中国气候变化战略》,载《中国简报》,2007年第7期,第9—13页。乔安娜·I. 路易斯:《中国减缓气候变化的措施》,载《国际简报》,2007年第1期,http://www.pewclimate.org/docUploads/International%20Brief%20-%20China.pdf。

一、具有竞争性的优先事项

中国的气候战略仍然集中于受整体经济发展目标驱动的能源发展战略上。虽然近期中国领导阶层增强了对气候变化的关注，但是在政策优先性方面，气候变化仍然没有超越经济发展。久而久之，中国领导层将会表现出已可适应或承受来自国内外各种变化与压力的能力。

但是，在中国当前的环境下，气候变化，也就是说化石燃料和土地利用所导致的温室气体排放，与经济发展有着内在的关联。通常人们认为国民财富持续增长对保持政治稳定来说是非常重要的，就这一点而言，迄今为止中国所取得的进步已令人钦佩。近20年来，以国民生产总值自1980年到2000年翻两番为显著标志的中国的经济增长，使大约5000多万人口摆脱了贫困。[①]

经济增长和能源利用之间的关系在很大程度上不仅涉及温室气体排放，而且也涉及能源安全。虽然中国在1980年到2000年的20年里国民生产总值翻了两番，但是与此同时它的能源消耗量仅仅增长了一倍，这标志着中国在能耗强度上也取得了引人瞩目的成就，而其他国家在相似的工业化发展阶段上都无法与其相比。这使中国的能源强度（能源消费量与GDP之比）和因此而产生的碳排放强度（二氧化碳当量与GDP之比）得以下降（见图1）。如果经济的能源强度没有下降，在这个阶段里中国将会多消耗三倍的能源。

然而，在2002年到2005年之间，这一趋势发生了逆转，能源增长在数十年内首次超过了经济增长。随着中国的温室气体排放量自2002年起飞速增长，该逆转也具有产生大量温室气体的含义。虽然目前还没有2006年的官方数据，但是估计数字显示由于能源利用而排放的温室气体比去年上涨了9%，这使得中国超过美国同年8%的增长速度，成为年排放量最大的国家。[②] 2006

[①] 《世界银行称中国是减贫模范》，新华社，2003年2月25日，http://www.china.org.cn/english/2003/Feb/56694.htm。

[②] 荷兰环境评估局（MNP）：《中国现在是第一大二氧化碳排放国，美国排第二》，2007年6月，http://www.mnp.nl/en/dossiers/Climatechange/moreinfo/Chinanowno1inCO2emissionsUSAinsecondposition.html。

年，在全球煤炭消耗量增加4.5%的驱动下，因使用化石燃料而排放的二氧化碳增长了大约2.6%，其中超过66%来自于中国。① 当前，中国每美元经济产出所排放的二氧化碳比美国多35%，比欧盟多100%。在过去的几年里，中国与能源相关的碳排放的增长主要来自于工业能源利用，而燃料结构中煤炭比重增加刺激了碳排放。中国工业消耗着该国近70%的能源，同时它的工业基地也为世界大多数国家提供工业产品。例如，10年前，中国钢铁和铝的产量分别占世界总产量的12%和8%，如今比重分别上升至35%和28%。②

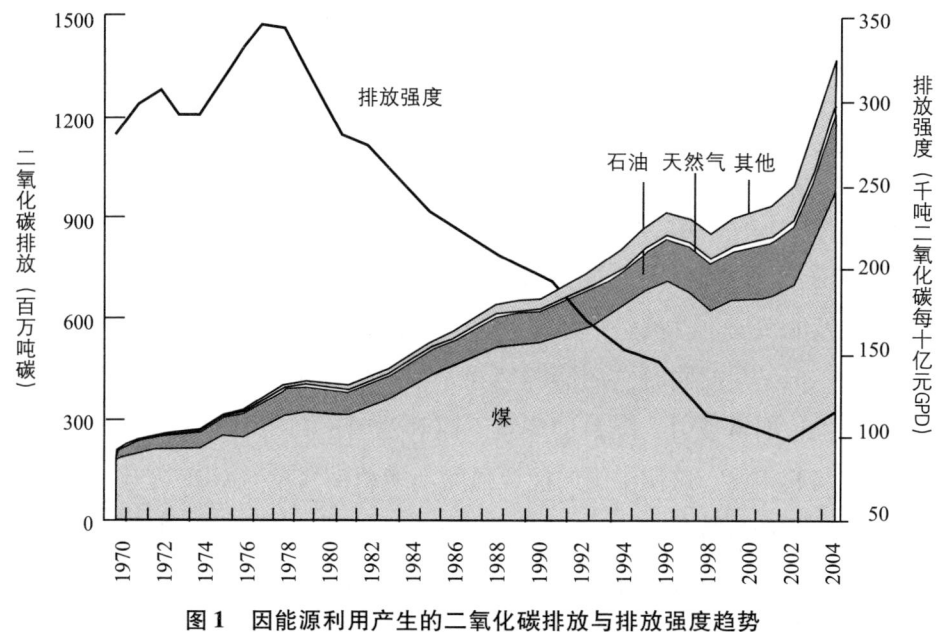

图1　因能源利用产生的二氧化碳排放与排放强度趋势

资料来源：排放数据来自橡树岭国家实验室；GDP 数据来自 2006 年《中国统计年鉴》。

中国有超过三分之二的能源需求依赖煤炭，其中包括近80%的电力需求。

---

① 荷兰环境评估局（MNP）：《中国现在是第一大二氧化碳排放国，美国排第二》，2007 年 6 月，http://www.mnp.nl/en/dossiers/Climatechange/moreinfo/Chinanowno1inCO2emissionsUSAinsecondposition.html。

② 特雷弗·豪斯在中美经济与安全评估委员会的讲话：《中国能源消耗与中美间合作解决中国用能效果的机遇》，2007 年 6 月 14 日，http://www.uscc.gov/hearings/2007hearings/written_testimonies/07_06_14_15wrts/07_06_14_houser_statement.php。

目前，中国建立的煤炭发电厂的数量超过了美国与印度之和。预计到 2030 年，煤炭发电量要比目前增长一倍，这表明需要作出一个额外的 860 亿吨碳减排的承诺。① 尽管中国也在扩大核能和非水电可再生能源的使用规模，但是这些能源的发电量只占全国发电量的 2% 和 0.7%，而水力发电则达到大约 16% 的比重。②

中国整体经济发展统计数字显示，尽管出现了现代城市并且中产阶级的数量正在增加，但是中国在很大程度上仍然是一个发展中国家。虽然飞快的经济增长使该国成为世界第四大经济体，但是它的人均 GDP 仍低于世界平均水平。一半以上的人口居住在农村地区，这里的人均 GDP 落后于城市。虽然先进的能源技术越来越便于获得，并且在许多情况下这些技术是自主开发的，但是全球最佳技术与中国现有技术之间还有很大的差距。中国人均温室气体排放量低于世界平均水平，仅占美国的五分之一。

所有这些因素共同形成了中国领导阶层面临的气候变化挑战。在重工业领域投资激增的情况下若要控制温室气体排放对中国来说会越来越困难。改变中国的碳排放轨迹需要煤炭行业的根本性转型，或者需要对碳基能源的碳捕捉进行大规模的投资。同时，中国也必须提高能源利用效率，从而在满足国民未来的经济发展需求的同时使其环境影响最小化。

二、中国的气候行动

尽管"建立一个资源节约型和环境友好型社会"是中国现阶段五年计划的首要目标，但是为实现这个目标中国还需跨越很多障碍。这些挑战决定了中国在国内减缓气候变化的方法，同时也决定了它在国际谈判中的立场。

通过了解中国负责实施气候变化政策的机构就可以知道政府是怎样解决

---

① 美国能源信息管理局、美国能源局：《国际能源展望 2007》，2007 年 5 月，第五章，http://www.eia.doe.gov/oiaf/ieo/index.html。

② 国家统计局：《中国能源统计年鉴 2006》，中国统计出版社 2007 年版；《全球可再生能源现状报告 2006 年修订版》，http://ren21.org/pdf/RE_GSR_2006_Update.pdf。

这个问题的。自 20 世纪 80 年代开始，中国将气候变化作为一个科学议题，并授权国家气象局在围绕着《联合国气候变化框架公约》（UNFCCC）而进行的各种国际谈判中为政府的政策选择提供建议。

20 世纪 90 年代末，随着人们对气候变化问题的政治觉醒和敏感度日益增强，这个角色转而由更强有力的国家发展计划委员会，也就是现在的国家发展与改革委员会（NDRC）来承担。该举动表明人们对这个问题的重要性认识发生了转变，同时也表明一个视角的变化，气候变化已经压倒性地从一个科学议题转变为发展问题。①

国家发展与改革委员会也是中国能源政策决策的职权部门，这一行动可能已经反映出气候优先政策与能源决策之间更好地相互协调显然是必要的。由此建立了现在的国家气候变化协调委员会，该委员会负责监督国家发展与改革委员会、外交部、科学技术部和国家环保总局（SEPA）之间的气候行动。今天，国家发展与改革委员会和外交部共同负责处理中国的国际谈判事务。

2007 年 6 月发布的《中国应对气候变化国家方案》作出了进一步的制度性转变，该方案宣布建立一个在温家宝总理主持下的高级别气候变化领导小组，该小组由国务院直接领导。随后，外交部宣布建立一个负责国际气候变化工作的领导小组，该小组由外交部长杨洁篪领导。9 月初，于庆泰大使被任命为中国外交部特使，负责气候变化谈判。新特使的作用就是要帮助实施中国应对气候变化的国内行动方案，并向世界展示中国政府积极参与应对气候变化的国际合作。②

在应对气候变化方面，2007 年这两个高层领导班子的建立和特使的任命都是积极的信号，表明中国领导阶层正将新的目光聚焦于这个问题。显然，那些为政府决策提供分析数据的重要的研究机构也正在该领域向纵深方向扩

---

① 古尔邦、何秀珍、乔思娜·维塔那：《全球气候谈判中的战略转换》，载《西塞罗报告》，2005 年第 8 期，http: //www.cicero.uio.no/media/3079.pdf.
② 《中国外交部建立应对气候变化对外工作组》，新华社，2007 年 9 月 5 日，http://news.xinhuanet.com/english/2007 - 09/05/content_6667432.htm。

展他们的研究。①

2006 年年底，政府发布了第一个"气候变化国家评估报告"，该报告由 20 多个政府部门通力合作完成，用时四年。② 与政府间气候变化专门委员会的评估报告相似，中国的评估报告包括三个部分：气候变化的历史和未来趋势、气候变化的影响与适应、减缓气候变化与社会经济评价。

随后，中国于 2007 年 6 月 4 日发布了万众期待的《气候变化国家方案》。③ 作为中国应对气候变化的方案，该报告对中国当前正在实施的政策作出了一个全面综合性的分析，这些政策用于减缓温室气体排放并帮助国家适应气候变化的影响。方案中大多数政策和计划本身并不是应对气候变化的，而是在整个经济领域，特别是能源部门实施的政策，这些政策能够起到减少温室气体排放的作用。其中很多政策已经被用来帮助国家实现更具广泛意义的经济发展战略，而且，如果得到有效实施的话，它们同样也可以被用来作为减缓该国温室气体排放的政策。三个主要的政策领域是能源效率政策、可再生能源政策以及工业政策。

（一）能源效率政策

如同前 20 年一样，中国希望在 2000 年到 2020 年之间改善能源强度，为此设定了一个远大的目标，经济增长三倍的同时能源消耗量增长一倍。④ 国家

---

① 《中国科学院提出未来40年中国能源发展的战略规划》，新华社，2007 年 9 月 24 日，http://www.bjreview.com.cn/science/txt/2007-09/25/content_77642.htm。

② 中国科学技术部：《气候变化国家评估报告发布》，2006 年 12 月 31 日，http://www.most.gov.cn/eng/pressroom/200612/t20061231_39425.htm。

③ 中国国家发展与改革委员会：《中国应对气候变化国家方案》，2007 年 6 月，http://en.ndrc.gov.cn/newsrelease/P020070604561191006823.pdf；克里斯·巴克利：《独家新闻：中国正起草应对气候变化国家方案》，路透社，2007 年 2 月 6 日，http://www.planetark.com/dailynewsstory.cfm/newsid/40197/story.htm；理查德·麦格雷戈：《中国无限期推延应对气候变化方案》，载《金融时报》，2007 年 4 月 23 日，http://www.ft.com/cms/s/be763e8c-f1d6-11db-b5b6-000b5df10621.html。

④ 国务院发展研究中心：《国家能源战略综述》，2005 年 5 月，第 11 页，http://www.efchina.org/csepupfiles/report/2006102695218188.8060385177036.pdf/0_Main_Report.pdf。

第十一个五年规划提出了 2010 年实现能源强度在 2005 年的基础上下降 20% 的短期目标。在集中管理体制下实施这样的政府目标已被证明是具有挑战性的，尤其在地方层面。在改善地方政府问责制的尝试中，国家发展与改革委员会正在各省以及工业部门之间分配目标，同时将提高能效纳入地方官员政绩的评估标准。这些振奋人心的努力似乎产生了一些效果，继 2003 年至 2005 年间能源强度逐年上升之后，尽管政府没有为 2006 年设定能源强度下降的目标，但是这种持续上升的趋势还是发生了逆转。①

中国也创建了鼓励特殊行业的补充性项目来帮助实现这个国家能源强度目标，其中包括 2006 年提高国家大型企业能源效率的计划。② 政府另外一个努力目标是：截止到 2010 年，关停一大批小型低效率的电厂，这些电厂的发电量总共占国家发电量的 8%。在工业部门，包括低效率的水泥厂、铝厂、铁合金厂、电石厂和钢铁厂，也计划实行类似的工厂关停措施。③

此外，1997 年的《节约能源法》在建筑业、工业和消费品领域也实施了一系列提高能效的计划。中国已经为很多重要的耗能家电制定了能效标准并建立了能效标识项目，并且正在一些采暖和制冷需求高的地区实施建筑能效标准。在交通部门，为应对日益增长的客运车辆洪流，中国采用的燃油经济性标准虽然与欧盟和日本相比有一定的差距，但是比澳大利亚、加拿大以及美国都更为严格，并且预计到 2008 年新车辆的平均燃油经济性将达到 36.7

---

① 《国家不可能实现能效目标》，载《中国日报》，2006 年 12 月 18 日，http://www.chinadaily.com.cn/bizchina/2006 - 12/18/content_761668.htm；《中国今年没有提出年度节能目标》，人民网，2007 年 3 月 5 日，http://finance.people.com.cn/GB/1037/5440859.html。

② 蒲思林、王学军：《通过千家企业节能行动控制中国大型工业企业的能耗》，美国劳伦斯—伯克利国家实验室，2007 年 6 月，http://ies.lbl.gov/iespubs/LBNL - 62874.pdf。

③ 《中国需要更新老旧煤电厂》，路透社，2007 年 2 月 1 日，http://www.planetark.com/dailynewsstory.cfm/newsid/40107/newsDate/1 - Feb - 2007/story.htm；《中国下令关闭小水泥厂》，路透社，2007 年 3 月 2 日，http://www.planetark.com/dailynewsstory.cfm/newsid/40623/story.htm；本杰明·康林、路西·韩碧茹：《中国在 2007 年将关闭老旧钢铁厂和电厂——温家宝》，路透社，2007 年 3 月 5 日，http://www.planetark.com/dailynewsstory.cfm/newsid/40654/newsDate/5-Mar-2007/story.htm。

英里每加仑。①

(二) 可再生能源政策

根据 2005 年实施的《可再生能源法》，中国已经确立了可再生能源目标，即到 2020 年可再生能源在一次能源中的比重由现在的 7% 上升到 16%。电力部门的目标是：到 2020 年，可再生能源发电量占总发电量的 20%。这就需要大幅提升风能、生物质能、太阳能和水电的利用。该法提供财政激励措施，例如建立一个促进可再生能源发展的国家基金，并且对可再生能源项目提供贴现贷款和税收优惠政策。近年来风能的增加尤其令人印象深刻，但是这种能源与大规模的水电相比仍然相形见绌。预计到 2020 年水电总装机容量将增加两倍以上，这需要每两年建立一个与三峡工程相当的新水坝。

促进可再生能源的政策也包括支持国内技术和工业发展的命令与激励措施，例如要求使用国内生产的部件。受新安装风力涡轮机要有 70% 的当地含量要求的带动，中国风力涡轮机生产商在国内市场中占 40% 的份额，在全球市场中占 3% 的份额。税收和其他激励措施已瞄准太阳能光伏产业，从 2004 年到 2005 年，这些措施推动太阳能光伏产量增长了六倍。一个近期市场研究预计中国太阳能光伏产业将在五年之内主导全球市场；目前中国是全球第三大太阳能光伏生产国。②

(三) 工业政策

相对于那些并不过多依赖于能源的部门，最近中国重工业能源消耗量激

---

① 安锋、阿曼达·萨奥尔：《世界各国乘用车燃油经济性及温室气体排放标准对比》，皮尤全球气候变化中心，2004 年 12 月，http：//www.pewclimate.org/global-warming-in-depth/all_reports/fuel_economy。

② 《赴中国国际太阳能贸易代表团将会见中国光伏行业的市场领导者》，太阳能中心，2006 年 3 月 7 日，http：//www.solarplaza.com/news/solarenergy/2006/08030601.htm。

增,促使政府采取措施抑制能源密集型产业的增长。2006年11月,财政部提高了能源密集型产业的出口税,包括对铜、镍、铝和其他金属征收15%的出口税;对钢铁初级产品征收10%的出口税;并对石油、煤炭和焦炭征收5%的出口税。同时,包括煤、石油、铝和其他矿产资源在内的26种能源和资源产品的进口关税将由目前的3%—6%削减到0—3%。① 提高出口关税意味着抑制向中国出口市场中迁入能源密集型产业;反之,减少进口关税则意味着促进对他国生产的能源密集型产品的使用。

三、确立中国的谈判立场

中国在国际气候变化谈判中的立场很少偏离其他发展中国家,如由130个发展中国家(开始由77个)组成的77国集团(G-77)所共同表达的立场。最近,《京都议定书》中清洁发展机制(CDM)所规定的财政激励措施也帮助中国形成了其在国际应对气候变化机制中的观点。

(一)与77国集团休戚与共

尽管发展中国家之间的经济差异日益增加,并且在气候政策利益方面经常存在分歧,但是从一开始,发展中国家之间团结一致就被用来作为一个影响气候变化谈判的战略对策。意识到他们各自单枪匹马能力有限之后,发展中国家尝试在77国集团框架下建立共同的立场②,77国集团是联合国最大的发展中国家政府间组织。该集团为这些国家阐明和促进它们共同的经济利益并在联合国系统内部增强它们关于所有主要议题的联合谈判能力。

虽然中国的单独行动不存在能力有限的问题,然而从历史上看,中国已

---

① 于旺:《设定关税减少能源消耗》,载《中国日报》,2006年10月31日,http://www.chinadaily.com.cn/china/2006-10/31/content_720485.htm。
② 塞巴斯蒂安·奥博瑟、赫尔曼·E.奥特:《东京议定书:21世纪国际气候政策》,斯普林格出版社1999年版,第24页。

经将它自己与 77 国集团紧密连接在一起了。它能够将 77 国集团作为其保护伞以免与其他国家针锋相对。作为最大的温室气体排放国，这种考虑当然是合理的。然而，中国的规模使它能够在阐述 77 国集团的立场方面发挥领导者的作用。中国开始精心塑造它的立场以保证当它向世界表明立场时将会有许多国家站在它这一边。77 国集团一直强调其一贯立场，即工业化国家对气候变化问题负有历史责任，并且发达国家与发展中国家之间存在人均排放量的差异，反对承担任何减排承诺。

近些年来，中国与 77 国集团的联合并没有削弱。由于担心因经济增长和能源利用持续增加而成为其他国家的众矢之的，中国脱离这个群体的意愿事实上已经进一步减弱了。2005 年 6 月，当时的国家环保总局局长、现任国家发改委副主任解振华表示他希望"一些国家能够根据《京都议定书》的规定，从实质上履行他们的义务并兑现他们的承诺"，"在中国方面，中国政府在对其他国家的履行情况做出评估之后才会作出自己的决定"。① 在这番话中，谢其实在暗示中国正坐观发达国家是否会履行《联合国气候变化框架公约》中规定的使它们承担减排承诺的义务。这一立场得到中国外交部长杨洁篪的进一步强化，他在 9 月份呼吁发达国家在 2012 年《京都议定书》第一承诺期到期后应继续率先进行温室气体减排。②

尽管欧盟愿意对 2012 年后的减排目标作出承诺，但是美国这个世界上最大的工业化国家没有在国际上作出任何承诺，这就为中国不承诺提供了最好的理由。即使中国温室气体排放年同比超过了美国，但是以历史排放贡献来衡量，中国的累计排放量需经数十年才超过美国。大气层中的温室气体已经存在一个多世纪了，所以从科学视角来看，真正重要的是温室气体的历史累积。正如前面所说，中国人均温室气体排放量仅为美国的四分之一。

因此，如果美国作出可信的承诺，中国将再度面临压力，需要重新审视

---

① 《中国在观望别人的气候变化行动》，路透社，2005 年 6 月 15 日，http：//www.enn.com/today.html? Id = 7959。

② P. 帕拉梅瓦朗：《富国必须履行气候变化承诺：发展中国家》，法新社，2007 年 9 月 25 日，http：//sg.news.yahoo.com/afp/20070925/tts-un-climate-warming-developing-c1b2fc3.html。

其战术。近期内另一个可能发生转变的主要动态是 77 国集团的谈判阵营。该集团内的国家开始在它们的立场上有些分歧，这可能置中国于一个更加孤立的谈判地位。一些热带雨林国家，包括巴西和一个包括哥斯达黎加和巴布亚新几内亚在内的由 32 个雨林国家组成的联盟已经表明它们愿意建立避免毁林的自愿性目标以换取经济补偿。① 从历史上来看，77 国集团的立场中从未有过任何形式的国际自愿性目标。

（二）有效利用清洁发展机制

中国已经批准了主要的国际气候变化协议——《联合国气候变化框架公约》和《京都议定书》，但是，作为一个发展中国家，中国在这些协议中没有任何约束性的排放限制。然而，中国是《京都议定书》创建的清洁发展机制的积极参与者，该机制对发展中国家经核证的减排量授予排放信用，这些排放信用可以被发达国家缔约方用来实现《京都议定书》的减排目标。《京都议定书》要求发展中国家根据共同但有区别的责任原则以及各自的减排能力采取可行的措施来减缓气候变化。②

与其他发展中国家相比，中国政府历来对清洁发展机制较为谨慎，并且在项目审批过程中起着更多的干预作用，这使中国在碳市场中的起步较晚。尽管清洁发展机制项目 2000 年就已开始授信（比《京都议定书》生效提前五年），但中国直到 2002 年 8 月才批准该条约，直到 2004 年 6 月才建立起审查清洁发展机制项目的国家主管机构，并且国务院在 2005 年 10 月才正式通过

---

① 参见雨林国家联盟，http：//www.rainforestcoalition.org/eng/；《减少因发展中国家森林砍伐而导致的温室气体排放：激励行动的方法》，2007 年 1 月 30 日，http：//unfccc.int/files/methods_and_science/lulucf/application/pdf/bolivia.pdf（向《联合国气候变化框架公约》第 11 次缔约方大会提交的 17 个缔约国的意见）；环境与特殊事务部、巴西对外关系部：《减少因毁林而导致的温室气体排放的巴西视角》，2007 年 2 月 26 日，http：//unfccc.int/files/methods_and_science/lulucf/application/pdf/brazil.pdf。

② 《联合国气候变化框架公约》第 3 条，第 1 原则，http：//unfccc.int/essential_background/convention/background/items/1349.php，参见《京都议定书》第 10 条，http：//unfccc.int/essential_background/kyoto_protocol/items/1678.php。

清洁发展机制项目的管理条例。①

中国坚持它的一贯立场，作为一个发展中国家，它不会作出任何约束性的国际减排承诺。中国迟迟不肯作出国际承诺的原因在于它对能源数据质量与透明度持有合理的担忧。发展中国家的资源约束导致了数据质量受到限制，众所周知，国家温室气体排放清单是存在准确性问题的。② 不管在国内层面还是在国际层面，建立完善的国家温室气体排放清单体系是作出并实施任何约束性的减排政策的关键一步。

中国推延承诺的另一个原因是它对各个国际行动者在中国承担的角色存有担忧。中国一开始就对《联合国气候变化框架公约》中的京都机制持怀疑态度，不仅仅将清洁发展机制视为发达国家逃避承担减排义务的方式，而且认为外国有滥用排放信用所有权的可能。③ 中国早就存在贸易保护主义倾向，并且反对外国资本涉足国内各种行业与活动，尤其在工业领域，被视为影响国家经济安全。④ 近期的例子包括据报道在工业部门对本地生产的产品实施优惠政策而对外国竞争者实施差别待遇。⑤

很多部门都实施了这种政策，包括低碳能源技术行业。例如，所有已安装的风力涡轮机中必须有70%的当地含量，这种限制国外风力涡轮机销售的

---

① 中国国家气候变化对策协调小组办公室：《中国清洁发展机制项目运行管理办法》，2005年11月21日，http：//cdm.ccchina.gov.cn/english/NewsInfo.asp？NewsId＝905。

② 美国审计总局：《各国温室气体排放报告在是否遵守标准方面存在差别》，GAO－04－98，2003年12月，http：//www.gao.gov/new.items/d0498.pdf；大卫斯.G.帝利特等：《近期中国温室气体减排》，载《科学》，2001年11月30日，第1835—1837页；萨博·沙玛、苏玛娜·巴恰塔亚、阿米特·加戈：《印度温室气体排放：一个视角》，载《当代科学》，2006年2月10日，http：//www.ias.ac.in/currsci/feb102006/326.pdf。

③ 邦、何秀珍、维塔娜：《全球气候谈判中的战略转变》。

④ 中国商务部：《关于外国投资者并购境内企业的规定》，2006年8月8日，http：//www.tdctrade.com/report/reg/reg_060902.htm。

⑤ 美中贸易全国委员会：《外国投资在中国》，2007年2月，http：//www.uschina.org/info/forecast/2007/foreign-investment.html。

政策并非源自于中国。① 这些政策中很多都是为了鼓励外国公司对中国公司以知识产权许可的方式进行技术转让。比如，美国通用电气公司通过一个持多数股的合资公司的方式将它的 9FA 型燃气轮机联合循环技术转让给一个中国公司，以换取在中国销售这些产品的价值 9 亿美元的合同。② 尽管中国长期限制外国投资和所有权，但是不管是否有气候与能源的背景，该国官员对国际技术转让的需求是始终如一的。

尽管如此，近些年来随着中国开始意识到清洁发展机制能够带来经济和政治利益，它对该机制的态度发生了巨大转变。该机制对中国来说已经成为一个工具，它有助于刺激对减排项目的投资，并可补偿高效或者低碳技术的总成本。中国在清洁发展机制中发挥领导作用的另一个好处就是：借由该机制，中国可以向国际社会展示它正在积极主动地参与到气候变化议题中来。如今在清洁发展机制项目中作为该机制引导下产生的温室气体削减信用的世界领导者，中国已经学会如何根据自己的利益来利用它了。

中国对于外资介入的担忧仍然没有减弱。管理清洁发展机制的这些法律被认为是"经过精心构思……最大限度地维护中国的利益和控制权，并且确保中国的'资源'得到保护"，同时这些法律已经成为外国投资者抱怨的原因，特别是关于持有多数股权的中国企业才可成为项目所有者的规定。③

尽管存在这些限制条件和各种抱怨，中国已经开始成为清洁发展机制的东道主国家，计划在 2012 年《京都议定书》第一承诺期结束时发售约 12 亿吨二氧化碳当量的削减信用。④ 这意味着根据清洁发展机制而产生的 52% 的减排都发生在中国。以每吨 10 美元的价格计算，当前项目中 12 亿吨削减量

---

① 乔安娜·I. 路易斯、瑞恩·H. 瓦瑟：《培育一个可再生能源技术行业：风能行业政策支持机制的一个国际对比》，载《能源政策 35》，2007 年第 3 期，第 1844—1857 页。

② 通用电气能源集团：《通用集团哈尔滨船舶安装中国首台 9FA 级重型燃气轮机》，2004 年 7 月 30 日，http: //www.gepower.com/about/press/en/2004_press/073004.htm（通讯稿）。

③ 陶娜·曼斯基：《中国对气候变化的承担》，载《可持续发展》，美国律师协会生态系统与气候变化委员会简报，2006 年第 1 期，第 2 页。

④ 《联合国环境规划署联合国瑞索中心清洁发展机制和联合履约机制路线分析与数据》，2007 年 9 月，http: //cdmpipeline.org/index.htm。

的销售将相当于在中国进行了一个 120 亿美元的投资。

四、做出推动国际谈判的选择

解决全球气候变化问题的一个主要挑战是最终达成多边协议，这些多边协议将所有主要经济体为减缓和削减温室气体排放而做出的充分的努力囊括进来。迄今为止，多边气候努力都依赖于一个特殊的排放承诺形式：总体经济排放限制。在《联合国气候变化框架公约》中这些限制对发达国家来说是自愿的，而在之后的《京都议定书》中则是约束性的。然而从历史上来看，发展中国家是反对总体经济排放限制的，很可能在 2012 年之后的任何讨论和谈判中会依旧如此。因此，在今后的气候变化谈判中，有必要探索替代性方法来推动诸如中国这样的发展中大国进行真正的减缓行动。

对中国来说，为增加气候变化行动的国际承诺，它需要解决以下几个首要的问题：由于这个国家依赖于煤炭，因此在开发高效燃煤技术和捕捉电厂碳排放的过程中它需要面对大量的新增成本；它还需关注能源数据的质量和透明度，这是该国迟迟没有做出可量化目标承诺的根源所在；还包括为实现本国经济的发展目标而对外国资本和外国技术的利用进行限制的问题。通过认识中国在处理气候变化问题过程中面对的独特挑战可以看出中国在多边气候协议中愿意承担什么以及能够承担什么。在中国的背景下，对强度目标、部门协议、政策承诺以及信用评级等进行调查是非常有意义的。具有针对性的国际援助也将是任何国际气候协议中重要的组成部分。

（一）强度目标 VS. 绝对目标

包括中国在内的发展中国家都认为那些根据《京都议定书》确立的绝对温室气体减排目标为它们的经济增长了设定了一个上限。强度目标，不管以能源强度还是以温室气体强度来测定，是以每单位经济产出的能耗或者温室气体排放量为基准的。由于这种目标内在地与一国经济增长挂钩，所以实现这个目标并不直接导致经济产量的下降。这种类型的目标因而也就更加受发展中国家欢迎，这些国家基于公平原则反对为它们的经济增长设定上限。各个国家正刺激更高效的能源消费并使能源利用最终从经济增长中脱离出来，此时实现这种目标就需要它们明白在其经济内部导致温室气体排放的核心驱动因素是什么。

强度目标主要的局限性在于，虽然它能够将排放量增长轨迹降于正常水平之下，但是排放量绝对值不会降低。如果持续推进结构调整，即使能耗绝对值不断增加，能源强度也会在实现经济增长的同时自然地下降。[1] 尽管中国的碳排放强度（与能源有关的二氧化碳排量与 GDP 之比）在 1980 年到 2000 年之间下降了 67%，但是这段时期内它的排放量绝对值增长了 126%。[2] 然而，如果中国将排放强度维持在 1980 年的水平，那么它的温室气体排放量将会比现在多出一倍。

（二）部门重心 VS. 国家重心

不确定性是与减排评估相关联的，特别是在很多发展中国家，由于数据收集和评估的能力有限，国家温室气体清单的准确性也因此受到限制。与国家排放清单有关的一些不确定性使温室气体减排承诺的履行非常困难，因为这些承诺是建立在国家温室气体清单和各年累积改善情况的基础之上的，然而，如果对排放源较少的温室气体进行估算，比如在一个行业内部人们对温室气体排放源是预先知晓并清除记录的，这就可以获得更加准确的评估结果。因此，即使无法更广泛地了解温室气体排放源和它的排放趋势，但是在个别行业内部掌握排放源的情况就能够为该行业有针对性地开展减排行动奠定基础。

行业协议已被建议作为构建多边承诺的一种方式，这种多边承诺通过在

---

[1] 参见丹尼尔·H. 罗斯，特雷弗·豪瑟尔：《中国能源：解惑指导》，2007 年 5 月，http://www.petersoninstitute.org/publications/papers/rosen0507.pdf。

[2] 美国能源情报署：《国际能源年鉴 2004》，http://www.eia.doe.gov/iea/；G. 玛兰德、T. A. 博登、R. J. 安德烈斯：《全球，地区，和国家化石燃料二氧化碳排放》，二氧化碳情报分析中心，2007 年，http://cdiac.ornl.gov/trends/emis/meth_reg.htm。

一个行业内部或者行业之间,有可能包括发达国家与发展中国家之间建立目标或标准来实现,同时也与其他的承诺形式,比如总体经济发展目标保持一致。国际行业协议能够提供一种方法,用这种方法来协调重要的工业生产商确立应对气候变化的目标,同时也提供了一个分享最佳实践经验和技术创新的平台。各国之间在行业层面建立的减排目标或能效标准可以将减排行动努力的目标指向产生温室气体的活动,而且也能够防止某些行业出现竞争力失衡,特别是国际贸易中的能源密集型产业。[1] 中国在很多这样的产业中扮演着重要的角色。从全球范围来看,中国占全球水泥产量的48%,平板玻璃产量的49%,钢铁产量的35%以及铝产量的28%。[2]

实施行业协议的一个主要挑战是整合发展中国家,特别是那些使用低效率技术的国家,它们在满足行业标准过程中因此需要承担较高的成本。此外,如果一些行业确立了减排目标而其他行业没有受到目标的约束,那么就有可能会刺激排放从一个行业"泄漏"到另一个行业,从而在某种程度上跨行业替代成为可能。

(三) 政策承诺 VS. 项目活动

目前,中国有820个独立的清洁发展机制项目已提交审批,如果这些项目通过审批并得以实施,那么预计到2012年将会获得12亿吨二氧化碳当量的减排。[3] 然而,中国单一的国家目标是到2010年实现能源强度降低20%,这个目标能够减少15亿吨的排放量。因此,该政策以及其他相关政策,例如

---

[1] 丹尼尔·博丹斯基:《2012年后气候框架中的国际行业协议》,皮尤全球气候变化研究中心工作报告,2007年5月,http://www.pewclimate.org/docUploads/International%20Sectoral%20Aggreements%20in%20a%20Post-2012%20Climate%20Framework.pdf。

[2] 参见丹尼尔·H.罗斯、特雷弗·豪瑟尔:《中国能源:解惑指导》,2007年5月,http://www.petersoninstitute.org/publications/papers/rosen0507.pdf。

[3] 国际能源署:《国际能源展望2006》,2006年6月,http://www.eia.doe.gov/oiaf/ieo/pdf/0484(2006).pdf;大气项目办公室、美国环境保护署:《全球人为非二氧化碳温室气体的排放:1990—2020》,2006年6月,http://www.epa.gov/nonco2/econ-inv/downloads/GlobalAnthroEmissionsReport.pdf。

中国气候变化国家方案中阐明的政策，能够为《联合国气候变化框架公约》下所作出的基于政策的承诺奠定基础。在发展中国家，这样的政策与基于项目的信用机制，如清洁发展机制相比能够获得更多的减排量，并且能够潜在地降低与逐个项目验证相关的交易成本。作为多边气候协议中的一部分，政策承诺可以使发展中国家明确温室气体减排的方式或者促进国家优先事项，比如经济增长、能源安全和公共健康，同时也有助于在温室气体减排的国际集体行动中实现广泛的参与。① 基于政策的承诺会随着时间变得越来越严格，可能在一开始作为自愿行动出现在《联合国气候变化框架公约》承诺的履行过程中，之后将通过各国谈判作为新承诺纳入到 2012 年后更广泛的气候协议之中。②

世界银行在制定《清洁能源与发展投资框架》的过程中得出结论，在发展中国家，一个以全球气候政策框架为支撑的开放的碳市场将是大规模脱碳发电的主要的融资来源。③ 包括发达国家新目标在内的 2012 年后的减排框架中，对发展中国家来说，使其承担政策承诺的最有力的刺激可能是可交易排放信用的发展前景。目前清洁发展机制中构建的信用是以单个项目为基础的。如果未来某个协议框架将政策承诺包括进来，那么把信用建立在那些承诺基础之上就可能将投资引入产业或行业战略中来，这些战略有可能在一个更为广阔的范围内实现减排。④ 但是，基于政策的信用会面临同样的根本性问题，

---

① 哈罗德·温克勒等：《可持续发展政策与措施：从发展到应对气候变化》，见凯文·A. 鲍莫主编：《基于京都议定书的建设：保护气候的选择》，世界资源研究所，2002 年，第 61—87 页，http://pdf.wri.org/opc_chapter3.pdf。

② 乔安娜·I. 路易斯、埃立特奥·迪林格：《2012 年后框架中基于政策的承诺》，皮尤国家气候变化研究中心工作报告，2007 年 5 月，http://www.pewclimate.org/docUploads/Policy-Based%20Commitments%20in%20a%20Post-2012%20Climate%20Framework.pdf。

③ 世界银行：《清洁能源与发展的投资框架：进展报告》，2006 年 9 月，http://siteresources.worldbank.org/DEVCOMMINT/Documentation/21046509/DC2006-0012(E)-CleanEnergy.pdf。

④ 刘易斯·萨马尼、克里斯蒂娜·菲格拉斯：《逐步发展基于行业的清洁发展机制》，见凯文·A. 鲍莫主编：《基于京都议定书的建设：保护气候的选择》，世界资源研究所，2002 年，http://pdf.wri.org/opc_chapter4.pdf；托马斯·C. 海勒、P. R. 舒克拉：《发展和气候：推动发展中国家参与》，见 J. E. 奥蒂等主编：《超越京都，推进应对气候变化的国际努力》，皮尤国际气候变化研究中心，2003 年。

这些问题出现在基于项目的信用中：怎样确定用来进行信用评估的行动是额外的，而不属于一般情况，以及怎样核证实际的减排量。①

（四）国际协助

任何多边气候交易的一个重要组成部分很可能包括发达国家承诺扩大发展中国家获得先进技术的途径，并为它们的减缓和适应行动提供激励措施和金融支持。中国的气候变化方案已经为国际合作确立了优先领域，包括在先进的煤炭技术、建筑节能技术、清洁交通工具技术和先进的工业技术方面进行合作。中国在国际气候谈判中已经重点强调了技术转让，最近建议成立一个"技术开发与转让委员会"来监督并负责技术转让的相关活动，还建议建立一个"多边技术获取基金"来支持"对发展中国家开发、部署、传播和转让技术，尤其要通过购买知识产权的方式"。②

更加重视这些技术的研发并增加技术部署的经验，这不仅对中国来说是重要的，对世界其他国家来说也非常重要。特别是美国和中国在决定继续以煤炭为主要能源还是选择更加高效的燃煤与气化技术方面，以及在煤炭发电厂的碳捕捉与储存方面有着共同的利益。在这个领域不断增加双边互助能够对多边气候谈判起到补充的作用，甚至能够促进多边气候谈判。

五、推动中国应对气候变化

由于中国开始成为世界上最大的温室气体排放国，同时在世界各高端论坛上各国政府领导人和国家元首提高了对气候变化的国际关注，中国将因此

---

① 参见清洁发展机制执行理事会：《联合国气候变化框架公约》，《额外性的证明及评估工具》，电子公告29，2007年2月，http://cdm.unfccc.int/methodologies/PAmethodologies/AdditionalityTools/Additionality_tool.pdf。

② 科学技术建议附属机构：《联合国气候变化框架公约》，《技术发展与转让》，FCCC/SBSTA/2006/L.27/Add.1，2006年11月4日，http://unfccc.int/resource/docs/2006/sbsta/eng/l27a01.pdf。

面临日益增长的国际压力,从而将对气候变化问题投入更多的关注。2007年举行了一系列关于气候变化的会议,包括6月在海利根达姆召开的八国集团峰会,8月份在维也纳召开的联合国闭会期间会议,9月在柏林召开的格伦伊格尔斯对话,同月在悉尼召开的亚太经济合作组织峰会,以及9月末在联合国大会之前召开的联合国秘书长高级别气候变化纽约峰会,在随后的一周美国政府又主持召开了主要经济体峰会。这一年的会议在12月份达到高潮,各国部长和代表将与来自世界各地的利益相关者聚集印度尼西亚巴厘岛共同召开《联合国气候变化框架公约》第十三次缔约方大会(COP13)和《京都议定书》第三次缔约方会议。

巴厘岛会议上大多数国家的主要目标,正如上文讨论的,是制定"巴厘岛路线图",用以指导今后按照《京都议定书》进行的有关协议谈判,他们的当前承诺期到2012年结束。很多政府已经声明,为保持不断进步以实现全球温室气体减排并维护一个稳定的全球碳市场,在2009年9月举行的《联合国气候变化框架公约》第十五次缔约方大会上需要作出一个关于未来框架的决定。[①] 到那时,这样的协议取决于美国作出更多的承诺,取决于主要发展中国家,特别是中国付诸更多的行动,也取决于一个新的气候框架,该框架允许不同国家作出不同形式的承诺。尽管无法预料一个充满活力的国家比如中国最终认为可接受的国际气候行动的形式是怎样的,但是上文谈到的许多选择很可能得到所有主要经济体的进一步探索与评估。

中国必须在任何应对气候变化问题的全球性解决方案中发挥中心作用。然而,它也是13亿人口的家园,人们期待着与许多发达国家一样能够享用现代能源服务。最近中国进行了体制改革,并重新将注意力集中到实施积极的能源效率政策上来,这些都表明了中国政府逐渐意识到气候变化带来的各种问题,同时也有兴趣改变中国目前的能源发展轨迹。

中国的许多行动者,不管在政府内部还是在非政府部门,都有一个达到

---

① 詹姆士·康特:《峰会之前,一个关于气候变化的巨大缺口》,载《国际先驱报》,2007年9月24日,http://www.iht.com/articles/2007/09/24/business/climateside.php。

国际标准的强烈愿望，目的是为了实现自由贸易或者对知识产权进行保护，这些国际标准使中央政府在地方层面的授权合法化。除此之外，中国的经济发展越来越依赖全球能源系统一体化，因而在气候变化问题上，它不能让自己在技术或者制度上被孤立起来。① 然而，在接下来的 10 年到 20 年间，中国的能源基础设施投资决策将直接影响着未来全球气候系统的稳定性，在这段时期内，如果不积极地参与国际行动，中国将不可能明显地转变其当前的能源发展轨迹。

主要经济体要共同审视并解决在自身的经济发展、能源安全与各自在全球气候变化中的作用之间的关联性问题，这对每一个经济体来说都是新的紧迫性任务，也是一个机会。只有发达国家主要排放国以身作则，中国的有效参与才会成为可能，并且美国认真参与气候变化行动是中国参与任何气候变化国际行动的先决条件。同时，了解中国今后在本国温室气体减排过程中，特别是能源部门脱碳过程中面临的挑战，是推动中国参与气候变化合作的第一步。

---

① 爱德华·S. 斯坦菲尔德在众议院能源与贸易听证会上的专家证词：《气候变化——一个国际议题：推动发展中国家参与》，2007 年 3 月 27 日，http://energycommerce.house.gov/cmte_mtgs/110 - eaq-hrg. 032707. Steinfeld-testimony. pdf。

中国减碳政策路线图[*]

曹荣湘　谢来辉^{**}

目前，中国已经提出要把积极应对全球气候变化作为经济社会发展的一项重要任务，要把积极应对气候变化作为经济社会发展的重大战略、作为调整经济结构和转变经济发展方式的重大机遇。中国也提出要通过坚持走新型工业化道路，合理控制能源消费总量，综合运用优化产业结构和能源结构、节约能源和提高能效、增加碳汇等多种手段，来有效控制温室气体排放，提高应对气候变化的能力。但是在更加具体的政策工具选择的问题上，中国政府目前似乎并没有明确的选择方向。

中国显然需要发展一套适合自身特定国情的减缓政策工具。比如2007年气候变化专家委员会报告（IPCC）指出，选择政策工具必须对特定环境问题、与其他政策领域的关联、不同政策工具的互动关系等有良好的理解。各种政策工具"在特定国家、行业及情景，特别是发展中及转型经济体中的应用性，可能差别非常大"。

根据IPCC（2007）的定义，减缓气候变化的"政策工具包括：规制与标

---

　　* 本文主要内容曾以"构建中国特色的减碳政策体系"为题，收入社会科学文献出版社2012年出版的《气候变化绿皮书》，本次重新发表时作了适当修改。

　　** 曹荣湘，中央编译局研究员；谢来辉，中国社会科学院亚太与全球战略研究院副研究员。

准，税收与收费；可交易配额；自愿协议；补贴；金融激励；研发项目与信息工具等。其他比如可以影响贸易、外商直接投资、消费和社会发展目标的政策，也会影响温室气体排放"。现实中的减缓政策必然是系列政策工具的组合。但是从发达国家的经验和现实来看，在碳税和碳排放交易之间如何抉择作为主导性的政策工具，构成了问题的主要内容。

一、碳税与碳交易之争的简要理论回顾

目前，碳排放交易是世界范围内较多采用的减排政策工具。比如欧盟已经建立起全球最大的碳排放交易体系（EU ETS）。其他主要发达国家，包括美国、日本、加拿大和澳大利亚等都在建立或者准备建立排放交易体系。相比之下，碳税的政策只被北欧几个国家采用，包括荷兰、挪威、丹麦、瑞典和比利时等。虽然发达国家普遍优先发展了碳交易政策，但是在理论上碳税和碳交易之间各有优劣，仍是存在争议的理论问题。

学术界关于碳税和碳交易问题一直存在激烈的争论。比如，美国著名经济学家、耶鲁大学教授威廉·诺德豪斯（William Nordhaus）一直坚定支持碳税，并给出了五个方面的理由：（1）碳价格的设定可以直接和气候科学及经济研究相联系，因此有利于实现环境目标。相比之下，数量型政策需要计算出稳定的大气温室气体浓度所对应的升温限度以及减排量，会更加困难和不确定。（2）温室气体作为存量污染物，其规制更适合税收手段。（3）财政偏好强烈。通过税收手段能够获得资金，可以用于研发和投资。（4）高度波动的价格不利于企业决策，特别是技术研发。（5）既有制度足够用于碳税来实现排放规制，并不需要设计或引入新制度，因为目前各国在碳排放交易方面都还缺乏经验。

相比之下，哈佛大学著名环境经济学家斯蒂文斯（Robert Stavins）则代表了另一批西方学者的观点，他们支持碳排放交易。他认为，对于美国而言，碳排放交易体系是最为成本有效的政策方案，特别是可以尽快和清洁发展机制对接，降低国内减排成本。而且在斯蒂文斯看来，国际社会为了应对气候

变化而在政府间进行大规模财政转移支付，在政治上是不可行的。而通过国际碳市场在微观主体之间进行交易，才是实现这一目标的现实手段。英国著名经济学家尼古拉斯·斯特恩爵士（Nicholas Stern）也认为，"富国的政策应该尽全力关注碳交易，并将这种交易向国际贸易开放，同时配合以富国大力减排目标的支持，以便将价格维持在这样——既能鼓励国内减排又能刺激海外交易——的水平上。"[①] 他认为，全球排放贸易体系（global emission trading）是未来全球气候制度的核心要素之一。

一般认为，评价环境政策工具优劣存在诸多标准。比如 IPCC（2007）归纳了四个方面的标准：环境有效性，成本有效性，分配效应（包括公平），以及制度可行性。其他更细微的标准还包括：对竞争力的影响，以及管理可行性等。我们可以通过这些标准来对碳税和碳排放交易的优缺点进行一些比较分析。

首先，减排效果的确定性。碳排放交易政策是在确定排放总量限额的前提下进行交易，因此首先设定排放数量的目标，通过排放配额的交易形成价格进而产生激励，因此被称为数量型手段。相比之下，碳税是通过确定碳排放的价格来对减排形成激励，最终减排的数量是不确定的，因此也被称为价格型手段。

其次，从环境有效性方面来看，环境经济学认为，考虑气候变化问题的特征，碳税是比排放交易更优的政策工具。一般认为，税收和排放权交易政策在环境有效性和成本有效性方面是等价的，最终都是在边际减排成本等于边际减排收益之时形成污染排放数量和价格的均衡。不过，考虑到污染物的特征之后，结论会存在一些变化。气候变化问题具有全球性、长期性和不确定性等特征。温室气体是存量污染物，累积的二氧化碳等温室气体造成了气候变化，并且在大气中一直存在几百年。全球气候变化是一个存量外部性，其损害是排放累积总量（而非排放流量）的函数。对于存量污染物，应该在动态的模型中进行分析，考虑衰减率、折现率等与时间相关的因子。基于对

[①] 尼古拉斯·斯特恩：《气候变化经济学》，见曹荣湘主编：《全球大变暖》，社会科学文献出版社2010年版，第120页。

污染物性质的这些认识，主流环境经济学家认为，碳税是一种相比排放交易更优的气候规制政策。

再次，分配问题。相比于碳税，在碳排放交易体系下，可以实现预期的分配效果。许可证的初始分配提供了一个独特的机会来改善资源的分配，同时又不失成效。为此，《斯特恩报告》总结说："排放交易机制的主要优势是，它们使得效率与公平可以分别得到考虑。"

最后，不同政策推动技术进步的效果有差异。稳定的碳价格有利于为低碳技术的研发提供持续的激励，而碳排放交易可能导致剧烈的碳价波动，不利于发展低碳技术。环境经济学认为，税收中性的碳税（即如果在征收碳税的同时，替代其他造成经济扭曲的税种，保持总税负不变），可以形成"双倍红利"效应：既改善环境，又提高经济效益。阿西莫格鲁与阿洪等最新的经济研究认为，税收与研发补贴相结合，有利于推动内生型的经济增长和技术进步。作为一个经济大国和排放大国，中国不大可能指望通过从西方发达国家获得国际技术转让来实现低碳技术的大规模发展和应用。因此，从长期战略考虑，从发展低碳技术的角度考虑政策工具选择也至关重要。

二、中国选择减排政策工具的现实背景

中国在"十一五"时期开展节能减排工作，是先确定目标，再"边走边看"探索减排政策。在这种过程中产生了很多政策创新，出现了很多有特色的减排政策，有力地推动了节能减排目标的实现。但是总的来说，中国目前的节能减排政策主要以行政法律手段为主，其中大概可以归纳为以下几类：（1）责任制。相关行政领导或企业负责人签订减排目标承诺书，在终期接受行政考核和问责。（2）对于一些高排放、高污染的小企业予以"关停并转"。（3）综合性规划。开展区域性试点，设立实验区，尤其进行循环经济和低碳城市试点等。（4）经济激励类政策。比如财政转移支付、补贴新能源开发；对企业开展绿色金融，绿色信贷。（5）设定节能和低碳的技术标准，以及进行相关产品和技术认证。

与此同时,"十一五"时期的节能减排政策也突出体现出过度依赖行政手段的问题。这被较为普遍地认为导致了不利后果,比如行政成本高,执行效果稳定性也比较差,灵活性不足。IPCC(2007)也强调,行政规制与标准适用于"存在信息或其他障碍阻碍企业和消费者对价格信号作出反应时"。

因此,考虑发展更加灵活和具有成本有效性的环境经济政策,已成为社会各界广泛呼吁的方向。在 2006 年 4 月召开的第六次环保大会上,温家宝总理第一次提出环保要实现"三个转变",其中之一是"从主要用行政办法保护环境转变为综合运用法律、经济、技术和必要的行政手段来解决环境问题"。比如财政部财政科学研究所的研究人员建议,中国应该在资源税改革后的 1—3 年内(预计为 2012—2013 年左右)开征碳税。"十二五"规划建议明确提出"开征环境保护税"。据有关报道,由财政部、国家税务总局和环保部三部委拟定的环境税方案已成型。其中针对的污染物类型,包括二氧化硫、废水和固体废物在内的三种污染物以及二氧化碳;建议二氧化碳的税率为 10 元/吨,在税款的归属上明确提出归属地方收入。① 全国人大财经委员会已经建议相关部委抓紧环境税法的论证评估工作,适时提出立法建议。②

另一方面,中国也在积极探索发展碳排放交易市场。比如国家"十二五"规划中强调,要"探索建立低碳产品标准、标识和认证制度,建立完善温室气体排放统计核算制度,逐步建立碳排放交易市场,推进低碳试点示范"。

碳税和碳排放交易都属于基于市场的环境经济政策。理论上二者之间并无必然的冲突,但是在现实中哪个应该作为中国主导性的减排政策而优先发展的问题上,则存在一定的冲突。发达国家基于自身的情况大多选择了碳排放交易制度,并因为它们在世界经济中的优势地位而对其他后发国家形成了约束条件。在这样的背景下,我们考虑中国减排政策工具的选择问题,至少应该注意到以下若干方面:

---

① 王尔德、左青林、王旭燕:《环境税拟定四税种税率引发争议》,载《21 世纪经济报道》,2010 年 12 月 10 日,http://www.21cbh.com/HTML/2010-12-10/2MMDAwMDIxMDI2Mw.html。
② 《财政部同意适时开征环境税,将展开论证工作》,载《法制晚报》,2011 年 12 月 12 日。

（1）减排效果和竞争力问题。中国的能源生产企业、能源密集型产业和用能大户，基本上都是国有企业，其投资决策对投入的价格信号相对较不敏感。特别是中国的电力、石油、煤炭、交通等高排放产业，均属于需求弹性较小的产业，同时又基本属于国家垄断市场，因此，这些产业可以较为容易地将税负转嫁给消费者。因此价格型政策的结果很可能是无法达到减排的目标，而是抬高能源价格和增加消费者负担，同时造成物价的上涨和国际竞争力下降的不利后果。

（2）对收入分配问题的影响。作为发展中国家，中国存在明显的区域差异过大的问题。东、中、西部在经济发展方面存在巨大的差异，能源开发产业主要集中于欠发达的中西部地区，而能源使用则更多集中在东部沿海地区。如果地区间差距太大，那么在征收碳税的情况下，区域间的灵活性似乎也更不容易实现。而在现有的关于碳税的研究成果中，包括财政部课题组的研究成果，无一例外都认为碳税是累退性的，对低收入群体的影响要大于高收入群体，对农村的影响要大于城市，对中西部的影响要大于东部。

与此相关的另一个问题是，碳排放交易往往会对新设立的企业构成歧视，因为初始分配排放信用额只针对现有的企业，甚至是根据"祖父原则"基于历史排放水平发放。相比之下，碳税更具有公平性，企业面对的一律都是相同的碳价。而且在一个发展中的经济体中，企业出于不断发展的需要，可能也只会囤积、而不是出售多余的减排信用额，从而造成需求高于供给的局面。

（3）碳税要发挥效果需要时间较长，但是在现实中迫切需要实施政策。目前，中国的资源税改革一直都尚未取得突破，中国的其他环境税收也仍未启动。征收碳税需要立法，需要等待适当的时间窗口显然是重要的问题。而且，碳税税率的调整需要一个渐进的过程。如果税率太低，则不能有效调控经济和实现环境目标，但是如果税率太高，则容易伤害企业，容易引起抵制。双倍红利能否实现仍是个问题，更多细节仍有待设计。相比之下，碳排放交易政策较容易进入具体实施阶段。

（4）碳排放交易在行政管理方面具有与国际潮流接轨的吸引力。与很多西方发达国家在具有能源税相关税种的基础上开展碳排放交易不同，在中国碳税和碳排放交易这两种政策几乎都是同步开始考虑引进的新型政策工具。因此，尽管一般理论上认为碳税在管理上更易操作，但是对于行政管理层面来说，学习国际先进的碳交易政策更具有吸引力。与国际接轨，获得国际认可，也是中国环境管理现代化不可忽视的重要因素。

随着主要发达国家都在积极发展碳市场，市场将成为国际社会应对气候变化的主导手段，这将对发展中国家造成重要影响，对于未来国际气候制度的走向也极为关键。发达国家的很多学者和政策分析家推崇碳排放交易，其中的一个主要理由是看重这种工具便于获得国内政治支持并推动发展中国家的参与。《京都议定书》的灵活机制之一——清洁发展机制已经把碳排放权交易政策的种子带到了全球。发达国家先后选择碳排放交易制度，对发展中国家形成重要的示范效应。目前存在一个明显的趋势，即发达国家正在积极推动碳排放交易制度的全球化。在坎昆会议期间，世界银行行长佐利克宣布，将建立筹集目标为1亿美元的"市场准备伙伴基金"（The Partnership for Market Readiness），目的是为了帮助各国（尤其是发展中国家）国内碳交易体系的能力建设。该基金希望把发达国家和发展中国家联系在一起，发达国家向发展中国家提供赠款，帮助发展中国家建立国内交易体系和利用其他市场手段实现国家的减排目标。

三、构建中国特色的减排政策体系

选择适当的减排政策工具，不仅有利于中国加快经济发展方式的转变，也有利于中国在保证顺利实现减排目标的同时维持自主性和灵活性。因此在这个过程中，既要基于中国经济发展和节能减排的现实需要和背景，也应该结合中国在国际气候谈判的进展情况，来进行综合考虑。

探索构建中国特色的减排政策体系，已经迫在眉睫。《"十二五"节能减排综合性工作方案》提出，要形成政府为主导、企业为主体、市场有效驱动、全社会共同参与的推进节能减排工作格局。根据这一目标，我们可以认为中国未来发展减排政策的基本思想是：行政手段逐渐退出，市场化改革不断推进，最终在国民经济中形成稳定的以碳价格为核心的减排政策体系。

在这里，我们尝试提出构建中国特色减排政策体系的一个初步路线图。我们认为，可以采取"分步走"的方式，将这一体系发展的过程大概分为三个阶段：

（一）在 2020 年以前，以构建自愿碳交易体系为中心，配以其他法律行政手段，同时加快碳税研究和立法

2009 年哥本哈根会议召开前，中国政府宣布了到 2020 年单位国内生产总值温室气体排放比 2005 年下降 40%—45% 的行动目标，并作为约束性指标纳入国民经济和社会发展中长期规划。而根据 2011 年德班会议达成的谈判路线图，将在 2015 年达成一个对包括中国在内的主要排放大国形成有约束力的减排协议。这意味着在 2020 年以前的这段时间，极可能是中国仅剩的不用承担强制性减排义务的战略机遇期。在此阶段，中国的减排政策主要应与中国经济增长方式转变的需要相适应，使中国经济整体逐步适应进入低碳发展的轨道，为 2020 年之后承担强制性减排义务做好准备。

在这个阶段，发展碳交易市场将是中国的主要政策方向。国务院在 2011 年 7 月刚通过的《"十二五"节能减排综合性工作方案》中提出，要"开展碳排放交易试点，建立自愿减排机制，推进碳排放权交易市场建设"。2011 年 11 月发布的《中国应对气候变化的政策与行动白皮书》提出，作为"十二五"期间中国将重点推进应对气候变化的相关工作的十一个方面之一，中国将"逐步建立碳排放交易市场"。具体来说，中国将"借鉴国际碳排放交易市场建设经验，结合中国国情，逐步推进碳排放交易市场建设。通过规范自愿减排交易和排放权交易试点，完善碳排放交易价格形成机制，逐步建立跨省区的碳排放权交易体系，充分发挥市场机制在优化资源配置上的基础性作用，以最小化成本实现温室气体排放控制目标"。

因此，在这个阶段，"十一五"时期的行政命令手段预期仍将发挥主导

作用，但是自愿性碳交易很可能将明显提高其实施的灵活性。目前国内已经开始积极建立自愿交易市场。各地方政府和大型国有企业，将可以参与企业间市场和区域间的碳交易市场，可望以较低的成本完成节能减排目标。通过形成碳交易市场，可以促进相关服务业的发展，建立配套制度，培养人才。同时，中国也应该加强补贴低碳能源的开发，并支持低碳技术的研发。

在此阶段，同样没有承担强制性减排义务的美国的减排政策，应该成为中国发展政策的重要参照点。在适当的条件下，中国也可以发展出类似美国"区域温室气体减排行动"（RGGI）的体系。

相比之下，碳税在"十二五"规划中与能源环境相关的主要文件里并没有被提及。但是，中国社会科学院2011年发布的《经济蓝皮书春季号》指出，中国要完成2020年的节能减排目标，必须采用包括构建环境税收体系在内的多种措施。我们也认为，应该争取在此期间抓住时机窗口出台着眼于2020年后的碳税政策，特别是在"十二五"时期加快完成资源税特别是能源税的改革工作。

（二）2020—2030年，选择试点尝试开征碳税，构建全国性的、完整统一的碳交易体系

根据德班会议的协议，进入2020年之后的这个阶段，中国可能需要开始承诺承担强制性减排义务。为此中国有必要给经济提供稳定的价格信号，积极推动减排。此前发展的自愿性碳交易市场也应该能够为设定恰当的碳税税率提供合适的参考。在此阶段，碳排放交易的规模和范围应该进一步加强，在重点行业实现总量控制，并覆盖主要排放源。在此阶段，二者同步运行，相互补充，但是碳税的主导性地位应该明显突出。同时，行政命令式手段应该进一步弱化，转向重点加强建立技术标准认证、绿色金融为主的行政法律手段。

（三）2030—2050 年，全面开征碳税，配以绿色金融（绿色信贷）等手段

据估计，中国的碳排放总量将在 2030 年左右达到顶峰。为此，2030 年之后中国削减排放的力度应该加强。在此阶段，中国的减排政策应该更加强化碳税的核心地位，加强建立配有"安全阀"的碳排放交易的混合体制。在此阶段，行政命令手段应该只限于低碳产品技术标准及其认证领域，政府工作的重点应该是积极完善以低碳补贴（利用碳税收入）和绿色信贷为核心内容的绿色金融。

四、结 论

本文通过回顾相关理论上关于碳税与碳排放交易的比较，总结归纳了中国现阶段的一些基本现实，尝试性地提出构建中国特色减碳体系的路线图。其核心建议是，中国在短期内积极发展自愿性碳排放交易体系以补充目前行政命令手段的不足，但是在 2020 年之后的中长期应该建立以碳税为核心的政策体系。

无论从理论还是现实中看，各种减排政策工具都各有重要的优缺点。在这里，虽然我们没有讨论人口政策、发展碳汇等其他政策，但是事实上它们已经构成有中国特色的减排政策体系中非常突出的内容，未来也将继续扮演重要角色。本文希望强调，从长期来看，碳税而不是碳排放交易，才是更有效率的减排政策手段。在应对气候变化问题上，与西方发达国家相比，中国在许多方面都具有体制上的优势。根据吉登斯的"保障型国家"的概念和观点，政府应该在克服气候问题上的市场失灵和利益集团集聚不足上，发挥更多的主导性作用。因此，这对于中国构建具有自身特色的减排政策体系和有效应对气候变化至关重要。

[参考文献]

1. 曹荣湘：《中国节能减排：征税还是部门总量控制与交易》，载《阅江学刊》，2011年第6期。

2. 埃里克·波斯纳、戴维·韦斯巴赫：《气候变化的正义》，李智、张键译，社会科学文献出版社2011年版。

3. 威廉·诺德豪斯：《均衡问题：全球变暖的政策选择》，王少国译，社会科学文献出版社2011年版。

4. 安东尼·吉登斯：《气候变化的政治》，曹荣湘译，社会科学文献出版社2009年版。

5. 苏明、傅志华、许文等：《碳税的中国路径》，载《环境经济》，2009年第9期，第10—22页。

6. 谢来辉：《碳交易还是碳税，理论与政策》，载《金融评论》，2011年第6期。

7. 曾刚：《碳税和碳交易，中国该选哪个》，载《当代金融家》，2009年第11期。

8. 张世秋：《中国的低碳化战略转型与政策选择》，载《绿叶》，2009年第5期，第33—38页。

9. 《中国应对气候变化的政策与行动白皮书》，2011年11月。

10. Acemoglu, D., P. Aghion, L. Bursztyn and D. Hemous, "The Environment and Directed Technical Change", *American Economic Review*, 102 (1), 2012, pp. 131 - 166.

11. Aldy, Joseph E., Alan J. Krupnick, Richard G. Newell, Ian W. H. Parry and William A. Pizer, "Designing Climate Mitigation Policy", *Journal of Economic Literature*, 48 (4), 2010, pp. 903 - 934.

12. Hepburn, C., "Regulating by Prices, Quantities or Both: An Update and an Overview", *Oxford Review of Economic Policy*, 22 (2), 2006, pp. 226 - 247.

13. Cooper, R. N., "The Case for Charges on Greenhouse Gas Emissions", *The Harvard Project on Climate Agreements Discussion Paper Series*, 8 - 10, October 2008.

14. Goulder, L. H. and I. W. H. Parry, "Instrument Choice in Environmental Policy", *Review of Environmental Economics and Policy*, 2 (2), 2008, pp. 152 - 174.

15. Wiener, J. B., "Global Environmental Regulation: Instrument Choice in Legal Con-

text", *Yale Law Journal*, 1999, pp. 679 – 798.

16. Nicholas Stern, "The Economics of Climate Change", *The Stern Review*, Part 4, 5, 2007.

17. "Policies, Instruments and Co – Operative Arrangements", Working Group Ⅲ: Mitigation of Climate Change, IPCC Fourth Assessment Report, Chapter 13, Climate Change, 2007.

18. Bohm, P., "Experimental Evaluations of Policy Instruments", Mäler, K. G. and J. R. Vincent (eds.), *Handbook of Environmental Economics*, Chapter 10, Elsevier Science Ltd, 2003.

19. Zhang, Z., "In What Format and Under What Timeframe Would China Take on Climate Commitments? A Roadmap to 2050", *International Environmental Agreements: Politics and Economics*, Volume 11, Issue 3, September 2011, pp. 245 – 259.

案例研究

生态权利与生态正义：组织结构与治理*

李惠斌**

中共十八届三中全会《决定》对生态文明的制度体系进行了系统阐释，从自然资源资产产权制度和用途管理制度的建立健全到划定生态保护红线等都作了规定，进一步明确了实行资源有偿使用制度和生态补偿制度，改革生态环境保护管理体制。这是一种结构性的全面制度安排，说明中国的环境治理正在走上理性的轨道。

生态保护的最终目的是保护公民的生态权利。因此，生态保护的出发点和工作目标都应该是公民个人。中国的先哲孟子在这个问题上就非常清醒。孟子说："人有恒言，皆曰天下国家。天下之本在国，国之本在家，家之本在身。"① 用今天的话说就是，一切工作最根本的目的在于公民个人。我们谈论生态问题，首先要搞清楚公民和社会的生态权利与生态正义问题。

---

* 本文原为在德国"中德环境治理会议"上的演讲稿，后收入《中国与德国的环境治理》（中央编译出版社2012年版）一书，本次出版时根据十八届三中全会精神作了进一步修改。

** 李惠斌，中央编译局研究员。

① 孟子：《离娄》（下）。

一、生态权利与生态正义

公民个人或组织要求其生存环境得到保护和不断优化的权利，就是我们所说的生态权利。从人类生态学或社会生态学的意义上讲，人的生态权利来自于或衍生于人的生存权利，公民不仅拥有生存的权利，而且其生存环境也同时应该不断地得到保护和优化。如果人的生存环境得不到保护，那么人的生存权利就会成为一句空话。这就是说，生存权利本身就先天地包含着生态权利的内容。

从某种意义上说，正确和恰当地解决生态权利的保护和正当交易，就是生态正义。或者更简单地说，生态权利的实现就是生态正义。

我们不仅要从生产的意义上研究自然资源的有用性和稀缺性，而且更重要的是要从消费和生存的意义上研究这种有用性和稀缺性，减少生态破坏，从而最大限度地保护每一个公民及其家庭的生态权利，维护社会的生态公平和生态正义。要做到这一点，我们需要在个人、家庭、社区、企业、区域、国家等各个层面上保护人们的需要由法律和制度进行规定的从而是不可侵犯的生态权利。

基于科学发展观的指导和要求，中国各级政府在生态治理方面投入了极大的热情和努力。从发展规划设计、投资项目筛选，到干部考核、干部提拔，都对生态文明指标提出了严格的要求。创建国家环保模范城市的活动也在全国范围内激起了一波又一波的创建热潮。基于《京都议定书》的治理框架，中国环保部门已经提出了一系列的环境经济政策理念，如绿色税收、环境收费、绿色资本市场、生态补偿、排污权交易、绝色贸易、生态保险等。各级地方政府和环保部门也都不同程度地提出和制定了各种环保指标和减排指标。过度排放的不正义性得到了人们的普遍认同，从而使得"谁污染谁付费"的原则得以确立。

二、生态补偿机制

2005年,中国《国务院关于落实科学发展观加强环境保护的决定》要求"要完善生态补偿政策,尽快建立生态补偿机制。中央和地方财政转移支付应考虑生态补偿因素,国家和地方可分别开展生态补偿试点"。《国务院2007年工作要点》(国发〔2007〕8号)将"加快建立生态环境补偿机制"列为抓好节能减排工作的重要任务。国家《节能减排综合性工作方案》(国发〔2007〕15号)也明确要求改进和完善资源开发生态补偿机制,开展跨流域生态补偿试点工作。中国国家环保总局于2007年8月24日出台《关于开展生态补偿试点工作的指导意见》,明确指出生态补偿的基本原则是"谁开发、谁保护,谁破坏、谁恢复,谁受益、谁补偿,谁污染、谁付费。要明确生态补偿责任主体,确定生态补偿的对象、范围。环境和自然资源的开发利用者要承担环境外部成本,履行生态环境恢复责任,赔偿相关损失,支付占用环境容量的费用;生态保护的受益者有责任向生态保护者支付适当的补偿费用"。同时反映出开展生态补偿试点工作的目标是"通过试点工作,研究建立自然保护区、重要生态功能区、矿产资源开发和流域水环境保护等重点领域生态补偿标准体系,落实补偿各利益相关方责任,探索多样化的生态补偿方法、模式,建立试点区域生态环境共建共享的长效机制,推动相关生态补偿政策法规的制定和完善,为全面建立生态补偿机制奠定基础"。

《指导意见》提出,探索建立重要生态功能区生态补偿机制,建立健全重要生态功能区的协调管理与投入机制。积极推进重要生态功能区财税政策和管理政策改革,加大对重要生态功能区的财政转移支付力度。加强重要生态功能区的环境综合整治,积极采取控污、截污等多种手段,有效控制农村面源污染,促进城乡经济社会与环境的协调发展。研究建立重要生态功能区生态补偿标准体系。推动建立矿产资源开发的生态补偿机制,改革现有矿山企业成本核算制度,将环境治理与生态恢复费用列入矿山企业的生产成本。推动建立流域水环境保护的生态补偿机制,积极维护饮水安全,研究各类饮用水源区建设项目和水电开发项目对区域生态环境和当地群众生产生活用水质量的影响，开展饮用水源区生态补偿标准研究。推动建立流域生态保护共建共享机制，建立促进跨行政区的流域水环境保护的专项资金，重点用于流域上游地区的环境污染治理与生态保护恢复补偿，促进全流域共同参与流域水环境保护。

据 2010 年 2 月 23 日《平顶山晚报》报道："今后，河流上游城市别想轻易通过河道把污染物带到下游。昨天，记者从市环保局获悉，根据省政府最新出台的《河南省水环境生态补偿暂行办法》规定，水环境生态补偿制度今年起开始在我省全面实施，上游省辖市河流出境断面水质污染物超标的，必须给下游省辖市予以经济补偿。"

三、碳交易机制

政府的各种处罚手段频频出台，减排指标的确定、排放量的控制和严格的指标化使得排放权交易量不断放大。以碳交易为主要内容的排放权交易市场的形成，标志着生态权利和生态正义问题在政府和企业间得到了初步的重视。①

江苏省 2007 年 4 月制定的《江苏省二氧化硫污染权有偿出让管理暂行办法》提出"以市场配置环境资源，靠价格杠杆撬动污染减排"的新环保理念，加快建立江苏环境价格体系，分配初始排污权，建立二氧化硫排放指标拍卖市场，从而使得公民的公共生态权利得以初步实现。

---

① 联合国政府间气候变化专门委员会在 1997 年 12 月的《京都议定书》中把市场机制作为解决以二氧化碳为代表的温室气体减排问题的手段，即把二氧化碳排放权作为一种商品，从而形成了二氧化碳排放权的交易，简称碳交易。新华网北京 2009 年 11 月 26 日电（记者：刘欢、牛琪、王建华）中国 26 日正式对外宣布控制温室气体排放的行动目标，决定到 2020 年单位国内生产总值二氧化碳排放比 2005 年下降 40%—45%。国务院总理温家宝在 25 日主持召开的国务院常务会议还决定，这将作为约束性指标纳入国民经济和社会发展中长期规划，并制定相应的国内统计、监测、考核办法。会议还提出相应的政策措施和行动。

案例1：江苏太仓印染厂与港口污水处理厂排污权交易

江苏省太仓印染厂搬迁到了港口开发区，生产规模扩大，每天的印染废水排放量由170吨增加到了470吨。由于实行了企业排污总量的控制，想要多排污水，就得找排污指标。而新建的港口污水处理厂所核定的排污总量指标还有一些余量，于是，经过环保部门热情牵线搭桥，双方坐在一起谈"买卖"。双方协商敲定：港口污水处理厂一年卖给对方印染废水排放量9万吨，每吨价格为2.5元。随后，双方签下了为期3年的买卖协议。至此，新的一桩水量排污权交易在江苏省又顺利成交。

案例2：南通醋酸纤维公司与日本王子制纸株式会社的二氧化硫排放指标交易

世界500强的日本王子制纸株式会社，要在南通市投资139亿元建设工业项目。这个特大型的造纸项目，尽管采用了世界上先进的烟气脱硫措施，但每年还要向大气环境中排放790吨二氧化硫。作为一个新建项目，这家企业手中没有排污总量控制指标，必须通过区域内其他排污企业腾出环境容量，才能建设投产。

南通经济技术开发区通过扩大集中供热面积，关停取缔了一批小锅炉，腾出了400吨的二氧化硫排放指标，而其余排污指标必须向市场去购买。南通市环保局出面当"红娘"，通过牵线搭桥把南通醋酸纤维公司①与王子制纸株式会社撮合在一起。洽谈结果是，南通醋酸纤维公司从富余的排污指标中每年拿出400吨二氧化硫排放指标"卖给"王子制纸株式会社，为期5年，共计2000吨。这样，既保证了王子制纸株式会社的顺利开工建设，又使得南通醋酸纤维公司有了"赚头"，还实现了南通市二氧化硫"控制增量"目标的实现。

当南通市在本地成功成交第一笔二氧化硫排污权交易的"买卖"时，每

---

① 南通醋酸纤维公司通过实施清洁生产和发展循环经济，采用国内最为先进的技术与装备，全面对污染物进行围剿，不仅实现了二氧化硫总量控制，而且手中还有了可观的富余指标。

公斤二氧化硫的"售价"仅为 0.2 元。随后，南京下关发电厂与太仓环保发电公司完成了首笔异地排污权交易的"买卖"，每公斤的"售价"就"疯长"到了 1 元。后来，当镇江谏壁发电厂与国电常州发电有限公司成交了又一笔跨市域的二氧化硫排污权交易的"买卖"时，每公斤二氧化硫的"售价"已攀升到了 1.5 元。前不久，投资达 5 亿美元的太仓玖龙纸业公司，因扩产向苏州市政府"购买"1400 吨二氧化硫指标时，每公斤又涨到了 2 元，与首例成交价格相比，已猛涨了 10 倍。

案例 3

据浙江省《嘉兴日报》2009 年 10 月 21 日报道，截至 9 月底，嘉兴市已有 890 家企业参与排污权有偿使用和交易，总交易额达 1.49 亿元。"从长远看，排污权就是'原始股'，具有很大的盈利空间。"昨天，中法投资股份有限公司负责人兴奋地告诉记者，在近日举行的南湖区排污权拍卖会上，中法公司 30.21 吨的 COD 排放指标拍得 305 万元，这意味着中法公司顺利完成了排污权交易"买入—使用—减排—卖出"的全过程。此前，由于缺少足量的排污权，中法公司以每吨 4.8 万元购入了 COD 排放指标，而这次卖出均价涨到每吨 10.1 万元（每公斤 101 元），中间差价就成了利润。中法公司更为可观的利润则来自节能减排。为了缓解排污权交易带来的减排压力，2008 年 7 月，中法公司投入 700 多万元，购置了中水回用设备和车间膜处理系统。这套设备运行一年来，不仅减少了企业废水排量，还源源不断地产生了效益：如今，中法公司 60% 的用水可以实现中水回用，仅此一项就节约了 25 万吨水，合计 50 多万元。中水回用以后，排污量减少，一年的排污费就少缴 50 多万元。市环保局相关负责人表示，作为全国排污权交易试点城市之一，嘉兴市将继续完善排污权交易制度，充分发挥市场机制作用，走出一条市场化减排之路。

四、作为个人生态权利的补偿机制

企业之间的排放权利交易只是解决了公民生态权利中的公共权利部分，

对于排放者来说，公民生态权利中的个人权利的保护问题则是另一种不得不面对的生态正义和补偿的压力。中国有关地方法院已经开始审理这方面的刑事诉讼案件，对受到污染伤害的个人给予必要的赔偿。

案例1：浏阳镉污染受害者获得补偿

新华社长沙8月3日电（记者黄兴华）：记者2009年8月3日从长沙市处置浏阳市镉污染事件领导小组处获悉，浏阳市根据湘和化工厂污染事件初步检测结果，开始对受害者采取补偿保障措施，以维护污染区群众生产生活秩序。

浏阳市根据污染范围内的食用农作物不同程度受到污染的情况，对湘和化工厂周边500米和500米至1200米范围内的村民分别按照标准进行临时生活补助，一共发放37天。制订了收购补偿方法，对受污染的产品按市场价格统一收购，对土壤污染区域的食用农作物及休耕耕地进行补偿。对收购的产品实施分类处置，粮食部门负责粮食的收购和销毁，农业、畜牧部门负责农产品及干制成品的收购和销毁，浏阳市联户工作队员和镇、村、组干部负责农作物的数量核定和就地销毁。

目前，500米范围内的收购工作完成，补偿工作将于近日完成，500米至1200米范围内的收购补偿工作已经启动。

案例2：居民告五环施工污染每户居民获补偿3000元

据《中国经济网》2007年7月13日报道：昨天下午,居住在北京北五环路附近的某厂宿舍的111户居民从朝阳法院立案庭法官的手中领到了每户3000元的噪音补偿款。2000年8月，北京市五环路开始修建，因与该宿舍太近，施工期间的噪音给居民带来较大影响。2005年，该宿舍两户居民向朝阳法院提起环境污染损害赔偿的诉讼。经审理，法院判道路施工方为两户居民窗户安装隔挡窗，在居民窗户一侧安装消音屏障，并分别赔偿两原告各3000元。看到两户居民胜诉，另外109户居民集体提起相同诉讼。他们认为，居住的楼房与此前诉讼的两户居民位置相同、噪音源相同，依法应获得相同的赔偿和补救措施。法院经调查后，向道路施工单位发出《司法建议函》，建议公司从大局出发，妥善解决纠纷。最终，道路施工方向 111 户居民共计赔偿 33.3 万元。

案例 3：石梁河水库污染案原告获补偿

《中国环境报》2009 年 6 月 7 日消息：日前，在江苏省连云港市石梁河水库库区发展网箱养殖，却因工业废水污染损失惨重的农民魏本成，从连云港市中级人民法院法官手中接过 36 万元补偿款。和魏本成一起获得补偿款的还有 96 户农民。在最高人民法院的协调指导下，日前，石梁河水库库区 97 户受污染损害农民得到了法院判决的 560 余万元损害补偿款中的首批 400 万元，这起跨省水污染案终于在春节前夕有了明确的"说法"。

五、问题和不足

生态权利的主体涉及地方政府、企业组织和个人。目前在中国的生态治理工作还只是刚刚开始，处于试点和探索的阶段。规范有效的法律法规还有待建立；各地方政府官员的环保意识和行为还很不平衡；公民的环境意识和生态参与意识还有待提高；广大农村的环境保护工作依然任重道远；生态正义的理论研究还有待深入。

明确职权划分与改善激励结构[*]
——河北省环保厅"流域断面水质考核与生态补偿"的新探索

谢来辉[**]

2012年1月8日,经过多轮严格的筛选程序,河北省环保厅申报的"流域断面水质考核与生态补偿"项目脱颖而出,被评委们以高票评选为"第六届中国地方政府创新奖"。该项目的得奖引人注目,因为它是本届唯一一个环境保护类的项目,而且也是自"中国地方政府创新奖"2002年设立以来的第一个环境保护类项目。环境保护一直是政府管理的重要政策领域之一,也是"中国地方政府创新奖"关注的重要类别之一,但是一直以来都没有环境保护类的项目参与申报或者入围,更谈不上获奖。

这在某种程度上也是中国过去近十年来环境保护历程的一个小缩影。进入新世纪以来,中国环境总体状况趋于恶化,中国的环境治理也进入了一个重要的新阶段。2007年,"生态文明"一词进入党的十七大报告。2008年3

---

[*] 2012年11月23—25日,中央编译局何增科研究员、中国人民大学冉冉博士以及笔者等按照"中国地方政府创新奖"相关评选程序组成专家组,前往河北省石家庄、沧州、邢台、衡水等地对项目进行实地调研。调研过程中获得了河北省环保厅姬振海厅长、杨智明副厅长和殷广平厅长、孙学军处长、徐俊华主任等同志的热情支持与协助。本报告的写作基于此次调研以及"中国地方政府创新奖"专家组的讨论。笔者特别感谢何增科研究员的指导和修改意见。

[**] 谢来辉,中国社会科学院亚太与全球战略研究院副研究员。

月,原国家环保总局提升为环保部,成为正部级机构。2008年举行的北京奥运会首次以"绿色奥运"作为自己的核心理念之一。这都表明,中国政府对环境保护的重视程度日益加强,前所未有。在这种背景下,环境管理创新类项目脱颖而出既顺应时代潮流,也具有某种必然性。

河北省环保厅这一项目的入选,当然也并不仅仅是因为其环保的主题,更是因为其明显的政策创新意义。笔者试图分析该项目的创新特点以及成效、创新的动因、未来发展的前景等问题。

一、河北省流域断面水质考核与生态补偿项目的主要内容及创新之处

水污染是中国日益严重的环境问题中突出的内容。据统计,2011年全国废水排放量为652.1亿吨,其中化学需氧量排放量为2499.9万吨,氨氮排放量为260.4万吨。长江、黄河、珠江、松花江、淮河、海河、辽河、浙闽片河流、西南诸河和内陆诸河等十大水系469个国控断面中,Ⅰ—Ⅲ类、Ⅳ—Ⅴ类和劣Ⅴ类水质的断面比例分别为61%、25.3%和13.7%。在监测的200个城市的4727个地下水监测点位中,优良—良好—较好水质的监测点比例为45%,较差—极差水质的监测点比例为55%。[①] 2012年1月,国务院副总理李克强在第七次全球环境保护大会上说:"水是生命之源、生产之要、生态之基。'十二五'期间,要进一步加强饮用水水源保护,全面完成保护区划分,全面取缔所有排污口,全面推进水源地环境整治,确保群众喝上干净水、安全水。流域污染防治要在继续突出重点的同时,把覆盖范围扩大到所有大江大河大湖和有关海域,并实行分区控制,优先防控重点单元。通过财税优惠、项目倾斜等措施,鼓励一些地方率先摘掉流域水污染严重的帽子,让其休养生息。江河湖泊一旦污染,治理成本巨大,甚至不可逆转,要优先保护水质

[①] 环境保护部:《2011年中国环境状况公报》,载《中国环境报》,2012年6月6日。

良好和生态脆弱的湖泊和河流。"①

流域污染控制一直是环境管理的一大难题。2002年的《中华人民共和国水法》确立了我国流域管理与行政管理相结合的管理体制，但是流域管理与行政管理并没有真正结合起来。因此，《环境保护法》关于"各级人民政府对环境质量负责"的规定，构成了主要的管理制度。但是，对于流域的污染治理，上下游的不同地方政府之间特别容易相互推诿责任，实行地方保护主义。各行政区域各自为政的情况因此成为流域治理存在的突出障碍。总之，在河北省实行这项新机制之前，地方政府更加重视经济发展，有意无意忽视环境监管，仅凭环保部门单打独斗治理污染难以奏效。

经过深入细致的调查研究，河北省从2008年起以流域断面水质责任考核为抓手，在推进流域生态环境补偿上进行了积极的探索，试行了扣缴生态补偿金的政策，建立了流域断面考核生态补偿机制。

这一政策的发展在四年里逐步改进完善，体现出增量改革的特点。我们可以将其大概划分为四个阶段：（1）局部试点。2008年4月，经河北省政府同意，河北省环保厅在省内污染最为严重的子牙河流域开始实施跨界断面水质考核与财政挂钩的生态补偿管理试点，共涉及5个设区市48个县市。该项政策的实施强化了政府的责任，有效地遏制了上游向下游排污，子牙河污染程度总体呈下降趋势。（2）推广应用。2009年4月，鉴于实施断面考核生态补偿机制对改善子牙河流域水质效果明显，河北省在全省七大水系主要河流范围内实行跨界断面水质目标考核，对造成水体污染物超标的设区市、县（市、区）实行生态补偿金扣缴政策。河北省政府为此通过了《河北省减少污染物排放条例》（2009年7月1日开始实施），从而为该机制在河北省范围内的持续实施提供了可靠的法律保障。②（3）提高标准。2010年，河北省环保厅进一步提高了出入境断面水质的考核标准，将之前的化学需氧量浓度标准从200毫克/升调低到170毫克/升。与此同时，河北省

---

① 李克强：《在第七次全国环境保护大会上的讲话》，载《中国环境报》，2012年1月4日。
② 这也是全国第一个污染物减排地方性法规。

也提高了排污单位排污费的征收标准,将化学需氧量的排污费标准增加了一倍(由每公斤 0.7 元逐步提高到每公斤 1.4 元),并要求所有市、县开征城市污水处理费。(4)扩大污染物控制范围。2012 年,氨氮浓度标准也开始被纳入到考核体系中来,与化学需氧量一同成为该政策中监测的污染物对象。经过这四年的积极探索和实践,河北省的流域断面水质考核与生态补偿政策趋于完善。

河北省这一政策的创新性较为突出,具体体现在以下若干方面。

(一)跨界断面水质考核机制明确了各地方政府的治污责任

中国的环境治理并非缺乏政策,相关法律法规其实已经非常全面,但是实施不足是主要的问题。这反映在中国的环境部门在政府部门中的地位长期弱化,缺乏实施力。① 比如美国研究中国环境问题的著名学者易明(Elizabeth Economy)在《一江黑水:中国未来的环境挑战》一书中指出:中国环保机构的执行能力极度不足,"中国的人口是美国的五倍,而环保部的编制却只有美国的六分之一"。而且,我国地方环保部门实行双重领导、以地方为主的管理体制,包括人事任免、资金等资源都掌握在地方政府手中。在发展经济和环境保护之间发生矛盾时,地方政府多将环境保护弃之不顾。一定程度上,环保机构如果要有所作为,就意味着与地方政府的 GDP 增长目标相悖。因为地方政府为了追求经济增长盲目推崇 GDP 至上主义,与本地的企业构成利益共同体。企业纷纷选择偷排,即使装有污水设施也不满负荷运行。地方政府出于发展经济的考虑优先保护管辖域内的企业,导致河流成了排污沟。总之,环境保护很难成为地方政府政策目标的优先内容。

在这种情况下,如何才能改变这种局面呢?如何调动地方政府的积极

---

① 李周炯:《中国环境政策执行存在的问题及对策》,载《国家行政学院学报》,2009 年第 4 期,第 108—112 页。环保部副部长潘岳也指出:"现行环保法在规范政府环境行为方面,存在的突出问题是,地方政府对环境质量负责缺乏约束机制和责任追究制度,环境法律体系中缺乏调整和约束政府行为的法律法规。"参见《环保部:政府不作为是环境顽疾主要根源》,载《法制日报》,2011 年 11 月 15 日,http://www.chinanews.com/gn/2011/11-15/3459966.shtml。

性？河北省的项目从某种意义上说实现了这一改变，成功提高了环保政策的实施能力。事实上，各级地方政府与企业关系最为密切，掌握的信息相对较为充分，由它们出面治污最有效率。河北省的政策改变了污染治理博弈结构，把环保部门与众多排污企业单打独斗，转变为各级地方政府主要领导直接负责减排。

河北省的案例说明，促使各级地方政府责任落实是改善流域水环境的关键。流域断面水质考核生态补偿机制的建立，有效地落实了《环保法》关于"各级人民政府对环境质量负责"的规定。跨界断面水质监测指标考核的是各设区市政府，如果水质不达标，监测结果就被通报，并从地方财政扣钱，地方政府不仅"丢人"也"丢钱"。这就使得地方政府必须在辖区内把污染治理好，把应负的责任真正担当起来。而且，各级领导人人头上有"紧箍咒"，地方保护主义倾向被挤压得没有存在的空间。企业也认清了形势，治污设备满负荷运转，做到污水达标排放，也从根本上保证了治污效果。

使激励结构发挥作用的前提就是明确划分责任，而科学合理的跨界断面水质监测考核机制减少了争议。河北省环境监测中心站负责每月对全省七大水系主要河流跨设区市考核断面化学需氧量指标进行监测，断面设计的上下游两个设区市共同派人员参加监测，统一取样，分别监测，并最终以省监测中心站监测结果为准，两个设区市监测结果作为参考，误差范围超过10%时，相关利害方可向省监测中心提出重测申请。他们由最初的每月一次水质监测改为后来的每月两次，每次监测取样由上、下游市县和省环保部门三家共同取样、分头监测、比对确认，并实行随机抽样，不预先通知，避免受监测方摸清规律，偷偷排放。2011年以来，河北省环保厅还开始在各个河流断面安装自动监测设备，实行24小时动态监测，同时还与各个污水处理厂以及企业污水处理出口监测设备实现联网实时监控。

（二）财政扣缴倒逼机制调动了各级地方政府治理河流污染的积极性

河北省流域断面水质考核机制的核心是超标扣缴和累计扣缴。该政策规定：当河流入境水质超标（或无入境水流）时，所考核市的跨市出境断面的水质化学需氧量浓度监测结果超标 0.5 倍以下，每次扣缴 10 万元；超标 0.5 倍以上至 1 倍以下，每次扣缴 50 万元；超标 1 倍以上至 2 倍以下，每次扣缴 100 万元；超标 2 倍以上，每次扣缴 150 万元。同一个设区市范围内，对所有超标断面累计扣缴。如果河流入境水质超标，该地跨市出境断面水质化学需氧量浓度继续增加时，对应上述的各级超标水平，罚款对应翻倍，分别为 20 万元到 300 万元。① 在断面水质结果确定之后，由财政统一集中扣拨相关资金。河北省环保厅负责汇总省考核断面每季度的监测结果，并计算确定每月和季度扣缴资金总额，以省环保领导小组办公室的名义向设区市政府发出扣缴通知，抄送省财政厅。扣缴资金可暂由省财政垫付，待年终结算时一并扣回，作为全省水污染生态补偿资金。

河北省的这一项目具有明显的创新性。这一机制形成了一个激励结构，相当于给污染定价，不仅给各地方政府财政构成了经济约束，也形成了一个明确可以量化和具有操作性的考核标准。水质考核形成了明确的量化考核内容，而扣缴机制又形成了实实在在的约束机制。

新的机制将污染治理与官员们的政绩真正联系起来，把官员的政绩考核和污染治理效果挂钩是推进水污染治理的强大动力。"治理任务完不成就要花巨资为污染买单，相关的干部都感受到了实实在在的压力。"② 这从河北省一位负责环保的县委干部口中讲出更能说明问题，他说："过去是签订污染治理责任状，年底按优秀、达标、不达标的几个杠杠考核，对政府和干部个人的影响并不大。扣缴补偿金制度实施之后，如果完成不了污染治理任务，县里不仅要花巨资为污染买单，主管领导还有可能受行政处罚，干部们从来没有感受到如此巨大的环保压力。"③

---

① 《河北省人民政府办公厅关于实行跨界断面水质目标责任考核的通知》（办字[2009]50 号），载《河北环境保护》，2009 年第 4 期。这一标准在 2012 年 6 月得到了进一步的调整（下文有介绍），因此只适用于 2008 年 4 月—2012 年 6 月。
② 《讲述——子牙河变清的故事》，载《中国环境报》，2009 年 7 月 1 日，第 7 版。
③ 《跨界水污染防治：水质超标，就扣地方财政的钱》，载《人民日报》，2009 年 11 月 5 日。

（三）利用生态补偿金资助下游受污染地区打深水井，建污水处理和减排设施等

河北省案例中的另一个关键概念"生态补偿"，指的是将扣缴的生态补偿金，专项用于解决由于河水污染造成下游经济损失应给予补偿的项目，打深水井保障群众饮水安全项目，以及水污染综合整治的减排工程。

对下游进行补偿，将资金用于流域治理和饮用水，是体现生态补偿的主要内容。资金的扣缴对地方政府构成了真实的约束，而扣缴资金的使用又是促进各地治理污染的一个积极激励，成为重要的创新环节，从而构成了良性循环。这也成为吸引下游地区特别是群众支持这一政策创新的一个重要机制。这有利于延展政策的空间，有利于保障其可持续性。

目前，生态补偿在国内还缺乏综合性立法或专项立法，更没有建立起完整的法规体系。补偿的办法、程序仍然模糊甚至空缺。国家的一些相关政策，主要表现为中央对生态维护的财政转移支付、对公益性的各种大型环境工程的财政投入、对自然保护区的建立与建设，以及对生态建设者的各种税收优惠、补贴等。① 河北省的这一创新性探索，已经作为"基于水污染控制的流域跨区补偿模式"，构成中国"流域生态补偿"实践的代表性模式之一。②

（四）采取综合政策措施，进一步调动地方政府治理河流污染的积极性

除了水质超标财政扣缴政策的政策手段以外，河北省还采取了综合性的政策措施，遵循所谓"一规两控三建四严"的思路。其中，"一规"即坚持

---

① 幸红：《生态补偿机制是控制流域水污染的有效途径：以珠江流域水污染为视角》，载《广西民族大学学报（哲学社会科学版）》，2009年第31卷第1期，第124—129页；徐勇田：《我国生态补偿模式及实践研究》，载《人民长江》，2011年第42卷第11期，第68—73页。

② 刘世强：《我国流域生态补偿实践综述》，载《求实》，2011年第3期，第49—52页；王军锋、侯超波、闫勇：《政府主导型流域生态补偿机制研究——对子牙河流域生态补偿机制的思考》，载《中国人口、资源与环境》，2011年第21卷第7期，第101—106页。

环保规划计划先行;"两控"即狠抓河流断面水质和入河排污总量控制;"三建"是指加强污水处理厂、水质自动监测站和执法机构建设;"四严"是指严密监控重点企业、严厉查处环境违法行为、严格审批建设项目环评、严肃追究环境违法责任。因此,河北省通过多措并举,狠抓流域水环境质量的改善,取得了积极成效。①

具体来说,河北省环保厅每月都要对各市县河流污染排放情况进行排名并通报,对连续四个月超标排放的地方政府实行区域限批,对改善水质成效显著的地方政府给予通报表扬。2010年开始实施的《河北省环境质量改善和重点污染源监管考核奖励办法》规定:省财政每年将拨出360万元,分别对重点企业和城镇污水处理厂,以及环境监管成效显著、重点河流水质和城市空气质量明显改善的设区市予以奖励。这些措施与财政扣缴生态补偿金措施一起推动着地方政府积极改善受污染河流的水质。

与此同时,河北省也加快了环境保护基础设施建设的步伐。各地借助全省"城镇面貌三年大变样"建设的有利时机,多方筹集资金,建设城镇污水处理厂。截止到2010年底,新建城镇污水处理厂168座,比2005年增加了4.2倍,基本实现了"县县建有污水处理厂"的目标,新增污水处理能力542.37万吨/天,全省城市污水处理率由2005年的36.14%提高到2010年的80%,提前两年完成"十一五"规划目标。②

更为主要的是,河北省各地加快了经济结构调整步伐,力促产业升级,加快落后产能淘汰力度,区域经济发展方式有了根本转变。2008年初,河北省开始实施所谓"双三十"节能减排示范工程,即选择全省范围内污染严重的30个重点县(市、区)和30家重点企业,实施省级考核,3年内摘不掉"黑帽",责令当地主要负责人引咎辞职,国有企业法人代表就地免职,民营企业停产整治。同时,严格建设项目环评审批,进一步提高"两高一资"项目准入门槛;全省按设区市明确生态功能区定

---

① 河北省环保厅:《河北省流域断面水质考核生态补偿机制情况介绍》,2011年12月。
② 《河北"十一五"期间环保基础能力建设得到极大提升》,载《河北日报》,2012年6月7日。

位、区域禁止和限制建设项目及环境敏感区建设项目的管理要求，加强对重点产业及项目建设的引导。在 30 个节能减排重点县设立环保治安警务室，在全国首建"环保警察"；出台了《关于落实绿色信贷环境政策，将企业环境违法信息纳入中国人民银行信贷征信系统的通知》，完善了与金融部门的协调联动机制。

总体上看，河北省的这一项目具有突出的创新性。扣缴生态补偿金从表面上看是一种经济手段，其真正的意义在于使各级政府认识到：抓污染防治必须从根本上解决"头痛医头，脚痛医脚"的短期行为问题。国外学者认为，虽然中国的中央政府层面提出了雄心勃勃的绿色转型计划，但是在地方政府层面却缺乏实施的能力与意愿，因此中国环境问题的前景非常让人担忧。[①] 美国学者李侃如认为，环境管理体制不足是影响中国控制污染的关键原因，而"职权划分和激励结构是影响中国环境政策执行效果的两个关键因素"。[②] 不过，从河北省环保厅的情况看，尽管也还存在很多障碍，但是地方政府有可能采取积极的行动，通过一定的制度安排可以克服这些障碍。在河北省的这个案例中，河北省环保厅通过创造性地与财政厅合作，克服了自身实施能力不足的问题，借助财政杠杆，解决了激励的问题；同时又通过流域断面水质考核，科学合理地划分了下一级地方政府的责任范围，又克服了职权不清、"以邻为壑"的问题。正是因为这两个方面的成功突破，河北环保厅在环境治理方面获得了成功的保障。更进一步地，他们还积极探索向下游环境受害者进行生态补偿，将扣缴的财政资金全部用于下游地区的环境治理和保障群众饮用水，有利于实现环境正义。在目前中国初步探索实施生态补偿的背景下，这尤其难能可贵。

[①] Economy, Elizabeth C., "The Great Leap Backward?", *Foreign Affairs*, September/October, 2007. 易明：《一江黑水：中国未来的环境挑战》，江苏人民出版社 2010 年版。

[②] 李侃如：《中国的政府管理体制及其对环境政策执行的影响》，载《经济社会体制比较》，2011 年第 2 期。

二、河北省流域断面水质考核与生态补偿项目的创新动因分析

河北省流域断面水质考核与生态补偿项目确实取得了良好的效果,为此值得我们进一步思考:为什么河北省相关部门能够创新性地提出这一政策,并能成功予以积极推进呢?

之前的地方政府创新研究提出了分析创新的相关要素,以及理论框架。[①] 我们这里尝试使用政策过程的垃圾桶模型来进行分析。我们可以把河北省政府整体(包括财政厅和环保厅以及各级地方政府等)视为一个组织,进而分析:流域断面水质考核与生态补偿项目作为一个新政策议程,何以能够进入到这一组织的优先政策议程中来?

垃圾桶模型是一种所谓非理性化的决策模式。这种模式不能用于分析常规化制度化的决策,但是如果用于分析一个创新性政策的出现,应该是适合的。符合这种分析模式的组织具有以下三个特点。第一,组织对整个组织本身所要追求的目标并不清楚明确,这也意味着组织对各种施政目标的优先顺序并非一成不变,而是可以视必要情况随时加以调整的。第二,组织对如何达成目标的手段或方法并不清楚。这意味着,"该组织的成员们对于自己为什么正在做自己所做的事情,以及自己的工作怎样符合该组织更加普遍的总体形象却只有不完全的初步认识。他们有很多工作都是采用试错法,从经验中学习以及通过实用发明创造来完成的。"[②] 第三,参与决策人员的流动性。在我们的案例中,经济增长和环境保护都可能列入政府的优先议程,具体的目标并不是确定无疑的;而在具体的手段方面,尽管相关技术都具备,但是如何应用就是需要决策的问题;在参与决策的人员方面,是否仅有环保部门,

---

[①] 比如吴建南、马亮、杨宇谦:《中国地方政府创新的动因、特征与绩效——基于"中国地方政府创新奖"的多案例文本分析》,见俞可平主编:《政府创新的中国经验:基于"中国地方政府创新奖"的研究》,中央编译出版社2011年版,第72—94页。

[②] 约翰·W.金登:《议程、备选方案与公共政策》,丁煌、方兴译,中国人民大学出版社2004年版,第106页。

还是有其他职能部门协调参与都并不确定。因此，决策人员的流动性是显然的。

垃圾桶模型认为，具有上述三项特征的组织，其决策常常决定于四股力量。这四股力量分别是问题、解决方案、参与人员以及决策的机会。这四股力量很像四道河水，有时各自流动，互不相干，有时又会形成交集。换句话说，什么问题会浮上台面，成为热门的议题，然后定下一个决策来试图解决，就看这四种力量的消长和互动。在垃圾桶模型中，最为重要的是"机会窗口"的出现。而这取决于政治流、政策流以及人才流等三个因素的聚合。[①]

在河北省的案例中，河北省政府在 2008 年 4 月启动创新性试点，应该是抓住了一个政策的"机会窗口"。在我们看来，这一时机的出现对于理解整个项目的创新动因至关重要。按照上述模式，我们从问题流、政治流、政策流和人才流四个方面来分析"机会窗口"的出现以及该项目创新的动因。

（一）"问题流"

河北省具有重要的生态区位功能，一直面临严重的环境挑战。河北属海滦河流域，其中 92.1% 的面积属于海河流域，占海河流域总面积的 54%。南水北调项目的中线和东线都流经河北，涉及人口占该省的 59.7%，涉及面积占 47.8%；河北省还位于环渤海中心区域，海岸线长 487 公里，《渤海碧海行动计划》涉及秦皇岛、唐山和沧州三市，也决定了河北省是全国水环境保护重点最多任务最重的地区。同时，河北省承担着北京市 81%、天津市 93.7% 的工农业生产和生活用水，承担着京津生态屏障的重要区位功能。[②] 2005 年 9 月 29 日，河北省被国家环保总局批准为生态省建设试点。但是，河北省又是一个以重化工业和资源消耗型产业为主的工业大省，而且发展很快，从 2004 年到 2008 年 GDP 翻了一番。河北省的 GDP 占全国的 5.07%，却消耗了全国

---

① 约翰·W. 金登：《议程、备选方案与公共政策》，丁煌、方兴译，中国人民大学出版社 2004 年版。
② 河北省环保厅：《河北省流域断面水质考核生态补偿机制情况介绍》，2011 年 11 月。

铁精粉总需求量的 30%，煤炭总量的 10.9%，电力总量的 6.4%。2010 年，钢铁、装备、石化、建材等七大传统工业占规模以上工业增加值比重超过 80%。① 据统计，2007 年重工业占全省工业产量的比重达 78.6%，高出全国平均水平 9.1 个百分点。偏重的产业结构和粗放型的经济增长模式，使得全省万元产值能耗比全国平均水平高 59%，万元产值废水排放量和废气排放量也远远高出全国平均水平。② 2007 年，河北的二氧化硫和化学需氧量排放量分别占全国的 6.05% 和 4.83%，分别居全国第三位和第七位。③

多年来，河北省的水污染问题一直非常突出。河北全省总面积 18.7 万多平方公里，92.1% 的面积属于全国水污染最严重、水资源开发程度最高、生态破坏突出的海河流域，占整个海河流域面积的 54%。海河流域自 20 世纪 80 年代以来就成为了"排污沟"。④ "有河皆枯、有水皆污"的状况是河北省境内一直存在的水危机的真实写照。河北境内共有七大水系，但是除了滦河和永定河水系属于轻度污染，大清河水系属于中度污染以外，其他四大水系（包括北三河水系、章卫南运河水系、子牙河水系和黑龙港水系）都是重度污染（详见表1）。河北全省废水排放总量为 21.6 亿吨，145 条河流上游共有 991 个直接入河的排污口，排入河道的污水量达 16.8 亿吨。现状化学需氧量的纳污能力为 8.82 万吨，可是现状入河量达 54.79 万吨，纳污能力只有 16%，现状氨氮纳污能力 0.43 万吨，现状入河量为 4.54 万吨，允许纳污量仅为实际入河量的 9%。⑤ 显然，河北省的水污染严重超出了生态承载的能力。鉴于此，干部群众反映强烈，减排治污迫在眉睫。⑥

---

① 《河北：加快结构调整步伐 构建现代产业体系》，载《中国经济导报》，2011 年 12 月 22 日。
② 张洪河：《河北"环保新政"引震动 不摘"黑帽"就摘"官帽"》，载《瞭望》新闻周刊，2009 年 6 月 1 日。
③ 《河北：排污大省变成减污大省，减排走在全国前列》，载《人民日报》，2009 年 12 月 3 日。
④ 详见马军：《中国水危机：对策与出路》，中国环境科学出版社 1999 年版，第 294—295 页。
⑤ 相关数据引自河北省环保厅：《河北省流域断面水质考核生态补偿机制情况介绍》，2011 年 11 月。
⑥ 在我们的创新奖组委会专家组在河北省的实地调研过程中，就多次听到群众反映：过去多年来，子牙河里的水又黑又臭，几里之外都臭不可闻，根本不能用水来浇庄稼，而且滋生很多蚊虫，周边的居民夏天都不敢开窗。见笔者在河北多地座谈的调研笔记，2011 年 11 月 24—25 日。

表 1 2007 年河北省主要水系断面水质类别（个数）

水系名称	I	II	III	IV	V	劣 V	断流	合计
永定河	0	0	3	2	1	3	2	11
大清河	0	8	0	1	0	4	7	20
滦 河	1	6	6	11	8	12	3	47
北三河	0	0	4	2	0	6	2	14
漳卫南运河	1	4	0	0	0	5	2	12
黑龙港	0	0	0	0	0	12	3	15
子牙河	1	0	2	3	2	22	2	32
合计	3	18	15	19	11	64	21	151

资料来源：河北省环保厅：《2007 年河北省环境状况公报》，http://www.hebhb.gov.cn/upfiles/xy_col91super_20080707085008007126.pdf。

（二）"政治流"

河北省的水污染问题由来已久，但是治理创新的突破性时机为什么是在 2008 年呢？也许正如垃圾桶模型的开创性人物金登教授所说，创新的"思想可以来自任何地方，而且导致某一项目在议程中地位显著的关键性因素不是其起源，而是政府中的氛围或对某一特定类型思想的接受程度"。[①]

党的十六大以来，践行科学发展观和建设和谐社会成为指导中国经济社会发展的核心概念，其中"人与自然的和谐"的理念被提高到前所未有的高度。2007 年 10 月，十七大报告明确提出要建设"生态文明"，强调要坚持生产发展、生活富裕、生态良好的文明发展道路，建设资源节约型、环境友好型社会，实现速度和结构质量效益相统一、经济发展与人口资源环境相协调，使人民在良好生态环境中生产生活，实现经济社会永续发展。2008 年 3 月，

---

① 约翰·W. 金登：《议程、备选方案与公共政策》，丁煌、方兴译，中国人民大学出版社 2004 年版，第 91 页。

原国家环保总局升级为国家环保部,特别是 2008 年 8 月北京奥运会召开在即,河北省的生态政治地位凸显。中央多位领导先后视察了河北,特别是现场考察了流域水污染的情况。在这种背景下,各方面的压力都迫使河北省政府采取果断措施突出解决流域污染的治理问题。2007 年 8 月张云川同志担任河北省省委书记后,对加强环境保护和污染减排提出了一系列明确而具体的要求,指出环境问题关系到人民群众的切身利益和未来的生存发展,发展经济绝不能以牺牲环境为代价,提出这要作为一条重要原则,作为一条必须把握的底线。[1]

(三)"政策流"

进入"十一五"时期以后,中国节能减排的力度明显加大,中央和地方各级政府都出台了大量政策措施。河北省在"十一五"计划中承诺的减排任务是:到 2010 年,化学需氧量、二氧化硫排放量分别控制在 56.1 万吨和 127.1 万吨以内,分别比 2005 年削减 10 万吨和 22.5 万吨,削减率均为 15%。作为能耗和污染排放大省,河北省面临着巨大的压力,因此出台了一系列力度空前的政策。这些政策为河北实施流域断面考核与生态补偿政策提供了良好的基础铺垫与支持。

相关政策与措施也为流域断面水质考核与生态补偿政策的出台奠定了良好的基础。为了完成"十一五"节能减排目标,河北省制定和实施了《河北省海河流域水污染防治"十一五"计划》、《河北省环境保护"十一五"规划》和《河北省"十一五"主要污染物总量削减目标责任书》。其中《河北省"十一五"主要污染物总量消减目标责任书》要求,每年对各市污染物总量削减指标完成情况、重点治污工程实施情况、重点河流跨界断面水质改善情况等进行考核,对完不成任务的市、县领导实施"一票否决"。比如河北省委省政府在 2007 年提出,到 2010 年实现县县建成污水处理厂,并投入运行。

---

[1] 《河北推动环保走上发展主战场》,载《中国环境报》,2010 年 10 月 19 日。

2007 年，中国进行了第一次全国污染源普查，其中河北省确定了废水重点源监测 276 家，废气重点源监测 186 家，集中式污水处理厂监测 30 家。

特别重要的是，在巨大的压力之下积极创新，成为河北省开展节能减排工作的基本方向。比如，省委书记张云川提出完成节能减排任务"拒绝理由"，并创造性地提出并实施了"双三十"节能减排示范工程。2007 年 12 月 5 日，河北省政府召开了全省"双三十"重点县（市、区）和重点企业节能减排工作动员会，全面部署了"双三十"节能减排工作。该工程"形式之新、力度之大、问责之深、意义之深、影响之广均是前所未有，在全省引起了积极的社会、政治、经济、示范效应"。① 又比如，在 2007 年，河北省出台了《河北省环境保护局环境保护挂牌督办和区域限批试行办法》，在全国范围内率先实现了"挂牌督办"和"区域限批"法制化、制度化，规范了实行"流域限批"行为。

（四）"人才流"

中国地方政府创新是一种典型的地方党政领导发起和推动的精英驱动型创新模式。这与中国各级政府权力高度集中的党政领导体制和政府主导的强势地位分不开。成功的地方政府创新都有赖于一个勇于创新、善于创新的领导者及其创新团队。② 在最早研究创新理论的著名经济学家约瑟夫·熊彼特看来，企业家就是经济发展中创新的主体。③ 在国外的政策分析著作中，这种创新型政策的倡议者也被称为"政策企业家"（Policy Entrepreneur）。政策企业家的"明显特征犹如一个工商企业家一样，怀着未来会有所回报的希望而愿意投入自己的资源——时间、精力、声誉，而且有时还愿意投入资金。他们

---

① 《河北推动环保走上发展主战场》，载《中国环境报》，2010 年 10 月 19 日。
② 何增科：《深圳市社会组织登记管理体制改革的案例研究》，见俞可平主编：《中国地方政府创新案例研究报告》，北京大学出版社 2010 年版，第 6 页。
③ 约瑟夫·熊彼特：《经济发展理论：对于利润、资本、信贷、利息和经济周期的考察》，何畏、易家祥等译，商务印书馆 1990 年版。

所得到的回报形式可能表现为他们所赞成的政策，因参与而产生的满足感，甚或个人职业安全感的增强或职位的提升"。①

这在河北省的案例中也并不例外。作为流域断面水质考核与生态补偿政策的设计人，河北省环保厅厅长姬振海就是一个创新意识非常强烈的干部。他所带领的干部团队，也在理论创新和实践方面锐意探索，具有强烈的创新意识和较强的创新能力。据统计，截至2009年年底，河北省环保厅本科及以上学历315人，占全厅总人数的85%，研究生及以上学历63人，占15%。②自2002年到当时的河北省环保局（2009年3月提升为环保厅）任职后，姬振海同志建立了河北省的污染监控、科技支撑、资金投入和公众参与"四大体系"，因为在全国率先建立流域生态补偿机制、区域禁（限）批机制、绿色金融机制和"双三十"节能减排体制等，多次得到环保部领导的肯定。从2004年开始，姬振海同志就组织有关人员开展了生态文明的战略研究，经过三年多的潜心钻研，他所带领团队撰写的《生态文明论》，是国内较早的深入讨论生态文明的著作之一。姬振海在我国较早提出"用科学发展观维护人民环境权益"，曾在2004年6月4日《光明日报》发表了专题论述，2009年5月主编出版了《环境权益论》。③

此外，值得一提的是，河北省流域生态补偿政策所遵循的创新战略也是非常成功的。首先是选择政策执行伙伴。在这个案例中，河北省环保厅和财政厅携手合作，是创新取得成功的一大关键。财政厅负责专门拟定生态补偿金财政结算扣缴办法和生态补偿金管理使用办法，通过财政结算方式对上游地区实施扣款，并将扣款及时分配拨付到受污染的下游地区。财政厅作为强势部门，它的参与极大增强了政策的执行力。因为财政拨款涉及各地方政府发展的核心资源，而如果要撬动各地方政府把水污染治理摆到优先位置，必

---

① 约翰·W.金登：《议程、备选方案与公共政策》，丁煌、方兴译，中国人民大学出版社2004年版，第155页。
② 河北省环境保护宣传教育中心：《生态文明视野下的河北实践》，内部资料，2011年2月，第4页。
③ 姬振海主编：《生态文明论》，人民出版社2007年版；姬振海主编：《环境权益论》，人民出版社2009年版。

须依靠强势部门的介入。其次是精心选择试点对象与快速扩展。选择污染最为严重的子牙河流域作为试点，容易取得较为显著的成效，进而获得更多支持。从子牙河流域的成功实践，到向全省七大流域迅速扩展应用，也只用了一年时间。再次是重视制度建设，迅速推动出台地方性法规，不仅巩固了政策的成果，也增强了执行的制度保障与合法性。最后是在具体政策设计方面先易后难。核定标准由低到高（从 2008 年最初的 200 毫克/升提高到 2009 年的 150 毫克/升，再到 2012 年的 100 毫克/升），扣缴的确定幅度也从粗到细（以浓度超标的倍数为分级标准，再逐步细化发展），从最初的化学需氧量一种污染物指标增加到两种污染物。

三、河北省流域断面水质考核与生态补偿项目的成效与可持续性

一项政策创新要持续推进，必须取得实在的成效才能不断获得各方面的支持。河北省流域断面水质考核与生态补偿项目的成功推进，一方面是因为其较快上升到法律层面，较快通过了《河北省减少污染物排放条例》等，及时对政策创新予以制度化巩固；另一方面很大程度上也是因为其成效明显，创新性获得各方肯定，因此获得了干部群众的拥护与支持，以及上级领导单位的积极肯定。

（一）推动了各级政府切实抓治污，减排成效显著

如上文所述，河北省案例的成功之处在于：通过实行跨界断面水质考核，分清了河流上中下游各个分段地方政府的污染责任，并实行污染超标财政扣缴生态补偿金政策，使地方政府在财政上感到了"切肤之痛"。地方政府转而积极支持环保部门履行监管责任，加强对排污企业的监管，并不断加大污水处理设施的投资建设力度。在 2007 年之前，河北省只有城镇污染处理厂 50 座，但是到 2010 年年底，河北省已经建成并运行的污水处理厂达到 175 座。

以子牙河上游的大型工业城市石家庄市为例,在流域断面水质考核政策实施后,石家庄在新政策实施的第一个月(2008年4月)被扣缴财政预算资金360万元。压力最终转化为了动力,石家庄市此后被扣缴的生态补偿金逐月下降,当年5月—8月期间,被扣缴额度分别是360万元、120万元、70万元、10万元和10万元。到了当年9月,石家庄市的5个出境断面全部达标,没有被扣缴生态补偿金,水污染加重的趋势得到了有效扭转。

石家庄市是如此快速实现治污目标的呢?石家庄市环保局局长齐惠明告诉记者:"面对严峻形势,石家庄首先是加快污水处理厂建设,在2008年年底,全市要在18个县、区全部建成污水处理厂,并在年底前运行。二是对沿岸所有水污染排放企业进行专项排查,保证其达标排放。三是调整产业结构,减少污染。四是实行'河长制',几位副市长一人包一条河流,市环保局局长分包县(市、区),一个局长包2—3个县(市、区),并且负责给市长当联络员。"而且,石家庄市政府还果断采取措施,对水质超标比较严重的无极、栾城等4个县亮出了黄牌,对水质严重超标的深泽县亮出了红牌。齐惠明说:"亮了红牌就是意味着让主管副县长专职抓环保。亮了黄牌的地区分管副县长要受诫勉处理,如果分管副县长不是常务副县长,要让常务副县长主抓环保,大大促进了当地治污的决心和力度。"①

在强力的政策推动下,河北的河流水质得到明显改善。据《2007年河北省环境公报》的数据显示,2007年子牙河共有32个监测断面,其中包括2个断面断流,Ⅰ类断面1个,Ⅲ类断面2个,Ⅵ类断面3个,Ⅴ类断面2个,劣Ⅴ类断面22个。这意味着子牙河低于Ⅳ类的污染性水域断面是27个,占比接近85%。子牙河的主要污染物之一化学需氧量的平均浓度为210.2毫克/升,超过Ⅴ类标准的4.3倍,部分断面的化学需氧量浓度甚至超过1000毫克/升。新政实施一年后,子牙河水系的化学需氧量平均浓度下降42.8%,氨氮平均浓度下降13.7%。

---

① 《河北子牙河何以快速变身?财政扣缴生态补偿制度显现强大政策威力》,载《中国环境报》,2008年12月19日。

在全面推行了生态补偿金扣缴政策后，河北省七大水系 56 条河流的水质明显得到改善。相关监测显示，2010 年年末，七大水系 I—III 类水质比例为 47.2%，比上年提高 4.8 个百分点；劣 V 类水质比例为 33.6%，比上年下降 8.1 个百分点。与 2005 年相比，七大水系 I—III 类水质比例升高 18.1 个百分点，劣 V 类水质比例下降 12.7 个百分点（见图 1）。

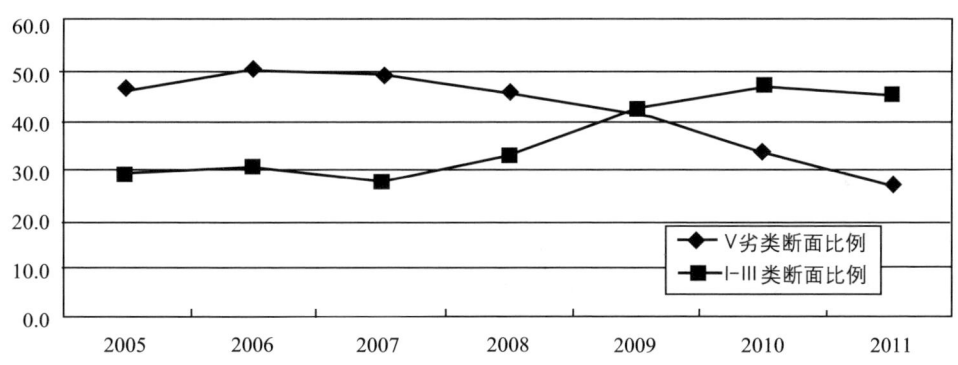

图 1　2005—2011 年河北省河流水质类别比例变化情况

资料来源：河北省环保厅：《河北 2011 年环境状况公报》，2012 年 6 月。

（二）生态补偿的探索意义重大

截至 2011 年 11 月，河北省共扣缴生态补偿金 10730 万元。根据 2010 年河北省财政厅、环保厅联合印发的《生态补偿金管理办法》的规定，生态补偿金用于三类项目建设：因河流污染造成下游沿岸地下水污染，需要打深水井保障群众饮用水安全项目；因河流污染造成下游经济损失，经权威部门鉴定，应给予补偿的项目；水污染物减排项目。办法规定生态补偿金必须专款专用，全额用于规定项目，不得以任何理由、任何形式截留、挤占、挪用，不得用于平衡本级预算。

项目的核心在治污，生态补偿只是在初步探索。这一政策的关键在于体现了"谁排污、谁出钱,谁污染、谁治理"的原则。该政策充分调动了各级政府的积极性,为加大执法力度,而将相关的资金用于补偿下游受到水污染损害的地区以及为群众提供安全饮用水,体现了环境正义的原则,赢得了群众的拥护。

河北省环保厅厅长姬振海也表示,就目前的补偿而言,"我们只是迈出了第一步,还不是这些年专家学者和污染受害者所呼吁的真正意义上的补偿,有待于进一步完善、深化"。他认为,当前的政策主要还是通过"扣钱"倒逼各地加大治污力度,从而使各级领导干部和企业负责人深刻理解"谁污染,谁治理;谁污染,谁补偿"的基本原则,充分认识到治污不力和违法排污"既赔钱又丢人",必须付出相应的代价。①

(三) 获得上级和舆论媒体的积极肯定

该项政策不仅对河北省水污染防治起到积极的推动作用,也对全国水污染治理产生典型的指导和示范作用。

目前,河北省是唯一被环境保护部确定为全国省级全流域生态补偿的试点。环保部的周生贤部长称赞该政策是"开全国之先河"。中央电视台、《人民日报》、《光明日报》、新华社等中央主流媒体报道了河北省流域断面水质考核生态补偿机制的做法与成效。该项目也受到中央领导的肯定,产生了广泛的社会影响。其中中央电视台《新闻联播》三次报道了河北省的做法,特别是2009年6月5日世界环境日,《新闻联播》头条新闻深入报道了河北省实行生态补偿机制的具体做法及取得的成效,新华社以"河北创新机制治理河流跨界污染取得成效"为题刊登在《国内动态清样》。2010年11月,中央政治局常委、国务院副总理李克强对此报道作了批示。河北省委书记张云川为此也批示:"成功的做法应坚持。"河南、四川等省也在积极学习河北省的政

---

① 《跨界水污染防治:水质超标,就扣地方财政的钱》,载《人民日报》,2009年11月5日。

策经验，有些已经开始在省内开展相关实践。[1]

四、河北省流域断面水质考核与生态补偿项目的发展前景

河北省通过这一政策，使得水污染防治成功地进入到各级政府的工作议程中，而不再是仅仅由经济增长占据唯一的优先议程。这种情况是否能够维持，仍然是一个问题。激励结构是否足够强大到改变各地方政府的行为方式？所谓"丢面子"是否足以吸引官员们持续关注水污染治理问题？毕竟长期以来，GDP 的增长是各地方政府官员所追求的首要政策目标。关于项目的发展前景问题，我们这里指出需要继续关注的三个方面的重要内容。

（一）政策的环境效果值得进一步观察

我们都已经看到，河北省水污染治理取得明显成效，流域断面水质考核与生态补偿政策功不可没，但是也要看到河北省的水污染治理仍未达到理想的目标。根据 2011 年河北省环境状况公报，当年全省七大水系水质总体为中度污染，其中Ⅰ—Ⅲ类水质比例为 45.2%，污水比例仍占 54.8%（见图 2）。具体来说，滦河水系和永定河水系为轻度污染，大清河水系和漳卫南运河水系为中度污染，北三河水系、子牙河水系和黑龙港运东水系仍为重度污染（见图 3）。

---

[1] 《河南实施海河流域生态补偿办法》，人民网，2009 年 8 月 18 日，http://henan.people.com.cn/news/2009/08/18/412590.html。

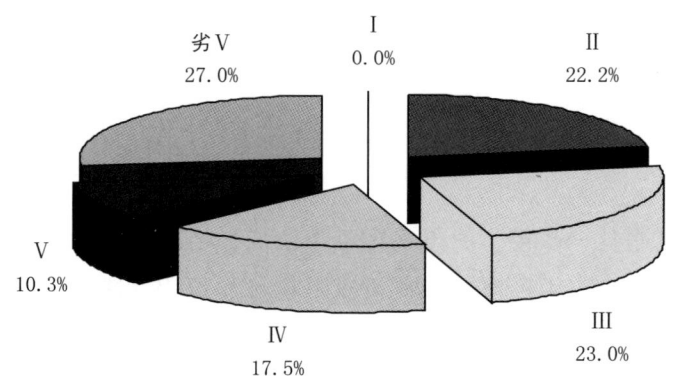

图 2　2011 年河北省河流水质类别比例

资料来源：河北环保厅：《2011 年河北省环境状况公报》，2012 年 6 月。

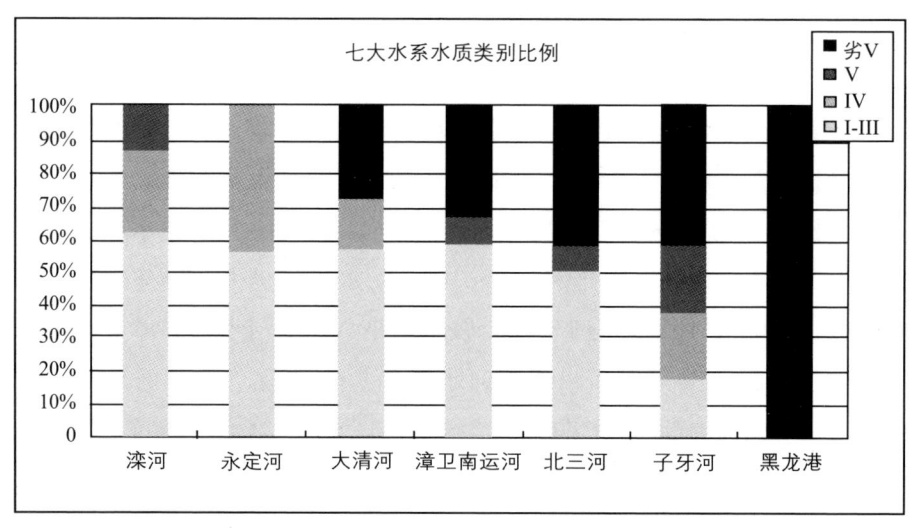

图 3　河北省七大水系水质类别比例

资料来源：河北环保厅：《2011 年河北省环境状况公报》，2012 年 6 月。

我们注意到，在 2012 年 6 月，河北省进一步加强了政策的力度，特别是增强了生态补偿金扣缴的杠杆作用。在考核分档和扣款幅度方面，此次调整为以 0.2 倍和 60 万元作为一个扣缴档次进行扣缴,上不封顶。① 相比之下,此前的考核档次是以 0.5 倍和 30 万元作为一档。这一强化调整或许有利于防止一些地方失去进一步治污的动力。

而且,新办法在取样方法方面更加科学,开始全面根据在线监测,取月均浓度值作为考核依据。而在之前的情况下,根据调研专家组的实地考察,某些流域断面监测数据显示出较大的波动性。据"中国地方政府创新奖"专家组在河北省一些监测点的实地考察发现,化学需氧量的浓度在某些时段仍高达 1000 多毫克/升或者 700 多毫克/升,尽管多数时候在 170 毫克/升左右。可是在污水处理厂经过处理的污水,其化学需氧量浓度是 30 毫克/升左右。② 这在很大程度上可能是因为排污源尚未完全被纳入到污水收集处理网络中。但是这也反映出以污染物的浓度作为考核标准,相比于以总量作为标准,也许仍存在一定的问题。尽管当前的改进有利于推动水质的持续改善,但是距离水质全面改善的差距还很大。因为即使是目前政策采纳的化学需氧量浓度 100 毫克/升(即国家一级排放标准)的水平,距离 30 毫克/升的水质还是有较大差距。随着边际减排成本上升,流域断面水质考核政策机制能否进一步发挥强有力的杠杆作用,仍然需要进一步观察。

此外,河北省这一政策虽然主要是通过经济杠杆发挥作用,但是它本质上还是一种行政手段。如果过于频繁地调整标准,是否会导致激励变化不稳定而失去激励的效果?因为扣缴的比例随着减排力度下降会降低杠杆作用,那这是否会削弱各地方政府的减排积极性?目前的排污费政策才是基于市场的环境经济政策,虽然几经调整,化学需氧量的排污费标准也仍只是每公斤 1.4 元,但是如果能够切实实施,也有利于提供激励,从而从总量上有效减排。

---

① 具体安排是:"所考核市跨市出境断面的水质 COD 浓度监测结果超过规定标准 0.2 倍以下,每次扣缴 60 万元;超过规定标准 0.2 倍至 0.4 倍以下,每次扣缴 120 万元;超过规定标准 0.4 倍至 0.6 倍以下,每次扣缴 180 万元,依次类推进行计算。"河北省政府办公厅:《关于进一步加强跨界断面水质目标责任考核的通知》(办字 [2012] 62 号),2012 年 5 月 28 日。

② 笔者在河北省邢台、沧州市等地断面监测点及污水处理厂的调研笔记,2011 年 11 月 24—25 日。

（二）生态补偿资金来源枯竭的危险

正如前面所分析的，河北省这一政策的主要目的和效果在于治污，一旦各断面都达到考核标准之后就会没有扣缴。所以这种情况下，生态补偿资金来源枯竭的危险确实存在，从而威胁这一政策的持续性。正如子牙河水系在2008年试点实施这一政策时所出现的情况那样（表2），治污的效果会导致扣缴费用减少，从而弱化生态补偿的功能。二者之间存在潜在的冲突关系。这也意味着，如果要更加深入地推进生态补偿，可能需要解决这一冲突。考虑到过去历史上长期的水污染以及将来污染治理的长期性，河北省非常有必要深入开展生态补偿。

表2 2008年4—9月子牙河水系五市生态补偿金扣缴明细

月 份	扣缴生态补偿金（万元）
4月	560
5月	220
6月	270
7月	10
8月	10
9月	0

资料来源：河北省环保厅。

在这方面，缺乏生态补偿的全国性制度安排也是一个障碍。河北省是京津地区的重要生态屏障，为了保证北京的用水和环境质量，承德和张家口等地区承担了很大的发展代价，比如限制发展工业。如果京津地区能够给予河北省生态补偿，显然有利于河北省加强污染防治和发展经济，也更加符合生态与环境正义的原则。[①]

[①] 韩言铭：《悲情河北：探寻河北经济发展落后成因》，载《中国经营报》，2012年2月13日。专家组在河北环保厅调研的座谈会上，不少河北环保系统的干部都呼吁实施这种省际生态补偿。笔者调研笔记，2011年11月23日。

（三）更多的参与性和透明性

从项目试点开始不久，就先后有大量的媒体报道和宣传了河北省流域断面水质考核与生态补偿的政策。应该说，媒体和舆论的支持对于项目的成功开展也起到了非常积极的作用。但是客观上说，该政策的透明性和公众的参与性仍有不足。比如，相关的水质变化动态数据以及生态补偿资金使用情况，只是根据《环境信息公开办法》可以供公众经申请后查阅，而没有在网络等平台上公开。在"中国地方政府创新奖"专家的实地调查过程中发现，很多村民并不了解情况，尽管他们模糊地知道村镇上安装了监测站，村里打井了，河里的水质也部分改善了。他们对于相关政策（不直接发放补偿金）毫不知情，还一再表示自己并没有拿到补偿金。①

河北省这一案例是一个典型的政府自上而下推动的政策创新，但是缺乏透明性和公众参与，可能不利于其可持续性。事实上，公众参与可能有利于政策创新获得更有力的政治支持。更多的公众参与，可以有效协助环境政策的实施，从而建立起水污染治理的长效机制。② 而且没有监督，可能就没有可持续性。

展望未来，在水污染治理以及整个环保领域，中国地方政府的政策创新任重而道远。1972 年，中国参加了人类环境与发展大会，1983 年 12 月全国第二次环境保护会议把环境保护定为基本国策，至今已有近 30 年。但是，环境保护要作为政府的基本责任而摆在优先议程中来，始终仍是一个问题。为此，李克强副总理特别强调："基本的环境是一项公共物品，治理环境是政府的责任。""好的环境是人们生活的基本需求，保护环境是政府公共服务的基本领域，也是我们党执政为民的具体体现。""要深入研究'谁污染、谁付

---

① 笔者参与受益者座谈会的调研笔记，2011 年 11 月 24—25 日。
② 这方面正在涌现一些有趣的进展。参见《民间组织参与水污染治理 越来越被政府所倚重》，中国新闻网，2012 年 4 月 11 日，http://www.chinanews.com/gn/2012/04-11/3811365.shtml。

费'机制,加快推进资源税费改革,健全和完善生态补偿机制,调动社会各方面力量参与环保设施建设和污染治理,形成环境保护的有利氛围和强大动力。要通过深化改革,保障人民群众的生命健康,保障我国发展的可持续性。"① 我们完全有理由相信,将来一定会有更多的地方环保创新举措。

---

① 李克强:《在中国环境宏观战略研究成果应用座谈会上的讲话》,国家环保部网站,2011年2月11日。

图书在版编目(CIP)数据

生态治理 / 曹荣湘主编.
—北京：中央编译出版社，2015.1
（国家治理现代化丛书 / 俞可平主编）
ISBN 978-7-5117-2405-2

Ⅰ.①生…
Ⅱ.①曹…
Ⅲ.①生态环境-综合治理-研究-中国
Ⅳ.①X321.2

中国版本图书馆 CIP 数据核字 (2014) 第 274210 号

生态治理

出 版 人：刘明清
出版统筹：贾宇琰
责任编辑：李小燕
责任印制：尹　珺
出版发行：中央编译出版社
地　　址：北京西城区车公庄大街乙 5 号鸿儒大厦 B 座 (100044)
电　　话：(010)52612345(总编室)　　(010)52612340(编辑室)
　　　　　(010)52612316(发行部)　　(010)52612317(网络销售)
　　　　　(010)52612346(馆配部)　　(010)55626985(读者服务部)
传　　真：(010)66515838
经　　销：全国新华书店
印　　刷：北京汇林印务有限公司
开　　本：787 毫米 × 1092 毫米　1/16
字　　数：281 千字
印　　张：19
版　　次：2015 年 1 月第 1 版第 1 次印刷
定　　价：68.00 元

网　　址：www.cctphome.com　　邮　箱：cctp@cctphome.com
新浪微博：@中央编译出版社　　　　微　信：中央编译出版社 (ID: cctphome)
淘宝店铺：中央编译出版社直销店 (http://shop108367160.taobao.com)　(010)52612349

本社常年法律顾问：北京市吴栾赵阎律师事务所律师　闫军　梁勤
凡有印装质量问题，本社负责调换，电话：(010)55626985